# Verantwortung

22 Arbeitsblätter
mit didaktisch-methodischen Kommentaren

**Sekundarstufe II**

von
Monika Sänger

Ernst Klett Verlag
Stuttgart München Düsseldorf Leipzig

**Hinweis:**

Der Verlag hat sich nach bestem Wissen und Gewissen bemüht, alle Inhaber von Urheberrechten an Beiträgen zu diesem Werk ausfindig zu machen. Sollte das in irgendeinem Fall nicht korrekt geschehen sein, bitten wir um Entschuldigung und bieten an, ggf. in einer nachfolgenden Auflage einen korrigierten Quellennachweis zu bringen.

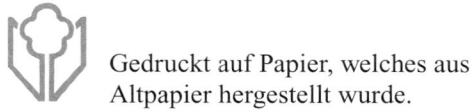 Gedruckt auf Papier, welches aus Altpapier hergestellt wurde.

Die Deutsche Bibliothek – CIP-Einheitsaufnahme

**Sänger, Monika:**
Verantwortung : 22 Arbeitsblätter mit didaktisch-methodischen Kommentaren ; Sekundarstufe II / von Monika Sänger. –
1. Aufl. – Stuttgart ; München ; Düsseldorf ; Leipzig : Klett, 1996
  (Arbeitsblätter Ethik, Philosophie)
  ISBN 3-12-926811-1


1. Auflage 1996
© Ernst Klett GmbH, Stuttgart 1996
Alle Rechte vorbehalten.
Umschlaggestaltung: BSS Werbeagentur Sachse und Partner, Bietigheim
Satz: Steffen Hahn GmbH, Kornwestheim
Druck und Bindung: Wilhelm Röck, Weinsberg
ISBN 3-12-926811-1

# Inhalt

## Verantwortung als Zielsetzung und Gegenstand des Philosophie- und Ethikunterrichts

Verantwortung ist zu einem neuen Grundbegriff in der ethisch-politischen Diskussion unserer Tage geworden, der mittlerweile alle Bereiche menschlichen Handelns in Technik und Wissenschaft umfaßt. Der Grund wird allgemein in der Situation des ausgehenden 20. Jahrhunderts gesehen, die gekennzeichnet ist durch den technisch-wissenschaftlichen Fortschritt: er bedeutet zwar einen Zuwachs an menschlicher Handlungsmacht und Komplexität, aber ebenso einen Verlust an Tradition und Humanität, der in der Formel von der „Verantwortungslosigkeit der technischen Zivilisation" Ausdruck findet. Die damit verbundene Orientierungslosigkeit, der drohende Werteverlust, lassen die Forderung an die Schule besonders laut werden, einen entscheidenden Beitrag zu einer sinnvollen Erziehung zur Verantwortung zu leisten im Sinne einer Orientierungshilfe, einer Wert- und Normerziehung.

Dem entspricht auch der Trend der pädagogischen Diskussion: alle Lehrpläne und Richtlinien sehen die Erziehung zur Verantwortung bzw. die Verantwortungsfähigkeit als implizite Zielsetzung des Unterrichts, in vielen Unterrichtssequenzen (Philosophie, Ethik, Religion) taucht das Prinzip Verantwortung überdies als Unterrichts-Gegenstand auf. Moralpsychologisch gewendet stellt in der Stufenfolge zunehmender moralischer Urteilsfähigkeit die Verantwortungskompetenz die letzte Stufe der Entwicklung des moralischen Bewußtseins dar.

Diesen Arbeitsblättern „Verantwortung" liegt eine Synopse der Philosophie- und Ethiklehrpläne der Sekundarstufe II unter dem Aspekt Verantwortung in den verschiedenen Bundesländern zugrunde; sie gehen davon aus, daß der Schüler am Ende seiner Schullaufbahn Fähigkeiten und Kenntnisse erworben haben sollte, die eine Analyse, Interpretation und Bewertung seiner (gegenwärtigen und zukünftigen) Lebenswirklichkeit unter verantwortungsethischen Gesichtspunkten ermöglichen. Dazu gehört, daß die Schüler die Notwendigkeit der Übernahme von Verantwortung in verschiedenen Bereichen menschlichen Lebens als einzelne und als Mitglieder der Gemeinschaft kennenlernen, Möglichkeiten zu eigenem verantwortungsvollem Handeln und die Grenzen dieser Möglichkeiten entdecken, Ursachen und Folgen verantwortungslosen Tuns bedenken. Ferner sollen sie zu einer verantwortungsvollen Haltung gegenüber der natürlichen Umwelt gelangen, erkennen, daß diese Verantwortung auf der Sonderstellung des Menschen gründet, die ihm die Verpflichtung auferlegt, verantwortungsethisch zu handeln.

Die Materialien enthalten unterschiedliche Texte (literarische, philosophische, essayistische, wissenschaftliche; Beiträge aus Zeitungen, Tabellen, Graphiken). Leitfaden war das Prinzip der Angemessenheit aufgrund der Überlegung, daß Schüler nicht die „Weltprobleme" lösen können. Hier liegt die Gefahr, daß Ethik artifizielles Moralisieren wird und das Lernziel „verantwortungsethische Kompetenz" wohlklingende, unverbindliche Wunschvorstellung bleibt. Eine philosophisch-ethische Orientierung entgeht dieser Gefahr; sie kann Distanz und Kritikfähigkeit fördern, Fähigkeiten, Fertigkeiten und Kenntnisse vermitteln, die ein sachgemäßes Umgehen mit verantwortungsethischen Problemen möglich machen. Darum sollen die Arbeitsblätter dem Schüler die Möglichkeit geben, sich in vielfältiger Weise mit dem Verantwortungsproblem auseinanderzusetzen, Verantwortungsbegriffe zu analysieren und Verantwortungskonzepte zu entwerfen, indem sie neben der Problemdiskussion auch die anthropologischen Grundlagen aufzeigen, die Struktur des Verantwortungsbegriffs als mehrstellige Relation bestimmen, seine Wissensherkunft im dialogischen Verhältnis darlegen. Ebenso sollten die Bedingungen der Verantwortung (Identität, Mündigkeit, Freiheit) sowie ihre normativ-ethischen Begründungsversuche (intuitiv, emotional, rational, diskursiv) erarbeiten werden. Angesprochen wird vorrangig die intellektuelle Kompetenz, mit dem Ziel, beim Schüler moralische Urteilsfähigkeit und das eigenständige Finden ethischer Problemlösungen zu fördern.

# M 1

## Definition

**Verantwortung:** ursprünglich v. a. in der Rechtsprechung verwendeter Terminus zur Bezeichnung des – als Antwort auf eine Anklage – Rechenschaftgebens für ein bestimmtes Handeln oder für dessen Folgen. Als soziale Beziehungsstruktur beinhaltet Verantwortung einen Träger, einen Bezugspunkt (Verantwortung *für* Personen oder Sachen) und eine Legitimationsinstanz (Verantwortung *vor* Personen, Institutionen oder Transzendentem wie z. B. vor Gott). Verantwortung setzt Mündigkeit voraus, d. h. die Fähigkeit, das eigene Handeln frei zu bestimmen und dessen Folgen abzusehen. In der praktischen Philosophie wird Verantwortung differenziert als vom Handelnden zu übernehmende Verpflichtung, 1. die Folgen des eigenen Handelns einer moralischen Beurteilung zu unterwerfen, 2. diese Beurteilung zur Beurteilung seines Handelns zu machen, 3. sich den mit der Beurteilung des Handelns und seinen Folgen verbundenen Sanktionen zu unterwerfen. Erst durch die Fähigkeit, Verantwortung zu übernehmen, wird der Mensch zum moralischen wie auch zum religiösen und Rechtssubjekt. Von der Verantwortung ganz oder teilweise entlastet wird man durch Gründe, die die *Zurechnungsfähigkeit,* die rechtliche Voraussetzung verantwortlichen Handelns, beeinträchtigen wie Geisteskrankheit, Einfluß von Medikamenten, Nötigung oder Zwang. – In der gegenwärtigen Diskussion nach wie vor umstritten ist einerseits das Problem der *Mitverantwortung* (z. B. der Mitverantwortung unbeteiligter Zeitgenossen, aber auch späterer Generationen am Holocaust) und damit die Frage nach der Bestimmung und Begrenzung der für eine Handlung bzw. einen Handlungszusammenhang verantwortlichen Subjekte, und andererseits das Problem der *Verantwortung des Menschen für seine Umwelt,* bei dem u. a. strittig ist, ob es eine Verantwortung für die Natur gibt, „die unabhängig von unserer Verantwortung für die lebende und zukünftige Menschheit besteht" (Birnbacher).

aus: Meyers Kleines Lexikon. Philosophie. Hrsg. v. d. Redaktion f. Philosophie d. Bibliographischen Instituts & F. A. Brockhaus AG, Mannheim/Wien/Zürich, S. 441 f.

# M 2

## Wortbedeutung und Geschichte

### 1. Von der Pflicht zur Verantwortung

Es gehört bereits zum allgemeinen Bewußtsein der Gegenwart, daß sich das traditionelle Ethos mit seinen sittlichen Grundbestimmungen mehr und mehr auflöst. Eindringlich wird daher die Frage gestellt, ob nicht ein neues Ethos im Entstehen sei und sich durch neu aufkommende Grundworte ankündige, durch Worte also, in denen sich eine echte Welt- und Lebenserfahrung ausspricht, die als Elementarworte in die Umgangssprache eingehen und sich in der philosophischen Reflexion zu Grundbegriffen artikulieren. Nun wird man in unserer an Modeworten und Schlagworten übersättigten Zeit gewiß sehr zurückhaltend sein. Dem Wort „Verantwortung" scheint indessen eine solche Bedeutung zuzukommen. Es hat, insbesondere seit dem ersten Weltkrieg, ein solches Gewicht und eine solche Vertiefung gewonnen, daß wir mit Recht von ihm als einem neuen Grundwort unserer Sprache reden, wenngleich wir heute noch weit davon entfernt sind, die Verantwortung als philosophischen Grundbegriff hinreichend formulieren zu können. Offensichtlich tritt die Verantwortung im allgemeinen sittlichen Bewußtsein an die Stelle, die bisher die Pflicht eingenommen hat, und vielleicht drückt sich der Wandel des geschichtlichen Ethos nirgends deutlicher aus als in der zunehmenden Einschränkung, ja Herabsetzung des Begriffs der Pflicht und der gleichzeitigen Betonung und Vertiefung des Begriffs Verantwortung.

Der Begriff der *Pflicht* wird heute vielfach abgelehnt, sofern mit ihm die Vorstellung von obrigkeitlichem Befehl, allseitiger Reglementierung, Unterdrückung des eigenen Willens und der spontanen Verhaltensweisen, kurz die Vorstellung von einem äußeren und inneren Zwang verbunden wird, der der Freiheit des eigenen Wollens und der Spontaneität des Miteinanderlebens entgegengesetzt ist. Doch der Begriff der Pflicht hat in seiner Geschichte wesentlich anderes bedeutet. Ob sie im Sinne der römischen, insbesondere der römisch-stoischen Tradition als *officium* verstanden wurden oder im Rahmen der vorherrschend christlichen Tradition als Gehorsam gegenüber den Ge- und Verboten Gottes, oder entsprechend dem Aufklärungsethos als Bindung an das Vernunftgesetz, immer enthielt die Pflicht darin zwei Voraussetzungen: die Ordnung, das Gesetz – sei es des Kosmos, des Willens Gottes oder der Vernunft – und, gerade in der Forderung des Gehorsams, die menschliche Willensfreiheit.

Pflicht wurde also verstanden als diejenige Haltung des Menschen, durch die er erst und allein in der sittlich-geistigen Ordnung lebt und durch die er seine Freiheit verwirklicht. Wenn dennoch heute die Erfahrung der Verantwortung sich zunehmend gegen dieses traditionelle Ethos wendet, so wohl deshalb, weil in der sittlichen Welt der Pflicht die prinzipielle Bedeutung der Gegenseitigkeit nicht genügend anerkannt wurde. [...]

**2. Zur Wortbedeutung und Geschichte des Begriffs**
Eine Geschichte der Wortgruppe Verantwortung steht noch aus. Das Wort „verantworten" taucht in der deutschen Sprache relativ spät, nämlich im Mittelhochdeutschen auf, und zwar vor allem im Rechtsbereich. Es scheint offensichtlich in Entsprechung zu den im römischen Rechtsleben geläufigen Begriffen wie *respondere, responsum* u. a. gebildet worden zu sein. Verantworten meint dann, eine Sache vor Gericht verteidigen bzw. ein Handeln rechtfertigen, und zwar so, daß man auf eine Anklage zu antworten hat. Verantwortung wird aber gleichzeitig in der christlichen Vorstellungswelt gebraucht und bedeutet hier das Sichrechtfertigen-Müssen des Menschen vor Gott als dem höchsten Richter bzw. vor dem Richterstuhl Christi am Jüngsten Tag. Dieser Sprachgebrauch macht bereits deutlich, wie einerseits Vorstellungsweisen, die dem römischen Imperiums- und Rechtsdenken angehören, auf die christliche Glaubenswelt übertragen werden und wie andererseits Begriffe wie Verantwortung durch den christlichen Glauben – insbesondere durch die Lehre von der Einzigartigkeit und dem unendlichen Wert eines jeden Menschen, dem daher auch das eigene Seelenheil zum höchsten Ziel gesetzt ist – jene Innerlichkeit erhalten, die die „christliche Moral" prägte und sie zunehmend subjektiv und individualethisch werden ließ.
Ein anderer terminologischer Zusammenhang ist bis in den gegenwärtigen Gebrauch von Verantwortung bedeutsam. In die Ethik der beginnenden Neuzeit und auch noch der Aufklärung wurde für diesen Sachverhalt in der christlichen Philosophie, besonders des Mittelalters, ausgebildete Terminus *imputatio* übernommen. So bestimmt *Kant* in Anlehnung an *Baumgarten* die *imputatio* als die Beurteilung „einer Handlung, sofern sie aus der Freiheit der Person entstanden ist, in Beziehung auf gewisse praktische Gesetze". Die Übersetzung von *imputatio* ist aber Zurechnung.
Verantwortung wird auch heute noch regelmäßig zusammengenommen mit Zurechnung, ja nicht selten wird Verantwortung mit Zurechnung synonym gedacht oder gar von dieser her verstanden. So heißt es etwa in neueren philosophischen Wörterbüchern: Verantwortung ist „das Aufsichnehmen der Folgen des eigenen Tuns, zu dem der Mensch als sittliche Person sich innerlich genötigt fühlt, da er sie sich selbst, seinem eigenen freien Willensentschluß zurechnen muß" *(Hoffmeister)* oder: „Verantwortung ist eine notwen-

dige Folge der menschlichen Willensfreiheit und der darin gründenden Zurechnungsfähigkeit (Imputabilität)" *(Brugger)*. Diese im Subjektivitätsdenken der Neuzeit ebenso wie in der christlichen Morallehre verwurzelte Auffassung ist heute auch da noch wirksam, wo die Verantwortung vor allem und ursprünglich als Selbst-Verantwortung verstanden wird. Sie wird dann gleichgesetzt mit der „radikalen Freiheit des Menschen" selbst. So richtig es ist, die Verantwortung in der Freiheit gegründet sein zu lassen – ohne Freiheit keine Verantwortung – und so wichtig es ist, die Freiheit als Wesenszug des personalen Handelns und Lebens gegen eine Auflösung des menschlichen Handelns in heteronome oder nur kausal/funktional bestimmte Verhaltensweisen festzuhalten, so ist doch die Singularisierung, vor allem in dem transzendental gedachten Subjektschema, prinzipiell verstellend.
Seit dem ersten Weltkrieg wurde die Verantwortung immer häufiger Thema der Philosophie, und zwar sind es sehr verschiedene Positionen und Richtungen der neueren Philosophie, die sich direkt oder indirekt um die Klärung dieses Phänomens bemüht haben.
So verschieden diese Positionen auch sein mögen, so haben sie doch mehrfaches gemeinsam. Sie alle betonen die *Geschichtlichkeit* des Menschen, und zwar in dem Sinne, daß der Mensch in einer offenen, sich wandelnden Welt lebt, für die er eben selbst verantwortlich ist. Sie betonen weiter, daß der Mensch bei aller Gebundenheit an Natur und Geschichte zugleich autonom ist; und sie setzen grade in diese *Autonomie* seine einzigartige Würde, die er jedoch nur dadurch bewahrheiten kann, daß er sich verantwortlich zu Natur und Geschichte verhält. Schließlich betonen alle die Bedeutung der *Sprache*. Sie ist das Medium, in dem und durch das das verantwortliche In-der-Welt-Sein des Menschen sich vollzieht. Die Sprache, schon immer in der Geschichte der Philosophie als wesentlich für den Menschen und sein Menschsein angesehen, wird nun zum Ausdruck seiner Verantwortung katexochen, sofern Verantwortung eben bedeutet: Antwort geben, und zwar nicht im Sinne eines persönlich unbeteiligt bleibenden Beantwortens von selber unpersönlich gestellten Fragen, sondern eines Sich-Verantwortens. Das Wesen der Sprache ist: Gespräch, also Ansprechen und Antworten zu sein. Sie ist deshalb wesentlich für den Menschen, weil er in ihr sich als ver-antwortliches Wesen verwirklichen soll. Eben damit weist sie auf das Miteinandersein als Grundverfassung des menschlichen Daseins hin. Deshalb ist die Sprache nicht nur unmittelbarer Ausdruck eines bloß „Seelischen", also Ausdruck eines Wesens mit Innenleben, sondern immer auch praktisch-konkrete Darstellung und Symbol dieses freien, personalen Miteinandersein-Könnens und -Müssens.

Schwartländer, Johannes: Verantwortung
aus: Baumgartner/Krings/Wild (Hrsg.), Handbuch philosophischer Grundbegriffe. Kösel-Verlag, München 1974, S. 1577 ff.

# M 1

## Primäre Verantwortung

Das Urbild aller Verantwortung ist die von Menschen für Menschen. Dieser Primat der Subjekt-Objekt-Verwandtschaft im Verantwortungsverhältnis liegt unwidersprechlich in der Natur der Sache. Er besagt unter anderem, daß das Verhältnis, einseitig wie es an sich selbst und in jedem Einzelfall ist, dennoch umkehrbar ist und die mögliche Gegenseitigkeit einschließt. Ja, generisch ist die Gegenseitigkeit immer da, insofern ich, der für jemand Verantwortliche, unter Menschen lebend allemal auch jemandes Verantwortung bin. Dies folgt aus der Nicht-Autarkie des Menschen; und die Ur-Verantwortung der elterlichen Fürsorge hat *jeder zuerst* an sich selbst erfahren. In diesem Grundparadigma wird die Knüpfung der Verantwortung an Belebtes am überzeugendsten klar. Nur das Lebendige also in seiner Bedürftigkeit und Bedrohtheit – und im Prinzip alles Lebendige – *kann* überhaupt Gegenstand von Verantwortung sein, muß es aber darum noch nicht sein: ein Lebendes zu sein ist erst die notwendige Bedingung dafür im Gegenstande. Doch die Auszeichnung des Menschen, daß nur er allein Verantwortung *haben* kann, bedeutet zugleich, daß er sie für andere *seinesgleichen* – selber mögliche Verantwortungssubjekte – auch haben *muß* und im einen oder andern Verhältnis immer schon hat: Die Fähigkeit dazu ist die zureichende Bedingung ihrer Tatsächlichkeit. Für irgendwen irgendwann irgendwelche Verantwortung de facto zu haben (nicht darum auch, sie zu erfüllen, selbst nur zu fühlen), gehört so untrennbar zum Sein des Menschen, wie daß er der Verantwortung generell fähig ist – so untrennbar in der Tat, wie daß er ein sprechendes Wesen ist, und ist daher in seine Definition aufzunehmen, wenn einem um dies zweifelhafte Geschäft zu tun ist. In diesem Sinne ist ein Sollen ganz konkret im Sein des existierenden Menschen enthalten; seine kausalfähige Subjektqualität als solche führt objektive Verbindlichkeit in der Form äußerer Verantwortung mit sich. Damit ist er noch nicht moralisch, aber ein moralisches Wesen, das heißt ein solches, das moralisch oder unmoralisch sein kann.

aus: Hans Jonas, Das Prinzip Verantwortung. © Insel Verlag, Frankfurt am Main 1979, 184 f.

# M 2

## Verantwortlichkeit als Auszeichnung

Daß er sich moralisch verantwortlich weiß, das zeichnet in der Tat den Menschen aus. Die *moralische* Vernunft ist es, die den Menschen als das ethische Wesen unter anderen auszeichnet. Doch ist dies eine „Auszeichnung" im Sinne eines Preiswettbewerbes unter den Kreaturen, eines Rangvergleichs, der zu Selbstüberheblichkeit legitimiert? Zur Selbstüberheblichkeit dürfte nie etwas legitimieren. Wer selbstüberheblich ist, hat es nötig, etwas durch Überkompensation zu rechtfertigen, scheinbar zu legitimieren. Der Arrogante übertreibt, überhöht sich, indem er überkompensiert: doch die „vertikale Anmaßung"?

Die „Auszeichnung" ist eher als besondere Bürde, besondere Bewußtheit, besondere Aufgabe zu verstehen. Insofern ist der Mensch das moralische Vernunftwesen, als er Verantwortung vernünftig zu erkennen und zu tragen hat. „Zu tragen hat!" – Die „Auszeichnung" ist ebenfalls kein sicherer Besitz und Lohn, sondern ständige Aufgabe. Die moralische Vernünftigkeit ist ein Sollideal – ist normative Idee, normative „Auszeichnung" und Anspruch. Man kann sich nicht auf den Lorbeeren der Rationalität ausruhen – auch und gerade nicht auf den Efeublättern ethischer „Auszeichnung". Ethik ist ständige Unruhe im unendlichen Aufforderungs-, Anforderungsreich, die jedes ruhige Gewissen verbietet. Albert Schweitzer wußte, warum er das „gute Gewissen" als „Erfindung des Teufels" bezeichnete: *„Keiner mache sich die Last der Verantwortung leicht"*, heißt es bei ihm auch. Die ethische Auszeichnung ist als die durch eine normative Idee selbstempfundene Selbstverpflichtung – selbstauferlegt. Das normative Soll ist nie ein sanftes Ruhekissen. Das Gewissen als Bewußtsein selbstzugeschriebener, selbstübernommener Verantwortlichkeit – als ein normatives Selbstinterpretationskonstrukt – spielt eine entscheidende Rolle im moralischen Selbstverständnis.

aus: Hans Lenk, Prometheisches Philosophieren zwischen Praxis und Paradox. Zur Verantwortung aktuellen Denkens. © Radius-Verlag, Stuttgart 1991, S. 58 f.

# M 3

## Existentielle Verantwortung

Wenn der Mensch, so wie ihn der Existentialist begreift, nicht definierbar ist, so darum, weil er anfangs überhaupt nichts ist. Er wird erst in der weiteren Folge sein, und er wird so sein, wie er sich geschaffen haben wird. Also gibt es keine menschliche Natur, da es keinen Gott gibt, um sie zu entwerfen. Der Mensch ist lediglich so, wie er sich konzipiert – ja nicht allein so, sondern wie er sich will und wie er sich *nach* der Existenz konzipiert, wie er sich will nach diesem Sich-schwingen auf die Existenz hin; der Mensch ist nichts anderes, als wozu er sich macht. […]

Aber wenn wirklich die Existenz der Essenz vorausgeht, so ist der Mensch verantwortlich für das, was er ist. Somit ist der erste Schritt des Existentialismus, jeden Menschen in Besitz dessen, was er ist, zu bringen und auf ihm die gänzliche Verantwortung für seine Existenz ruhen zu lassen. […]

Wenn Gott nicht existiert, so finden wir uns keinen Werten, keinen Geboten gegenüber, die unser Betragen rechtfertigen. So haben wir weder hinter uns noch vor uns, im Lichtreich der Werte, Rechtfertigungen oder Entschuldigungen. Wir sind allein, ohne Entschuldigungen. Das ist es, was ich durch die Worte ausdrücken will: Der Mensch ist verurteilt, frei zu sein. Verurteilt, weil er sich nicht selbst erschaffen hat, anderweit aber dennoch frei, da er, einmal in die Welt geworfen, für alles verantwortlich ist, was er tut. Der Existentialist glaubt nicht an die Macht der Leidenschaft. Er wird nie denken, daß eine schöne Leidenschaft ein verwüstender Wildbach ist, der den Menschen unvermeidlich zu gewissen Taten führt und der deshalb eine Entschuldigung ist. Er denkt, der Mensch sei für seine Leidenschaft verantwortlich. Der Existentialist wird auch nie denken, daß der Mensch auf Erden Hilfe finden könne in einem gegebenen Zeichen, das ihm seine Richtung weise.

aus: Sartre, Jean Paul: Ist der Existenzialismus ein Humanismus? Zürich 1947, S. 11 ff.

# M 4

## Der Mensch als Adressat

Verantwortung setzt, so wurde gesagt, ein Wovor, einen Adressaten voraus, jemanden, der Rechenschaft verlangen kann und für Gründe zugänglich ist. Als solches Rechenschaft verlangendes Wesen kennen wir nur den Menschen. Und zwar nicht nur den Anderen, sondern auch uns selbst. Jene Instanz in uns selbst, die in einem inneren Diskurs Rechenschaft verlangt und nicht mit sich handeln läßt, nennen wir das Gewissen. Aber das Gewissen ist nicht eine monologische Instanz, die uns von der Rechenschaftspflicht gegenüber anderen entbindet. Im Gegenteil: Nur die Bereitschaft, jedem von unserem Handeln Betroffenen prinzipiell Rechenschaft zu geben, macht den Spruch des eigenen Gewissens glaubhaft und von Belieben oder Privatideologie unterscheidbar. Im Prinzip sind wir *vor* jedem Menschen verantwortlich. Aber sind wir es auch *für* jeden Menschen? Und was kann „Verantwortung für den Menschen" eigentlich bedeuten? Adressat der Verantwortung aber ist der Mensch als Freiheitssubjekt, als Handelnder. Handeln aber ist, wie wir früher sahen, von allem Naturgeschehen dadurch unterschieden, daß es sich selbst indirekt auf die Wirklichkeit bezieht. Es ist selbst bereits von der Art des Zuhilfekommens und setzt eine „Natur" voraus, der wir handelnd zu Hilfe kommen. Essen als Handlung, als *actus humanus,* ist nicht dasselbe wie das Fressen des Tieres. Es ist nicht der sich selbst befriedigende Trieb, sondern setzt ein Verhältnis zum Trieb, zum Hunger voraus. Dieser gibt das Ziel vor, aber der Handelnde muß es sich erst noch zu eigen machen und so dem Trieb der Natur zu Hilfe kommen. Einem Menschen helfen ist deshalb etwas anderes als einem Tier helfen. Es bedeutet immer: einem Helfenden helfen. Wir müssen unsere Hilfe *ihm* selbst gegenüber rechtfertigen. Wir dürfen ihn nicht als Freiheitssubjekt umgehen, um ihm als Naturwesen zu helfen. Ein Beispiel hierfür ist die Zwangsernährung. Sie ist allerdings zu rechtfertigen, wenn der Mensch in einem Zustand der Bewußtlosigkeit ist, so daß er als Handlungssubjekt ausgefallen ist und wir sozusagen stellvertretend seine Interessen wahrnehmen, von denen wir annehmen, daß er im Besitz der Vernunft sie als die seinen bezeichnen würde. Wo er aber einer Handlung wie der des Essens mächtig ist und aus welchem Grund auch immer seinen Hunger nicht stillen und sein Leben nicht erhalten will, da hat niemand das Recht, sich seines Lebens unter Umgehung seiner Freiheit fürsorglich zu bemächtigen. *Er* hat die Verantwortung, und wir haben sie nur, insofern er unserer Hilfe bedarf, um die seine zu erfüllen.

aus: Robert Spaemann. Glück und Wohlwollen. Versuch über Ethik. Klett-Cotta, Stuttgart 1989[3], S. 232 f.

# M 1

## Stufenschema der Moralentwicklung

| I VORKONVENTIONELLE STUFE | 1 „Orientierung an Bestrafung und Gehorsam" |
| | 2 „Naiv egoistische Orientierung an Gegenseitigkeit" |
| ↓ | 1. Reifungskrise ↓ |
| II KONVENTIONELLE STUFE | 3 „Orientierung am Idealtypus des guten Jungen" |
| | 4 „Orientierung an Aufrechterhaltung von Autorität und sozialer Ordnung" |
| ↓ | 2. Reifungskrise ↓ |
| III NACHKONVENTIONELLE STUFE | 5 „Legalistische Vertragsorientierung" |
| | 6 „Orientierung am Gewissen oder an Prinzipien" |

nach: Lawrence Kohlberg, Zur kognitiven Entwicklung des Kindes. Frankfurt 1974, S. 60 f.

# M 2

## Verantwortungsethisches Urteilen

Seit 1958 hat Kohlberg in ständig erneuerten Anläufen versucht, die Struktur einer sechsten Stufe der moralischen Urteilsbildung zu beschreiben und zu analysieren. Sein Vorgehen bestand dabei im wesentlichen darin, zwischen empirischen Beispielen von Urteilen über hypothetische Dilemmata und den normativen Theorien von Moralphilosophen einen wechselseitigen Begründungszusammenhang zu entwickeln. Belege für die ursprüngliche theoretische Rekonstruktion einer sechsten Stufe fanden sich in Interviews mit Adoleszenten. Diese Beispiele von moralischen Urteilen ließen sich an Hand einer Reihe von miteinander zusammenhängenden Merkmalen charakterisieren: Gewissensentscheidungen, die ein kategorisches Sollen im Sinne Kants zum Ausdruck bringen; die Vorstellung von einer Universalität grundlegender Pflichten; die Annahme, daß bestimmte Normen, z. B. die Erhaltung des menschlichen Lebens und die Einhaltung eines Versprechens, einen intrinsischen moralischen Wert besitzen; uns als ‚Sympathie', ‚ideale wechselseitige Rollenübernahme' und ‚Universalisierung' identifiziert; und unsere Explikation dieser Operationen zielt darauf ab zu zeigen, wie sie in der Form des prinzipiengeleiteten Denkens auf der ‚Stufe 6' miteinander koordiniert werden. [...]

In diesem Aufsatz geht es um den Nachweis, daß die ‚Stufe 6' in der Haltung vor Personen gründet und eine prinzipiengeleitete Form annimmt: Dialog und moralischer Standpunkt ermöglichen diese grundlegende Haltung in ihren jeweiligen (prinzipiengeleiteten) Aktualisierungsformen. Im folgenden werden wir den Ausdruck ‚Wohlwollen' (benevolence) – zu unterscheiden von ‚Wohltätigkeit' (beneficence) – zusammen mit dem etwas ungewöhnlichen Ausdruck ‚Haltung der Gerechtigkeit' verwenden, um zunächst einmal die Aufmerksamkeit auf die einstellungsmäßige Verankerung der ‚Achtung vor Personen' zu lenken. Zugleich wollen wir zeigen, wie auf der ‚Stufe 6' beide Komponenten – Wohlwollen und Gerechtigkeit – in dem Prinzip der Achtung vor Personen miteinander koordiniert werden.

Dieses doppelte Interesse sowohl an Wohlwollen als auch an Gerechtigkeit drückt sich in den beiden Interviews, die im folgenden für eine Illustration der Argumentation auf der ‚Stufe 6' verwendet werden, im Verständnis moralischer Probleme aus. So antwortet der Richter D. auf die Frage „Was ist das Problem im Heinz-Dilemma?" (in dem es darum geht, ob ein Ehemann ein teures Medikament stehlen solle, um das Leben seiner Frau zu retten): [...]

... Sie ist nahezu aussichtslos krank, und Andere werden ihr das Medikament nicht geben ... Sie ist ein menschliches Wesen, und ich würde alles tun, um ihr zu helfen. Wenn sie meine Frau wäre, wäre es meine doppelte Pflicht und Schuldigkeit ... ihr Leben kann gerettet werden und sie könnte wieder eine ihrer Würde als menschliches Wesen entsprechende Verfassung erlangen, und dies rechtfertigt alles, was ich dazu beitragen kann...

*Sollte Heinz das Medikament für einen Fremden stehlen?*
Wenn es ein Fremder wäre, würde ich dieselbe Antwort geben, denn ich bin davon überzeugt, daß Menschen das Leben Anderer retten sollten, wenn sie es können, wegen der Würde des Menschen ... ohne Leben gibt es keine menschliche Würde zu erhalten oder zu achten.

Eine andere Befragte, Joan, deren Argumentation wir ebenfalls als ein Beispiel für die ‚Stufe 6' ansehen, betrachtet das Problem des Heinz-Dilemmas auf eine sehr ähnliche Weise. Sie sagt: [...]

Das Problem von Heinz scheint darin zu liegen, daß seine Frau im Sterben liegt und daß er in das Dilemma gerät, entweder das gesellschaftliche Verbot zu stehlen zu beachten oder ein Verbrechen zu begehen, um seiner Frau das Leben zu retten. Ich finde jedoch, daß es für den Apotheker ebenfalls einen Konflikt gibt, der darin besteht, daß der Apotheker Profit machen möchte und, angenommen er lebt in einer kapitalistischen Gesellschaft, all das dazu Nötige tun möchte. Zugleich denke ich jedoch, ergibt sich für ihn dadurch ein Konflikt, daß sein Streben, Geld zu verdienen und seinen eigenen Nutzen zu verfolgen, auf Kosten einer anderen Person geht.

Wie der Richter D. geht auch Joan davon aus, daß jeder am Dilemma Beteiligte in einen Konflikt gerät. So wie sie z. B. den Konflikt des Apothekers wahrnimmt, ist es ein Konflikt, in dem Gerechtigkeits- und Wohltätigkeitserwägungen zusammenfallen; d. h., der Apotheker möchte seine eigenen Interessen auf Kosten einer anderen Person verfolgen. Weiterhin löst sie, wie D., den Konflikt von Heinz, indem sie an die Idee der Achtung vor anderen Personen appelliert. Sie sagt:

Ich finde, allein dadurch, daß er ein Exemplar der menschlichen Gattung ist, ist Heinz verpflichtet, andere Personen zu schützen (vielleicht kann man es so ausdrücken). Ich denke, daß die Erhaltung menschlichen Lebens Vorrang hat.

*Warum hat das Leben Vorrang?*
Einfach deshalb, weil wir leben. Es gibt eine gewisse Verantwortung, die einfach daraus folgt, daß man ein lebendes autonomes Wesen ist.

*Wenn Heinz seine Frau nicht liebt, sollte er dann das Medikament stehlen?*
Ich finde, er sollte es überhaupt nicht aus einem Gefühl von Liebe heraus stehlen. Heinz sollte, wenn sich die Lage so zuspitzt, das Medikament aus Verantwortung für die Erhaltung menschlichen Lebens stehlen.

*Und was heißt für Sie Verantwortung?*
Ich denke, Verantwortung – so wie ich den Begriff hier verwende – bedeutet die Anerkennung der Würde und Integrität jedes, ja ich würde so weit gehen, jedes lebenden Wesens; auf jeden Fall jedoch jeder menschlichen Person. Und Verantwortung ist genau das, was aus dieser Anerkennung folgt. Wenn ich Sie achte, dann achte ich Sie als ein Lebewesen sowohl in seiner allgemeinen Würde und Integrität als auch in seiner individuellen Einzigartigkeit.

Die Idee der Achtung beinhaltet für Joan nicht nur negativ das Vermeiden einer Verletzung der Rechte anderer, sondern positiv ein Gefühl der Verantwortung für die Nöte und das Wohlergehen anderer. In der Fortsetzung ihrer Erklärung der Idee der Achtung vor anderen Personen sagt Joan:

Wenn ich Sie achte, werde ich Ihnen absichtlich kein Leid zufügen – es gibt eine ganze Reihe von Verboten, die aus einem Verantwortungsbewußtsein folgen, es gibt aber auch einige Gebote. Und dazu gehört, daß ich Sie irgendwie als einzigartig, wichtig und unverletzlich anerkenne und daß ich alles in meinen Kräften Stehende tue, um all dies zu schützen.

Auf der ‚Stufe 6' muß der in einem autonomen moralischen Sinne Handelnde die beiden Haltungen vor Gerechtigkeit und Wohlwollen bewußt miteinander koordinieren, wenn wirkliche moralische Probleme so gelöst werden sollen, daß die Achtung vor anderen Personen gewahrt bleibt. Die Sichtweise auf den anderen, die wir als Wohlwollen bezeichnen, beinhaltet eine Einstellung gegenüber anderen und gegenüber sozialen Interaktionen, derzufolge es darauf ankommt, das Wohlergehen anderer Personen zu fördern und von ihnen Leid abzuwehren. Es ist eine Haltung, die eine Identifikation und empathische Beziehung mit anderen voraussetzt und ausdrückt, oder in Joans Worten, „die Teil der Verantwortung ist, die sich allein dadurch ergibt, daß jemand ein Exemplar der menschlichen Gattung ist".

Kohlberg/Boyd/Levine: Die Wiederkehr der sechsten Stufe aus: Edelstein (Hrsg.), Zur Bestimmung der Moral. stw 628. © Suhrkamp Verlag, Frankfurt am Main 1986, S. 205 f. (gekürzt)

# M 1

## Das Wesen der Verantwortlichkeit

Was heißt das aber eigentlich? Was meinen wir mit diesem der „Freiheit" genau parallel gehenden Begriff, der in der Moral eine so gewaltige Rolle spielt? Es ist sehr leicht, hier völlige Klarheit zu gewinnen, wir müssen nur sorgfältig feststellen, wie der Begriff gebraucht wird. Worin äußert es sich in der Praxis, wenn wir einem Individuum die „Verantwortung" für eine bestimmte Tat zumessen? Wozu tun wir das? Der Richter muß herausfinden, wer für eine Handlung verantwortlich ist, um ihn *strafen* zu können. Mit der Ermittlung, wer für eine Tat *belohnungs*würdig ist, pflegt man sich allerdings weniger Mühe zu geben, und man hat keine besonderen Beamten dafür – aber das Prinzip wäre natürlich das gleiche. Bleiben wir aber, um die Ideen zu fixieren, bei der Strafe. Was ist sie eigentlich? Die manchmal noch geäußerte Anschauung, als sei sie eine natürliche *Vergeltung* für begangenes Unrecht, sollte in einer kultivierten Gesellschaft nicht mehr vertreten werden, denn die Ansicht, daß eine in der Welt vorgekommene Leidvermehrung durch eine neue Vermehrung des Leides „wieder gut gemacht" würde, ist gar zu barbarisch. Gewiß mag der Ursprung der Strafe in einem Vergeltungs- oder Rachetrieb liegen, aber was ist ein solcher Trieb anders als das instinktive Verlangen, durch Vernichtung oder Schädigung des Täters die *Ursache* der zu rächenden Tat aus der Welt zu schaffen? Auf die Setzung von Ursachen, von Handlungs*motiven* kommt es an, und dies allein ist auch die Bedeutung der Strafe. Sie ist eine Erziehungsmaßnahme und als solche ein Mittel, um Motive zu setzen, die teils den Täter von der Wiederholung der bestraften Tat abhalten soll (Besserung), teils andre daran hindern sollen, eine ähnliche Tat zu begehen (Abschreckung). Analog handelt es sich bei der Belohnung natürlich um ein Anspornen.

Die Frage nach der Verantwortung ist nun die: Wer ist denn im gegebenen Falle eigentlich zu bestrafen? Wer ist als wahrer Täter der Handlung anzusehen? Die Frage ist nicht einfach identisch mit der nach dem Urheber der Handlung überhaupt, denn als solche könnten schließlich ebensogut die Urgroßeltern des Täters gelten, denen er durch Vererbung seinen Charakter verdankt, ferner die Staatsmänner, die sein soziales Milieu geschaffen usf. – Sondern „Täter" heißt derjenige, *an dem die Motive hätten einsetzen müssen,* um die Tat sicher zu verhindern (bzw. hervorzurufen). Die Betrachtung weit entfernter Ursachen nützt da nichts, denn erstens läßt sich ihr wirklicher Beitrag nicht feststellen, und zweitens sind sie im allgemeinen außer Reichweite. Es muß vielmehr dasjenige Individuum gefunden werden, in dem der entscheidende Kreuzungspunkt der Ursachen liegt. Die Frage nach dem Verantwortlichen ist die Frage nach dem *richtigen Angriffspunkt der Motive.* Und das wichtige ist, daß sich hierin ihr Sinn vollkommen erschöpft, daß dahinter nicht noch irgendein mystischer Zusammenhang zwischen Vergehen und Ahndung steckt, der durch die geschilderten Umstände nur *angezeigt* würde. Es handelt sich wirklich nur darum, zu wissen, wer zu bestrafen oder zu belohnen ist, damit die Strafe oder der Lohn auch als solche wirken, ihren Zweck erreichen können.

Alle Tatsachen, die mit den Begriffen Verantwortlichkeit und Zurechnung zusammenhängen, werden von hier aus sofort verständlich. Wir machen einen Geisteskranken nicht verantwortlich, weil er eben kein geeigneter Angriffspunkt für Motive ist. Es wäre ja zwecklos, durch Androhungen oder Versprechungen auf ihn wirken zu wollen, wenn seine verstörte Seele auf solche Beeinflussung nicht reagiert, weil ihr normaler Mechanismus in Unordnung geraten ist. Wir versuchen ihm gegenüber nicht, Motive zu setzen, sondern wir trachten ihn zu *heilen* (bildlich gesprochen: wir machen seine Krankheit verantwortlich; es sind ja ihre Ursachen, die wir zu heben uns bemühen). – Wenn jemand durch Drohung zu einer Handlung gezwungen wird, so rechnen wir die Schuld nicht ihm an, sondern demjenigen, der ihm die Pistole vor die Brust hielt. Der Grund ist klar: die Tat wäre sicher verhindert worden, wenn wir dem Bedroher hätten in den Arm fallen können, und er ist es, den wir beeinflussen müssen, um künftige ähnliche Handlungen zu verhindern.

aus: Moritz Schlick, Fragen der Ethik, stw 477. © Suhrkamp Verlag, Frankfurt am Main 1984, S. 161 ff.

# M 2

## Das Bewußtsein der Verantwortlichkeit

Viel wichtiger jedoch als die Frage, wann ein Mensch für verantwortlich erklärt wird, ist die, wann er *sich selbst* verantwortlich fühlt. Unsere ganze Erklärung wäre hinfällig, wenn sie hiervon keine Rechenschaft gäbe. Da ist es nun eine willkommene Bestätigung der entwickelten Ansicht, daß das subjektive Gefühl der Verantwortlichkeit sich mit ihrer objektiven Beurteilung vollkommen deckt. Es ist eine Erfahrungstatsache, daß im allgemeinen der Getadelte oder Verurteilte selbst durchaus das Bewußtsein hat, er sei „mit Recht" zur Rechenschaft gezogen worden – natürlich unter der Voraussetzung, daß kein Justizirrtum vorgekommen ist, daß also der angenommene Tatbestand auch wirklich vorlag. Dieses Bewußtsein, der wahre Täter der Tat, der wahre Urheber der Handlung zu sein, worin besteht es? Offenbar nicht bloß darin, daß der Mensch selbst es war, der die nötigen Schritte zur Ausführung unternahm, sondern es muß das Bewußtsein hinzukommen, daß er es „selbständig, aus eignem Antrieb" tat – oder wie der Ausdruck sonst lauten mag. Es ist nichts andres als das Bewußtsein der *Freiheit,* und dies ist einfach das Wissen, aus *eignen* Wünschen heraus gehandelt zu haben. „Eigne Wünsche" aber, das sind solche, die aus der Gesetzmäßigkeit des eignen Charakters in gegebener Situation entstehen und nicht durch eine äußere Gewalt, wie oben erläutert, aufgedrängt werden. Die Abwesenheit der äußeren Gewalt dokumentiert sich in dem bekannten Gefühl (das gewöhnlich als das Charakteristische im Freiheitsbewußtsein angesehen wird), *daß man auch anders hätte handeln können.* Wie dieses zweifellos und mit Recht vorhandene Bewußtsein jemals als Argument für den Indeterminismus angeführt werden konnte, ist mir unbegreiflich. Es ist doch natürlich, daß ich anders gehandelt hätte, wenn ich etwas anderes *gewollt* hätte. Das Gefühl sagt nicht einmal, daß ich auch andres hätte wollen können, obwohl dies sicher der Fall ist – wenn nämlich andre Motive dagewesen wären. Daß ich unter *ganz denselben* inneren und äußeren Umständen auch etwas andres hätte wollen

können, das sagt es offenbar erst recht nicht. Wie sollte auch wohl ein solches Gefühl mir etwas mitteilen können über die rein theoretische Frage, ob das Kausalprinzip gilt oder nicht? Ich mache mich nach dem früher Gesagten natürlich nicht anheischig, seine Gültigkeit darzutun, aber ich leugne, daß aus einem derartigen Bewußtseinstatbestand auch nur das Geringste über seine Geltung dargetan werden kann. Es ist ja kein Bewußtsein der Ursachlosigkeit, sondern ein Bewußtsein von etwas völlig anderm, nämlich der *Freiheit,* und die besteht darin, daß ich so handeln kann, wie ich wünsche.

Also das Verantwortungsgefühl setzt voraus, daß ich frei handelte, daß mein eigner Wunsch die Triebfeder war; und wenn ich auf Grund dieses Gefühls einen Tadel für mein Verhalten willig hinnehme oder „mir selbst Vorwürfe mache" und damit zugebe, daß ich auch anders hätte handeln können, so heißt dies: ein andres Verhalten war mit den Willensgesetzen durchaus vereinbar – natürlich bei andern Motiven; und ich wünsche selbst das Vorhandensein solcher Motive und nehme die durch mein Verhalten in mir erzeugte Unlust (Bedauern, Reue) selbst als ein Motiv hin, das seine Wiederholung verhindern wird. Sich selbst Vorwürfe machen heißt eben, sich selbst Motive der Besserung setzen, wie es sonst durch den Erzieher geschieht. Tut jedoch jemand etwas z. B. unter dem Einfluß einer Tortur, so fehlen Schuldbewußtsein und Reue, denn er weiß, daß nach den Willensgesetzen kein andres Verhalten ihm möglich gewesen wäre – was immer für Vorstellungen in seinem Bewußtsein auch sonst noch durch ihre Gefühlstöne als Motive gewirkt hätten. Immer ist das Wesentliche, daß Verantwortung fühlen bedeutet: sich selbst, die eignen psychischen Prozesse als den Punkt wissen, an dem Motive angreifen müssen, um die Handlungen des Körpers zu lenken.

aus: Moritz Schlick, Fragen der Ethik, stw 477. © Suhrkamp-Verlag, Frankfurt am Main 1984, S. 161 ff.

# M 1

## Drei Grundarten von Verantwortung

In „Verantwortung" steckt „antworten". Antworten ist ein Modus des Sprechens. Verantwortung wird also nur da anzutreffen sein, wo Sprechen möglich ist. Sprechen aber ist eine Auszeichnung des Menschen. Demnach ist das Feld der Verantwortung der Mensch. Tier und Stein kommen nicht in die Dimension der Verantwortung, nur der Mensch ist es, der sich verantworten kann. Solches, was der Mensch tun oder sein kann, nennen wir, im Anschluß an Heidegger, Seinkönnen oder Möglichkeit. Demgemäß sprechen wir von Verantwortung als einer Möglichkeit des Menschen. [...]

Welcher Gestalt ist nun diese spezifische Möglichkeit, genannt „Verantwortung"? „Verantwortung" setzt sich zusammen aus den Bestandteilen „wort", „ant-" und „ver-". Das Grundwort ist „worten". „Worten" besagt so viel wie: sich im Wort bewegen, reden. Die Grundbedeutung von „reden" ist: offenbarmachen. Redend lasse ich das, wovon die Rede ist, sehen.

Die spezifische Art von Reden, die in „Verantwortung" infrage steht, ist die des Antwortens. „ant-", „àvrí", heißt soviel wie „gegen"; Antwort ist also Widerrede, oder ein solches Offenbarmachen, das gegen etwas offenbarmacht. Es setzt also etwas voraus, gegen das es redet. Dieses muß, um eine Antwort zu ermöglichen, dem Antwortenden sich kundgetan haben. Es geschieht also selbst als Offenbarmachen. Dasjenige Offenbarmachen, das auf eine Antwort, ihr vorausgehend, bezogen ist, hat den Charakter der Frage, obzwar nicht immer die Frageform. Verantwortung als Antwort ist also Offenbarmachen gegen eine Frage. Als solches hat sie ihren Platz im Dialog.

Entgegnend offenbarmachen kann man Verschiedenes. Worum es aber in dem spezifischen Antworten, wie es in der Verantwortung stattfindet, geht, das steht in bestimmter Beziehung zu dem sich Verantwortenden: er verantwortet *seine Tat, seine* Unterlassung; oder anders ausgedrückt: er verantwortet *sich* wegen einer Tat, wegen einer Unterlassung. [...]

Als was der Mensch sich vor dieser Frage darstellt, das entscheidet sich von daher, als was er aufgerufen ist. Dieses aber bestimmt sich je von dem Aufrufenden her. Nun ist das Aufrufende das, vor dem der Mensch sich verantwortet, das „Wovor" der Verantwortung. Das Prinzip der Gliederung der Verantwortung in ihre Grundarten sind also die möglichen Grundarten ihres „Wovor".

Als Fragendes muß das „Wovor" seinerseits etwas sein, was sprechen kann, und muß als solches mit dem Menschen in der Möglichkeit eines dialogischen Verhältnisses stehen. Tier oder Stein gegenüber kann es demnach keine Verantwortung geben, weil sie nicht sprechen können. Nur vor solchem, was den Menschen ansprechen kann, findet Verantwortung statt.

Solches, was den Menschen anspricht, kann sein ein anderer Mensch. Im dialogischen Verhältnis zwischen Menschen gründet eine bestimmte Art von Verantwortung. Sie spielt sich im Mit-den-andern-sein ab; wir nennen sie deshalb die *soziale Verantwortung.* Im Verhältnis zu den andern aber erschöpfen sich nicht alle Möglichkeiten des Dialogs. Das Gebet etwa wird gemeint als Zwiesprache, nicht mit andern Menschen, sondern mit Gott. Dem dialogischen Verhältnis zu Gott entspricht eine eigene Art von Verantwortung: die Verantwortung vor Gott, oder die *religiöse Verantwortung.* Schließlich ist auch der Monolog eine Art Zwiesprache: das Gespräch des Menschen mit sich selbst. Auch zu sich selbst steht der Mensch im dialogischen Verhältnis, und auch hier hat demnach eine bestimmte Art von Verantwortung ihren Platz: die *Selbstverantwortung.*

Wir haben damit drei Grundarten von Verantwortung gefunden: die soziale Verantwortung, die religiöse Verantwortung und die Selbstverantwortung. Beweisen läßt sich allerdings nicht, daß es diese und nur diese Grundarten von Verantwortung gibt. Ein dialogisches Verhältnis konstituiert sich jeweils durch den Hinzutritt eines Partners. Nun kann aus dem Begriff des Dialogs wohl der Umkreis möglicher Partner bestimmt werden: daß sie von sich aus die Fähigkeit des Sprechens besitzen müssen. Man kann aber daraus nicht deduzieren, wer nun im einzelnen als solcher Partner dem Menschen begegnen kann. Vielmehr kann hier nur behauptet werden, es gehöre zu der Situation des Menschen, zu den andern, zu Gott und zu sich selbst in der Möglichkeit des Dialogs zu stehen.

Was das Verhältnis angeht, in dem die drei Grundarten zueinander stehen, so kann es vor ihrer Einzelinterpretation nicht bestimmt werden. Ihre Anordnung in der gegebenen Reihenfolge ist aber, wie sich noch zeigen wird, sachlich begründet. Eine Vordeutung auf das Prinzip ihrer Anordnung kann darin erkannt werden, daß entsprechend ihrer Reihenfolge jeweils ihre „Intimität" wächst. Verantwortung vor Gott ist „intimer" als soziale Verantwortung, wird aber an „Intimität" übertroffen von Selbstverantwortung, in der der Mensch mit sich allein ist. [...]

Um sicher zu gehen, wählen wir ein solches Paradigma, in dem sich die Tatsache, daß es sich um Selbstverantwortung handelt, sprachlichen Ausdruck verschafft hat. Jemand steht vor der Möglichkeit, einer religiösen Gemeinschaft beizutreten. Er ist sich nicht darüber im klaren, ob er es verantworten könne, und geht deshalb mit sich zu Rate. Schließlich sagt er, er könne es vor sich selbst verantworten, und erklärt seinen Beitritt.

Das Beispiel wurde absichtlich so gewählt, um die Abgrenzung gegen die andern Arten von Verantwortung deutlich werden zu lassen. Es handelt sich um eine Gemeinschaft, aber die Verantwortung findet nicht vor deren Anspruch statt. Die Gemeinschaft ist religiöse Gemeinschaft, aber die Verantwortung ist nicht Verantwortung vor Gott. Sondern sie kennzeichnet sich als Verantwortung „vor sich selbst".

Das Resultat der Beratschlagung mit sich selbst, wie sie im Beispiel angestellt wird, ist: Ich kann den Beitritt vor mir selbst verantworten. Etwas verantworten können, in der Verantwortung bestehen können, ist das Kennzeichen der Verantwortung im eigentlichen Sinne. Sie ist das positive Ergebnis der Beratschlagung, in der es darum geht, ob der Mensch verantworten kann oder nicht. Diese Beratschlagung selbst als Vollzug der Verantwortung ohne Rücksicht auf ihr Gelingen oder Nicht-Gelingen ist Selbstverantwortung im formalen Sinne. Auch hier also findet sich der Unterschied von Selbstverantwortung im eigentlichen Sinne und Selbstverantwortung im formalen Sinne.

aus: Weischedel, Wilhelm: Das Wesen der Verantwortung (1933). Frankfurt/Main 1972³, S. 15 ff.

# M 2

## Kausalhandlungs- und Fürsorge-Verantwortung

### 1. Verantwortung als kausale Zurechnung begangener Taten

a) Bedingung von Verantwortung ist kausale Macht. Der Täter muß für seine Tat antworten: er wird für deren Folgen verantwortlich gehalten und gegebenenfalls haftbar gemacht. Dies hat zunächst rechtliche und nicht eigentlich moralische Bedeutung. Der angerichtete Schaden muß gutgemacht werden, auch wenn die Ursache keine Übeltat war, auch wenn die Folge weder vorausgesehen noch beabsichtigt war. Es genügt, daß ich die aktive Ursache gewesen bin. Aber doch nur in enger kausaler Verbindung mit der Tat, so daß die Zuschreibung eindeutig ist und die Folge sich nicht im Unvorhersehbaren verliert. Der berühmte fehlende Hufnagel macht nicht wirklich den Schmiedegesellen verantwortlich für die verlorene Schlacht und den Verlust des Königreichs. Aber der direkte Kunde, Reiter des Pferdes, hätte wohl einen Regreßanspruch an den Schmied, der für die Nachlässigkeit seines Gesellen, ohne daß ihn selber ein Vorwurf trifft, „verantwortlich" ist. Die Nachlässigkeit ist hier das einzige, was allenfalls moralisch schuldhaft zu nennen ist, und das in einem trivialen Grade; aber das Beispiel zeigt (wie das alltägliche des Haftens von Eltern für ihre Kinder), daß zahlpflichtige Verantwortung von jeder Schuld frei sein kann. Das Prinzip der ursächlichen Zurechenbarkeit ist immer noch gewahrt in dem Verhältnis, kraft dessen der Vorgesetzte generell die Ursächlichkeit der Untergebenen in seiner Person vereinigt (für deren zuverlässige Leistung er ja auch das Lob erntet).

b) Nun hat sich frühzeitig mit der Idee der rechtlichen Bußeleistung die der Bestrafung vermischt, die moralischen Sinn hat und die ursächliche Tat als moralisch schuldhaft qualifiziert. Hier hat die Erklärung „schuldig!" einen andern Sinn als „Peter ist Paul Wiedergutmachung schuldig". Bestraft wird die Tat mehr als die Folgen, wenn es sich um ein Verbrechen handelt, und nach ihr wird die Sühne bemessen. Hierfür muß die Tat selbst untersucht werden – Vorsatz, Überlegung, Motiv, Zurechenbarkeit: War die Tat verbrecherisch „in sich"? Die Abrede zur Begehung eines Verbrechens, die durch rechtzeitige Entdeckung folgenlos blieb, ist selbst ein Verbrechen und straffällig. Die hier bewirkte Sühne, mit der der Täter zur Verantwortung gezogen wird, dient nicht der Gutmachung des von andern erlittenen Schadens oder Unrechts, sondern der Wiederherstellung der gestörten moralischen Ordnung. Also ist hier die Qualität und nicht die Kausalität der Tat der entscheidend zu verantwortende Punkt. Dennoch bleibt zumindest potentielle Macht die conditio sine qua non. Niemand wird für das ohnmächtige Ersinnen gräßlichster Untaten zur Verantwortung gezogen, und die hierbei etwa auftretenden Schuldgefühle sind so privat wie das psychologische Delikt. Eine Tat in der Welt muß begangen oder mindestens begonnen sein (wie in der Abrede). Und es bleibt wahr, daß die gelungene Tat schwerer wiegt als die mißlungene.

c) Der angezeigte Unterschied zwischen legaler und moralischer Verantwortung spiegelt sich in dem Unterschied von Zivilrecht und Kriminalrecht, in deren divergenter Entwicklung die anfänglich vermischten Begriffe von Bußleistung (aus Haftpflicht) und Strafe (für Schuld) entmischt wurden. Beiden gemeinsam ist aber, daß die „Verantwortung" sich auf getane Taten bezieht und in Verantwortlich*machung* von außen real wird. Das hier beim Täter etwa mitgehende *Gefühl*, mit dem er die Verantwortung innerlich annimmt (Schuldgefühl, Reue, Sühnebereitschaft, aber auch trotziger Stolz) ist ebenso retroaktiv wie das objektive Verantwortenmüssen; und auch dessen Antizipation am Anfang des Handelns dient nicht als Tatmotiv, sondern (wirksamenfalls) als Tatauslese, das heißt als Zulassungs- oder Ausscheidungsmotiv. Schließlich hat man umsoweniger zu verantworten, je weniger man tut, und bei Abwesenheit positiver Pflicht kann Tatvermeidung zum Rat der Klugheit werden. Kurz, „Verantwortung", so verstanden, setzt nicht selber Zwecke, sondern ist die ganz formale Auflage auf *alles* kausale Handeln unter Menschen, daß dafür Rechenschaft verlangt werden kann. Sie ist damit die Vorbedingung der Moral, aber noch nicht selber Moral. Das mit ihr sich identifizierende Gefühl – Nachgefühl wie Vorgefühl – ist zwar moralisch (Bereitschaft, für sein Tun einzustehen), aber in seiner puren Formalität kann es nicht das affektive Prinzip für die ethische Theorie abgeben, die es zuerst und zuletzt doch mit der Präsentierung, Beglaubigung und Motivierung von positiven Zwecken auf das bonum humanum hin zu tun hat. Aus der Inspiration solcher Zwecke, aus der Wirkung des Guten auf das Gefühl, kann Verantwortungsfreudigkeit entstehen; ohne sie, das heißt ohne verpflichtende Werte, ist Verantwortungsscheu vielleicht zu bedauern (da die Vorsicht, rein hedonistisch, ein schlechtes Geschäft sein kann), aber nicht zu verurteilen.

## 2. Verantwortung für Zu-Tuendes: Die Pflicht der Macht

Nun gibt es aber noch einen ganz andern Begriff von Verantwortung, der nicht die ex-post-facto Rechnung für das Getane, sondern die Determinierung des Zu-Tuenden betrifft; gemäß dem ich mich also verantwortlich fühle nicht primär für mein Verhalten und seine Folgen, sondern für die *Sache,* die auf mein Handeln Anspruch erhebt. Verantwortung zum Beispiel für die Wohlfahrt Anderer „sichtet" nicht nur gegebene Tatvorhaben auf ihre moralische Zulässigkeit hin, sondern verpflichtet zu Taten, die zu keinem andern Zweck vorgehabt sind. Das „für" des Verantwortlichseins hat hier offenbar einen völlig anderen Sinn als in der vorigen, selbstbezogenen Klasse. Das „wofür" liegt außer mir, aber im Wirkungsbereich meiner Macht, auf sie angewiesen oder von ihr bedroht. Ihr setzt es entgegen sein Recht auf Dasein aus dem, was es ist oder sein kann, und nimmt durch den sittlichen Willen die Macht in ihre Pflicht. Die Sache wird meine, weil die Macht meine ist und einen ursächlichen Bezug zu eben dieser Sache hat. Das Abhängige in seinem Eigenrecht wird zum Gebietenden, das Mächtige in seiner Ursächlichkeit zum Verpflichteten. Für das so ihr Anvertraute wird die Macht objektiv verantwortlich und durch die Parteinahme des Verantwortungsgefühls affektiv engagiert: in dem Gefühl findet das Verbindliche seine Verbindung zum subjektiven Willen. Die Parteinahme des Gefühls aber hat ihren ersten Ursprung nicht in der Idee der Verantwortung überhaupt, sondern in der erkannten selbsteigenen Güte der Sache, wie sie das Empfinden affiziert und die bloße Selbstsucht der Macht beschämt. Das Erste ist das Seinsollen des Objekts, das Zweite das Tunsollen des zur Sachverwaltung berufenen Subjekts. Das Heischen der Sache einerseits, in der Unverbürgtheit ihrer Existenz, und das Gewissen der Macht anderseits, in der Schuldigkeit ihrer Kausalität, vereinigen sich im bejahenden Verantwortungsgefühl des aktiven, immer schon in das Sein der Dinge übergreifenden Selbst. Tritt Liebe hinzu, so wird die Verantwortung beflügelt von der Hingebung der Person, die um das Los des Seinswürdigen und Geliebten zu zittern lernt.

*Diese* Art Verantwortung und Verantwortungsgefühl, nicht die formal-leere „Verantwortlichkeit" jedes Täters für seine Tat, meinen wir, wenn wir von der heute fälligen Ethik der Zukunftsverantwortung sprechen. Und sie müssen wir mit dem bewegenden Prinzip früherer Moralsysteme und ihrer Theorien vergleichen. Wir kommen diesem substantiellen, zweckverpflichteten Begriff der Verantwortung empirisch am besten näher, wenn wir fragen (da wir im Sinne der zwei verschiedenen Verantwortungsbegriffe widerspruchslos sagen können, daß man noch für seine unverantwortlichsten Handlungen verantwortlich ist), was mit „unverantwortlichem Handeln" gemeint sein kann. Auszuschließen ist hierbei der formalistische Sinn von „unverantwortlich" = der Verantwortungsfähigkeit bar, daher nicht verantwortlich zu machen.

aus: Hans Jonas, Das Prinzip Verantwortung. © Insel Verlag, Frankfurt am Main 1979, S. 172 ff.

## M 1

**Elemente der Verantwortungsrelation**

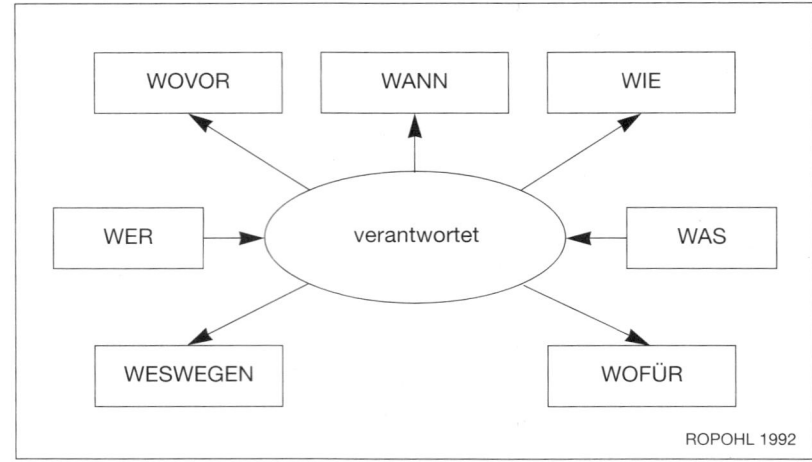

ROPOHL 1992

## M 2 Die Verantwortungsrelation

Der Kern der Verantwortungsrelation besteht darin, daß jemand etwas verantwortet. Wer ist das Subjekt der Verantwortung? In der traditionellen Verantwortungsethik kommt als Akteur nur die individuelle Person in Betracht: formal ist es jedoch nicht ausgeschlossen, inhaltlich gar in vielen Fällen zwingend notwendig, auch kollektive oder institutionelle Akteure als Subjekt der Verantwortung zu betrachten. Beispielsweise ist die Idee des Großraumbüros nicht von einem einzelnen Planer, sondern von einem organisierten Planungsteam kollektiv entwickelt worden. Was ist nun zu verantworten? Das Objekt der Verantwortung ist zunächst eine bestimmte Handlung, die der Akteur ausführt. Eine Handlung soll im weitesten Sinne als zweckbestimmte Transformation einer Anfangssituation in eine Endsituation begriffen werden; dazu gehören als Grenzfälle auch Unterlassungen und reine Sprechakte. Wer es beispielsweise unterläßt, wohlbegründete Kritik am Großraumbüro zu äußern, obwohl er das mit der Aussicht auf Wirksamkeit tun könnte, hat ebenfalls eine Handlung zu verantworten.

Nun ergibt sich aber der besondere Charakter der Verantwortung nicht schon aus der Handlung selbst, sondern daraus, wofür man verantwortlich ist: für die beabsichtigten und unbeabsichtigten Folgen der Handlung. Zunächst geht es um konkrete primäre Handlungsfolgen, die andere Personen oder auch Sachen betreffen. Wird ein Schaden verursacht, der bei richtigem Handeln hätte vermieden werden können, und ist ein solcher Schaden in der einen oder anderen Weise wiedergutzumachen, kann sich Verantwortung als Haftung konkretisieren. So kann ein Statiker, der eine Baukonstruktion grob fahrlässig so falsch berechnet hat, daß diese einstürzt, dafür haftbar gemacht werden, indem er für den materiellen Schaden aus eigenen Mitteln aufkommen muß. Heute wird zunehmend darüber diskutiert, ob sich Verantwortung auch auf sekundäre, tertiäre und wei-

tere Fernwirkungen einer Handlung erstrecken kann oder muß, ob neben dem Nahbereich auch der Fernbereich, neben der Gegenwart auch die Lebenssituation künftiger Generationen zu berücksichtigen ist. Schließlich gibt es auch Handlungen, deren Folgen bestimmte Elemente der Verantwortungsrelation betreffen, so vor allem die Organisation von Verantwortungsinstanzen und die Entwicklung des Wertsystems; in solchen Fällen geht es sozusagen um Meta-Verantwortung. Überhaupt kann Verantwortung nur dann sinnvoll wahrgenommen werden, wenn man weiß, weswegen man mit einer Handlung bestimmte Folgen herbeiführen und andere vermeiden soll. Das kann letztlich nur im Rückgriff auf Werte begründet werden, die als normative Orientierungskonzepte gewisse Klassen von Handlungen und Handlungsfolgen auszeichnen, die es anzustreben, zu befürworten oder vorzuziehen gilt. Letzte Maxime der Verantwortung ist schließlich das gute Leben aller; diese Maxime setzt sich aus den Prinzipien der Nützlichkeit, des Wohlwollens und der Gerechtigkeit zusammen.

Schon in der ursprünglich juristischen Wortbedeutung ist es konstitutiv für den Begriff, wovor jemand eine Handlung verantwortet: nämlich vor einem Gericht, das Antwort verlangt. Neben der juristischen Instanz sind weitere formelle Instanzen in Betracht zu ziehen, beispielsweise Standesorganisationen, Arbeitgeber oder Dienstherren. Aber auch vor informellen Instanzen kann man sich verantwortlich fühlen, so vor der öffentlichen Meinung, vor dem Urteil bestimmter anderer wie Kollegen, Verwandte oder Freunde oder vor dem eigenen Gewissen. Freilich ist es umstritten, ob das individuelle Gewissen eine Art letzter Verantwortungsinstanz darstellt oder lediglich das zu erwartende Urteil externer Instanzen internalisiert und antizipiert. Damit ist schließlich auch die Frage bereits angedeutet, wann Verantwortung eintritt: erst nach getaner Tat, wenn sich die Folgen wirklich eingestellt haben, oder auch schon bei der Handlungsplanung, soweit sich die möglichen Handlungsfolgen im voraus absehen und beurteilen lassen. Herrschte früher ein retrospektiver Verantwortungsbegriff vor, der die Folgen der bereits vollzogenen Handlung ihrem Verursacher zurechnet, wird heute zunehmend für einen prospektiven Verantwortungsbegriff plädiert, der dem Akteur die vorausschauende Kalkulation der mög-

lichen Handlungsfolgen auferlegt und ihn auf eine „präventive Ethik der Zukunftsverantwortung" verpflichtet.

Ropohl, Günter: Neue Wege, die Technik zu verantworten. aus: Lenk/Ropohl (Hrsg.): Technik und Ethik. Reclam Verlag, Stuttgart 1987, S. 154 ff.

# M3

## Ebenen und Dimensionen der Verantwortung

Verantwortungsbegriffe sind Beziehungs- oder *Relationsbegriffe*. Man ist gegenüber jemandem, für etwas, vor einer Instanz, in bezug auf Standards und ein Normensystem verantwortlich. Verantwortung ist daher ein mindestens fünfstelliger Beziehungsbegriff – und moralische Verantwortung ist nur eine Sonderform.

Zur ersten Untergliederung versuchte ich Verantwortungsbegriffe nach vier Dimensionen oder Ebenen zu unterscheiden: *erstens* Handlungs(ergebnis)verantwortung, *zweitens* Aufgaben- und Rollenverantwortung, *drittens* universalmoralische Verantwortung, *viertens* rechtliche Verantwortlichkeit; letztere soll hier nicht eigens behandelt werden. Die Unterscheidung ist analytisch, d. h. zur Orientierung und begrifflichen Einteilung gedacht. Die Dimensionen können sich und werden sich in der Wirklichkeit fast stets überlappen. Verantwortungskonflikte bestehen typischerweise in oder entstehen aus solchen Überschneidungen von Verantwortlichkeiten unterschiedlicher Dimensionen und Typen. Fritz Haber beispielsweise

versuchte den beim Gaswaffenprojekt auftretenden Konflikt zwischen der moralischen Verantwortung für die Menschheit und der Rollenverantwortung als Staatsbürger gegenüber seinem Vaterland dadurch zu lösen, daß er die Verantwortlichkeit aufteilte: im Frieden galt ihm die allgemeine humanitäre, im Krieg dagegen die patriotische als vorrangig.

Die bekannteste Art der Verantwortlichkeit ist die Verantwortung für die kausalen Konsequenzen des eigenen Handelns (Handlungs[ergebnis]verantwortung): Ich spreche hier näher von *Kausalhandlungsverantwortung*. Der Wissenschaftler, der ein Humanexperiment plant, ist nicht nur für das wissenschaftliche Ergebnis seines Versuchs und seine Messungen und Berechnungen verantwortlich, sondern auch für die physischen und psychischen direkten Folgewirkungen auf die Probanden. […]

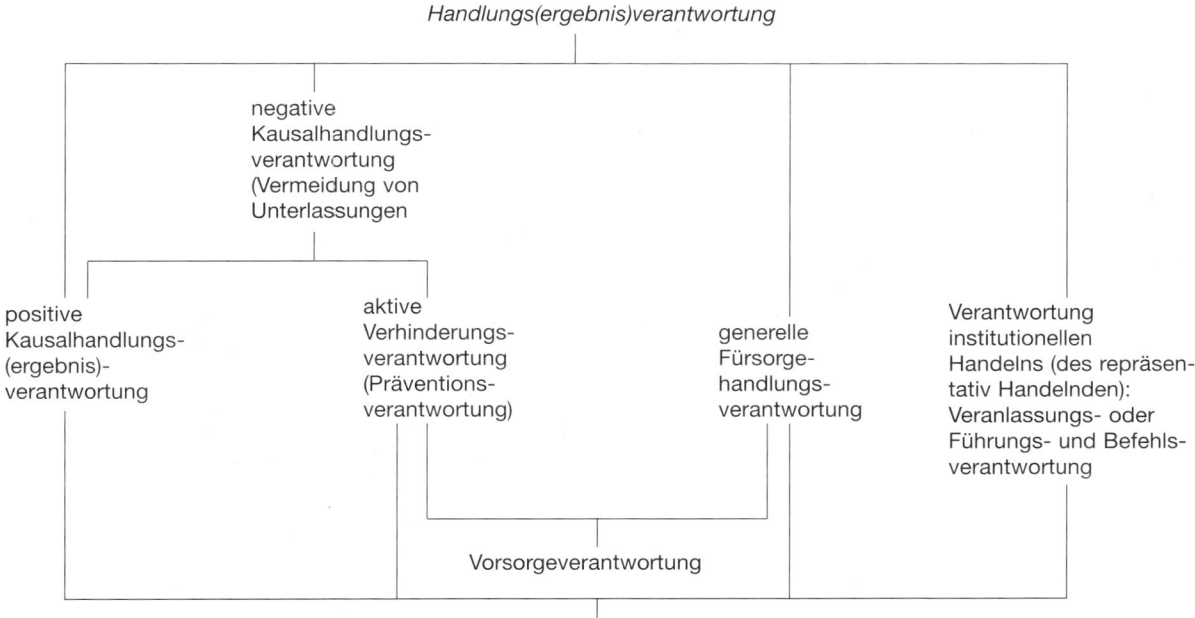

*Handlungs(ergebnis)verantwortung*

negative Kausalhandlungsverantwortung (Vermeidung von Unterlassungen

positive Kausalhandlungs-(ergebnis)-verantwortung

aktive Verhinderungsverantwortung (Präventionsverantwortung)

generelle Fürsorgehandlungsverantwortung

Verantwortung institutionellen Handelns (des repräsentativ Handelnden): Veranlassungs- oder Führungs- und Befehlsverantwortung

Vorsorgeverantwortung

gemeinschaftlich zu tragende Mitverantwortung für Kollektivhandlungen (je nach Einwirkungs- und Mitwirkungsmacht)

Die zweite Dimension, die ich hier kurz erwähnen möchte, bezieht sich auf solche Rollen- und Aufgabenverantwortlichkeiten. Man braucht hier keine Beispiele anzuführen, weil jeder mit Rollen und Aufgaben vertraut ist. Es handelt sich etwa um alle Arten der formellen Verantwortung im Rahmen einer Institution, also um eine Zuordnung im Sinne eines rechtlichen bzw. vertraglich-beruflichen Verantwortlichseins. Diese Verantwortlichkeit kann allerdings mehr formell, gar rechtlich fixiert oder eher informell sein. Jeder angestellte Wissenschaftler ist seinem Vorgesetzten, seiner Firma oder (privaten oder öffentlichen) Organisationen (auch etwa seiner Standesorganisation) gegenüber im Sinne der Rollenerwartung, Stellenbeschreibung usw. für Handlungen, Unterlassungen und vorsorgende Aufmerksamkeit verantwortlich. Es gibt daneben eine institutionelle Rollenverantwortung für repräsentative Rollen als Teil etwa einer berufsspezifischen Aufgabenverantwortung, die natürlich als ein Unterfall der Rollenverantwortung zu sehen ist.

Besonders wichtig für unser Thema ist auf der dritten Dimension die (universal)moralische Verantwortlichkeit. Sie betrifft insbesondere Fälle, in denen das Handeln das leibliche und psychische Wohlergehen von anderen Personen oder allgemeiner Lebewesen betrifft. Doch es gibt natürlich auch das Phänomen der Selbstverantwortung im Handeln und Urteilen. Selbstverantwortung kann in zweierlei Hinsicht verstanden werden: einmal die Rücksicht und Achtung für mich selber als Person – und zum zweiten mit Bezug auf mich selber als beurteilende Instanz. Diesen Doppelsinn muß man auch hier beachten.

Was die moralische Verantwortung gegenüber anderen betrifft, so gibt es einerseits die direkte, handlungsorientierte moralische Verantwortung, die in einer bestimmten Situation aktiviert ist; man denke etwa an das Beispiel des barmherzigen Samariters. Andererseits existieren indirekte Verantwortlichkeiten, die nicht unmittelbar an die Nahhandlungssituation gebunden sind – dafür gibt es eine Reihe von Beispielen aus dem Bereich der letztlich über die technisch-industrielle Anwendung auch wissenschaftsin-duzierten Fernwirkungen; denken wir z. B. an das Umweltproblem in industriellen Ballungsgebieten oder an das Ozonloch über der Antarktis.

Die höherstufige Verantwortung zur Erfüllung von vertraglichen oder formellen Pflichten ist auch eine *moralische* Verantwortung. Ich bin auch *moralisch* verpflichtet, Gesetze einzuhalten oder Versprechen zu halten, Pflichten, die ich eingegangen bin, auszuführen. Eine solche höherstufige moralische Verantwortlichkeit besteht jeweils. Man muß also berücksichtigen, daß das Phänomen der moralischen Verantwortlichkeit mehrstufig ist und dementsprechend differenziert nach Stufen analysiert werden muß. Natürlich gilt die Verpflichtung, Verabredungen einzuhalten, nicht absolut; es können überragende andere Pflichten mich davon abhalten, zum Beispiel eine Kaffeeverabredung einzuhalten, das ist völlig klar. (Insofern begründen alle Verantwortlichkeiten zunächst Prima-facie-Verpflichtungen.) Die noch umstrittene erwähnte moralische Verantwortung von Institutionen und Kooperationen wäre natürlich wiederum ein anderer Typ als die persönlich-moralische. Die *moralische* Fürsorge- und Vorsorgeverantwortung etwa im Sinne der „Seinsverantwortung" bei Hans Jonas kommt natürlich auch in der moralischen Perspektive an zentraler Stelle vor.

Die (universal)moralische Verantwortung ist durch bestimmte Eigenschaften gekennzeichnet: Zunächst dadurch, daß das Wohl und Wehe anderer, unter Umständen aber auch meiner eigenen Person, betroffen ist. Sie ist zudem nicht von vornherein auf spezifische Bereiche eingeschränkt, sondern sie gilt grundsätzlich universell, gleich für jedermann in vergleichbarer Situation (dies bedeutet zunächst keine Beschränkung der Allgemeinheit, was die Betroffenen angeht). Sie gestattet keine Aufschiebung, keine Delegierung, keine Abschiebung, sie ist im ursprünglichen Sinne stets persönlich.

Schaubilder aus: Lenk/Ropohl (Hrsg.): Technik und Ethik, Reclam Verlag, Stuttgart 1987, S. 119 ff.
Text aus: Lenk, Hans (Hrsg.): Wissenschaft und Ethik, Reclam Verlag, Stuttgart 1991, S. 61 ff.

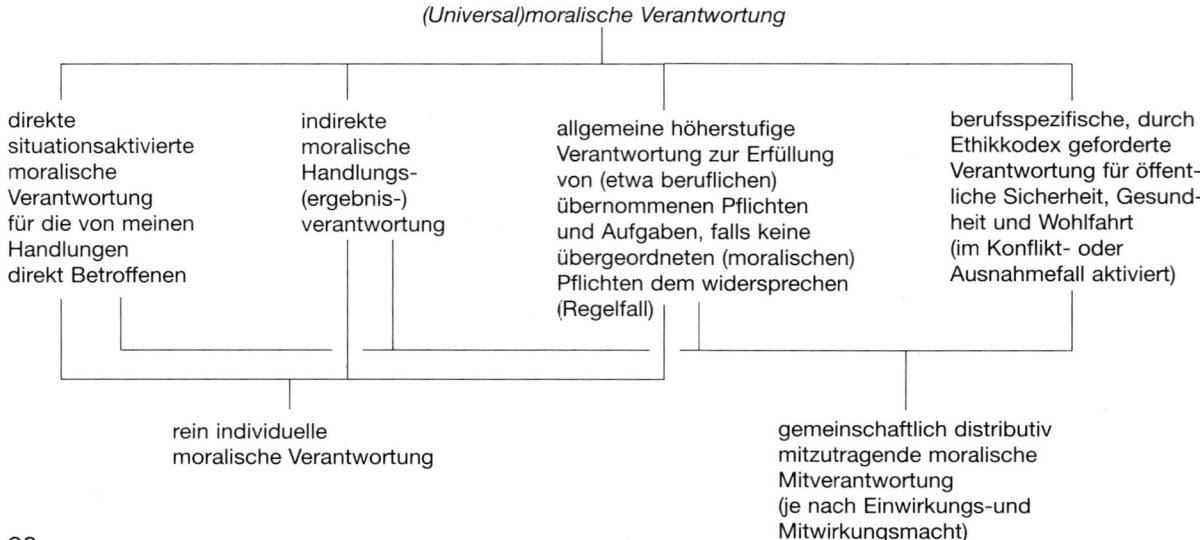

(Universal)moralische Verantwortung

| direkte situationsaktivierte moralische Verantwortung für die von meinen Handlungen direkt Betroffenen | indirekte moralische Handlungs-(ergebnis-)verantwortung | allgemeine höherstufige Verantwortung zur Erfüllung von (etwa beruflichen) übernommenen Pflichten und Aufgaben, falls keine übergeordneten (moralischen) Pflichten dem widersprechen (Regelfall) | berufsspezifische, durch Ethikkodex geforderte Verantwortung für öffentliche Sicherheit, Gesundheit und Wohlfahrt (im Konflikt- oder Ausnahmefall aktiviert) |

rein individuelle moralische Verantwortung

gemeinschaftlich distributiv mitzutragende moralische Mitverantwortung (je nach Einwirkungs-und Mitwirkungsmacht)

# M 1

## Das Beispiel der Antike

Beginnen wir mit einer alten Stimme über des Menschen Macht und Tun, die in einem archetypischen Sinne selbst schon sozusagen eine technologische Note anschlägt – mit dem berühmten Chorlied aus Sophokles' Antigone.

Ungeheuer ist viel, und nichts
ungeheurer als der Mensch.
Der nämlich, über das graue Meer
im stürmenden Süd fährt er dahin,
andringend unter rings
umrauschenden Wogen. Die Erde auch,
der Göttlichen höchste, die nimmer vergeht
und nimmer ermüdet, schöpfet er aus
und wühlt, die Pflugschar pressend, Jahr
um Jahr mit Rössern und Mäulern.

Leichtaufmerkender Vögel Schar
umgarnt er und fängt, und des wilden Getiers
Stämme und des Meeres salzige Brut
mit reichgewundenem Netzgespinst –
er, der überaus kundige Mann.
Und wird mit Künsten Herr des Wildes,
des freien schweifenden auf den Höhen,
und zwingt den Nacken unter das Joch,
den dichtbemähnten des Pferdes, und
den immer rüstigen Bergstier.

Die Rede auch und den luft'gen Gedanken und
die Gefühle, auf denen gründet die Stadt,
lehrt er sich selbst, und Zuflucht zu finden vor
unwirtlicher Höhen Glut und des Regens
Geschossen.
Allbewandert er, auf kein Künftiges
geht er unbewandert zu. Nur den Tod
ist ihm zu fliehen versagt.
Doch von einst ratlosen Krankheiten
hat er Entrinnen erdacht.

So über Verhoffen begabt mit der Klugheit
erfindender Kunst,
geht zum Schlimmen er bald und bald zum
Guten hin.
Ehrt des Landes Gesetze er und der Götter
beschworenes Recht –
hoch steht dann seine Stadt. Stadtlos ist er,
der verwegen das Schändliche tut.

Diese beklommene Huldigung an des Menschen beklemmende Macht erzählt von seinem gewaltsamen und gewalttätigen Einbruch in die kosmische Ordnung, von der verwegenen Invasion der verschiedenen Naturbereiche durch seine rastlose Klugheit; aber zugleich auch davon, daß er mit den selbstgelehrten Vermögen der Rede, des Denkens und des sozialen Gefühls ein Haus für sein eigentliches Menschsein erbaut – nämlich das Kunstgebilde der Stadt. Die Vergewaltigung der Natur und die Zivilisierung seiner selbst gehen Hand in Hand. Beide bieten den Elementen Trotz, die eine, indem sie sich in diese vorwagt und ihre Geschöpfe überwältigt, die andere, indem sie in der Zuflucht der Stadt und ihrer Gesetze eine Enklave gegen sie errichtet. Der Mensch ist der Schöpfer seines Lebens als eines menschlichen; er fügt die Umstände seinem Willen und Bedürfen, und außer gegen den Tod ist er niemals ratlos.

Dennoch ist ein verhaltener und sogar ängstlicher Ton in diesem Preislied auf das Wunder des Menschen hörbar und niemand kann es für unbescheidenes Prahlen halten. Was ungesagt, aber für damals selbstverständlich dahinter steht, ist das Wissen, daß aller Größe seiner schrankenlosen Erfindsamkeit ungeachtet der Mensch, gemessen an den Elementen, immer noch klein ist: eben dies macht seine Ausfälle in sie so verwegen und erlaubt es jenen, seinen Vorwitz zu dulden. Alle Freiheiten, die er sich mit den Bewohnern des Landes, des Meeres und der Luft herausnimmt, lassen doch die umgreifende Natur dieser *Bereiche* unverändert und ihre zeugenden Kräfte unvermindert. Ihnen tut er nicht wirklich weh, wenn er sein kleines Königreich aus ihrem großen herausschneidet. Sie dauern, während seine Unternehmen ihren kurzlebigen Lauf nehmen. So sehr er auch die Erde Jahr um Jahr mit seinem Pfluge plagt – sie ist alterslos und unermüdbar; ihrer ausdauernden Geduld kann und muß er trauen und ihrem Zyklus muß er sich anpassen. Und ebenso alterslos ist das Meer. Kein Raub an seiner Brut kann seine Fruchtbarkeit erschöpfen, kein Durchkreuzen mit Schiffen ihm Schaden tun, kein Abwurf in seine Tiefen es beflecken. Und für wie viele Krankheiten der Mensch auch Heilung finden mag, die Sterblichkeit selbst beugt sich nicht seiner List.

All dies gilt, weil vor unserer Zeit des Menschen Eingriffe in die Natur, so wie er selbst sie sah, wesentlich oberflächlich waren und machtlos, ihr festgesetztes Gleichgewicht zu stören. (Die Rückschau entdeckt, daß die Wahrheit nicht immer so harmlos war.) Auch ist weder im Antigone-Chorlied noch irgendwo sonst eine Andeutung zu finden, daß dies erst ein *Anfang* sei und daß Größeres an Kunst und Macht noch bevorstehe – daß der Mensch in einer endlosen Laufbahn der Eroberung begriffen sei.

aus: Hans Jonas, Das Prinzip Verantwortung. © Insel Verlag, Frankfurt am Main 1979, S. 17 ff.

## M 2

### Der Turmbau zu Babel

*Hieronymus Bosch: Der Turmbau zu Babel*

**Der Turmbau zu Babel:** 11, 1–9[1]

**11** Alle Menschen hatten die gleiche Sprache und gebrauchten die gleichen Worte. [2] Als sie von Osten aufbrachen, fanden sie eine Ebene im Land Schinar und siedelten sich dort an. [3] Sie sagten zueinander: Auf, formen wir Lehmziegel, und brennen wir sie zu Backsteinen. So dienten ihnen gebrannte Ziegel als Steine und Erdpech als Mörtel. [4] Dann sagten sie: Auf, bauen wir uns eine Stadt und einen Turm mit einer Spitze bis zum Himmel, und machen wir uns damit einen Namen, dann werden wir uns nicht über die ganze Erde zerstreuen. [5] Da stieg der Herr herab, um sich Stadt und Turm anzusehen, die die Menschenkinder bauten. [6] Er sprach: Seht nur, *ein* Volk sind sie, und *eine* Sprache haben sie alle. und das ist erst der Anfang ihres Tuns. Jetzt wird ihnen nichts mehr unerreichbar sein, was sie sich auch vornehmen. [7] Auf, steigen wir hinab, und verwirren wir dort ihre Sprache, so daß keiner mehr die Sprache des anderen versteht. [8] Der Herr zerstreute sie von dort aus über die ganze Erde, und sie hörten auf, an der Stadt zu bauen. [9] Darum nannte man die Stadt Babel (Wirrsal), denn dort hat der Herr die Sprache aller Welt verwirrt, und von dort aus hat er die Menschen über die ganze Erde zerstreut.

11, 1–9 An der alten Tradition von Babel als dem Schauplatz der Sprachverwirrung zeigt der Erzähler, daß hohe Zivilisation ohne Bindung an Gott die Menschen nicht eint und innerlich einander näher bringt, sondern sie entzweit, so daß sie sich gegenseitig nicht mehr verstehen.

aus: Einheitsübersetzung der Heiligen Schrift. © Katholische Bibelanstalt, Stuttgart 1980

# M 3

## Der neuzeitliche Turmbau zu Babel

*Pierre Brauchli: Der neuzeitliche Turmbau zu Babel*

# M 4

## Probleme des technischen Fortschritts

Wir sind aufgewachsen in der Überzeugung, daß technischer Fortschritt in jeder Beziehung und unter allen Umständen etwas Gutes ist. Ich glaube, wir können das heute nicht mehr uneingeschränkt sagen. In den letzten Jahrzehnten hat der technische Fortschritt zunächst unmerklich, dann aber in steigendem Tempo neue Formen angenommen. Kernenergie, Informationstechnik, Genetik, Biotechnik und Pharmakologie lassen uns neuartige Risiken des Fortschritts spüren, und zur Zeit erleben wir eine Revolutionierung unserer gesamten Lebensverhältnisse im öffentlichen und im privaten Bereich. Es ist wie ein Sturz nach vorne: die Erfolge der Technik sind es, die ungewöhnliche Probleme aufwerfen. Das Fortschrittstempo überfordert heute unsere Organisationsformen. Die Explosion der Technisierung übertrifft noch bei weitem die vielzitierte Bevölkerungsexplosion. Das Bruttosozialprodukt der Welt verdoppelt sich zur Zeit alle zehn Jahre. Wenn sich die Weltbevölkerung in dreißig Jahren verdoppelt hat, ist inzwischen das Bruttosozialprodukt auf das Achtfache gestiegen. Das heißt: achtmal so große Einkommen, achtmal soviel Güter, achtmal soviel Stoffwechsel und auch achtmal soviel Abfall. Man kann auch sagen: bis zum Jahr 2000 steigt der Raum- und Stoffbedarf pro Kopf viermal so stark wie die Anzahl der Köpfe! Und das bedeutet, daß wir durchaus infolge dieses technischen Fortschritts über die Formen menschlichen Verhaltens und menschlichen Zusammenlebens neu nachdenken müssen!

Bedeutsamer noch als diese globalen Phänomene sind die qualitativen Fortschritte auf einzelnen Gebieten. Bezüglich der Kriegstechnik heißt es, daß die Supermächte ein vierzigfaches Tötungspotential für ihre Kontrahenten bereithalten. Die Umweltprobleme – ich werde noch darauf zurückkommen – sind heute in aller Munde. Noch tiefgreifender und schwerer durchschaubar sind die soziologischen Folgen der Pharmakologie, der Genetik und der Informationstechnik. Und als Reaktion auf den Leistungsdruck und auf die Undurchsichtigkeit des technischen Zeitalters beobachten wir heute bei der Jugend die Zunahme von blindem Irrationalismus und emotionalen, antitechnischen Strömungen, Symptome, die man ernst nehmen muß, da sie ein Zeichen sind, daß dieser technische Fortschritt seelisch einfach nicht mehr ausreichend verarbeitet wird.

Oft wird die technische Entwicklung mit der biologischen verglichen, sie wird als ein Naturprozeß angesehen, der sozusagen automatisch, ohne das Dazutun der Menschen abläuft. Die Entdeckungen werden gemacht – sagt man –, wenn die Zeit dazu reif ist, und was der eine nicht tut, tut der andere. Wir müssen uns darüber klar werden, daß das ein moderner Mythos ist! Die Technik ist das Werk von Menschen und nicht von anonymen gut- oder bösartigen Dämonen. Wir können dieses äußerst machtvolle Instrument, diesen Fortschrittsprozeß nicht steuerlos sich selbst überlassen, wir müssen ihn in Kontrolle bekommen, denn jeder ist für sein Handeln verantwortlich. Hinter der Idee von der notwendigen Automatik der technischen Entwicklung wirkt der menschliche Wunsch, sich von der Verantwortung zu entlasten, aber ob diese Entwicklung zum Guten oder zum Bösen führen wird, hängt allein von menschlichen Entscheidungen ab. Wir können ganz nüchtern feststellen: Nicht die Lösung der technischen, sondern der ethischen Probleme wird unsere Zukunft bestimmen.

Martin Sachsse, Ethische Probleme des technischen Fortschritts. aus: Lenk/Ropohl (Hrsg.): Technik und Ethik. Reclam Verlag, Stuttgart 1987, S. 49 ff.

# M 1

*Günter Eich*

## Ende eines Sommers

**Wer möchte leben ohne den Trost der Bäume!**

Wie gut, daß sie am Sterben teilhaben!
Die Pfirsiche sind geerntet, die Pflaumen färben sich,
während unter dem Brückenbogen die Zeit rauscht.

Dem Vogelzug vertraue ich meine Verzweiflung an.
Er mißt seinen Teil von Ewigkeit gelassen ab.
Seine Strecken
werden sichtbar im Blattwerk als dunkler Zwang,
die Bewegung der Flügel färbt die Früchte.

Es heißt Geduld haben.
Bald wird die Vogelschrift entsiegelt,
unter der Zunge ist der Pfennig zu schmecken.

aus: Günter Eich, Gesammelte Werke. Bd. 1, S. 79 „Ende eines Sommers". © Suhrkamp Verlag, Frankfurt am Main 1973

# M 2

## Ein Gespräch über Bäume

*Bertolt Brecht*

**An die Nachgeborenen**

Wirklich, ich lebe in finsteren Zeiten!
Das arglose Wort ist töricht. Eine glatte Stirn
Deutet auf Unempfindlichkeit hin. Der Lachende
Hat die furchtbare Nachricht
Nur noch nicht empfangen.

Was sind das für Zeiten, wo
Ein Gespräch über Bäume fast ein Verbrechen ist
Weil es ein Schweigen über so viele Untaten
                        einschließt!
Der dort ruhig über die Straße geht
Ist wohl nicht mehr erreichbar für seine Freunde
Die in Not sind?

aus: Gesammelte Werke. © Suhrkamp Verlag, Frankfurt am Main 1967

*Hans Christoph Buch*

**Was ist geschehen**

Was ist geschehen?
Warum erscheint uns der Satz, daß ein
Gespräch über Bäume fast schon ein
Verbrechen ist, heute fast schon selbst
verbrecherisch?
Weil es nicht mehr sicher ist, ob es in
hundert Jahren überhaupt noch Bäume
geben wird.

» na bitte – keine kranken Bäume mehr! «

Zeichnung: Gerhard Mester. Cartoon-Caricature-Contor, München

*Walter Helmut Fritz*

**Bäume**

Wieder hat man in der Stadt,
um Parkplätze zu schaffen,
Platanen gefällt.
Sie wußten viel.
Wenn wir in ihrer Nähe waren,
begrüßten wir sie als Freunde.
Inzwischen ist es fast
zu einem Verbrechen geworden,
nicht über Bäume zu sprechen,
ihre Wurzeln,
den Wind, die Vögel,
die sich in ihnen niederlassen,
den Frieden,
an den sie uns erinnern.

aus: Schwierige Überfahrt. Gedichte.
© Hoffmann und Campe Verlag, Hamburg 1976

## M 3  Kann man Bäumen Rechte zusprechen?

Jean Kane preßte die Fingerspitzen gegen ihre geschlossenen Augen. Sie fühlte, bald bekäme sie Kopfschmerzen. Mr. McWhortle, der neben ihr saß, hörte noch immer nicht auf zu reden; wie Fred Kresnick vor ihm nahm er für sein Plädoyer viel mehr Zeit in Anspruch, als vorgesehen war. Jean mußte sich zwingen, ihm zuzuhören. Das meiste kannte sie schon aus früheren ähnlichen Versammlungen auswendig: Unausgenutzte natürliche Hilfsquellen, die wachsende Nachfrage nach Holz, der Bedarf an Arbeitsplätzen, die Notwendigkeit weiterer Steuereinnahmen. Als Lehrerin hatte Jean durchaus eine Vorstellung von der Notwendigkeit eines größeren Steueraufkommens; doch wurde sie den Gedanken nicht los, daß es die Ausweitung des eigenen Geschäfts war, die Joe McWhortle dazu veranlaßte, hier gegen eine weitere Ausdehnung des Nationalparks zu sprechen. [...] Kresnick in seinem abgetragenen Anzug hatte sicherlich keine glückliche Figur bei seinem Plädoyer für den Umweltschutz gemacht; er hatte seine Zuhörer nicht wirklich packen können. Seine eigene Begeisterung unterschied sich zu sehr von der ihren. McWhortle baute nun darauf und versuchte, sich wie üblich anzubiedern: „Nun, liebe Freunde, Mr. Kresnick hat uns klarzumachen versucht, wir Menschen hätten kein Recht, unsere Umwelt zu zerstören."

Kresnick blickte plötzlich hoch [...]. „Ich habe von *vernichten* gesprochen", entfuhr es ihm in seinem neuenglischen Tonfall. McWhortle lächelte gönnerhaft. „Also gut, wenn wir nicht einen Teil der Natur vernichtet hätten, gäbe es, so vermute ich, weder diese Stadt noch dieses Haus", entgegnete er. „Wenn ich vor der Wahl stünde, entweder einen Baum zu erhalten oder ein hungriges Kind zu ernähren, so würde ich ohne Zögern dem Kind zu essen geben. Mr. Kresnick tut so, als ob Bäume gerade so wie Menschen Rechte beanspruchen könnten. Ich glaube, wir unterscheiden uns in folgendem Punkt: Er verteidigt die Rechte der Bäume, ich die der Menschen!" Ganz offensichtlich von der eigenen Redegewandtheit begeistert, zögerte er einen Augenblick, dann ließ er sich nieder, so als ob er damit sagen wollte, besser könne er seine Rede nicht beenden.

Jean Kane stand einen Augenblick wie vor einem Aufruhr, doch wie manchmal in der Klasse wußte sie sich durchzusetzen. Sie erhob sich ohne Hast, wartete, bis sie die Aufmerksamkeit aller auf sich gerichtet sah, und begann langsam: „Ich habe keine Ahnung von den Rechten der Bäume ..." Das beifällige Lächeln einiger der Anwesenden ermunterte sie, und sie fuhr fort: „... doch weiß ich durchaus etwas von den Rechten der Menschen, insbesondere von jenen der Kinder. Ich möchte, daß unsere Kinder, Enkelkinder und Urenkelkinder sich noch genauso an den Bäumen, Bergen, Bächen und Tieren erfreuen können, wie wir es in unserer Kindheit durften. Ich möchte nicht, daß alle Bäume gefällt werden, nur weil Joe McWhortle Motorsägen verkaufen will, noch daß alles Wild geschossen wird, damit die Tiefkühltruhen mit Fleischportionen gefüllt werden, die die Leute oft doch nicht essen."

Bei Jean meldete sich einen Augenblick das Gewissen, als sie in dieser Weise auf McWhortles geschäftliche Interessen anspielte, doch hatte er sie mit seiner Bemerkung gegenüber Kresnick geradezu dazu eingeladen. Sie fuhr unbeirrt fort: „Ich lebe gern in diesem Tal; ich liebe die klare Sicht, die saubere Luft und das reine Wasser. Ich freue mich jedesmal, wenn ich Freunden oder Verwandten den Park zeigen kann; und obgleich ich nicht viel von manchen der Touristen halte, so könnte es doch sein, daß auch wir leichter erregbar und ungeduldiger wären, wenn wir auf so engem Raum zusammenleben müßten wie viele von ihnen. Ich bin froh, daß wir den Park für sie, für uns und für unsere Kinder und Kindeskinder haben. Nicht alle von uns werden so begeistert wie Mr. Kresnick mit dem Rucksack durch die Berge wandern, doch jeder von uns wird sich in irgendeiner Weise am Park erfreuen. Wenn der vorgeschlagenen Erweiterung zugestimmt wird, werden wir vielleicht alle, einschließlich des Schulbeirats, in finanzieller Hinsicht ärmer sein, als wenn das Holz geschlagen und verkauft würde. Aber in anderer Hinsicht werden wir reicher sein. Ich weiß nicht, ob ich mich mit all dem, was Mr. Kresnick über die Einheit des Lebens und die religiöse Verehrung der Natur durch die Inder gesagt hat, anfreunden könnte – ich selbst bin Methodistin. Doch empfinde auch ich so etwas wie Mitverantwortung. Wir sind für dieses Land verantwortlich, für unsere Mitmenschen und für die zukünftigen Generationen. Ich wünschte, die Kreistagsabgeordneten würden bei ihrer Abstimmung diese Verantwortung mitbedenken." Sie setzte sich, fühlte sich etwas verwirrt, doch zugleich ein wenig stolz, als sie den Beifall der Anwesenden hörte.

In dieser Geschichte geht es um die ethischen Probleme des Umweltschutzes, aber auch um die Frage von Rechten überhaupt. Haben wir die Rechte zukünftiger Generationen genauso zu berücksichtigen wie die unserer eigenen Generation? Von welcher Art ist das Recht auf saubere Luft und reines Wasser? Gibt es ein Recht auf ‚unberührte Natur‘? Kann man sinnvollerweise von den Rechten der Tiere sprechen oder von dem alter Wälder, weiterexistieren zu dürfen? Wer solche Fragen beantworten will, muß sowohl auf alte Probleme eingehen, wie auf das des Wesens der Menschenrechte oder der Beziehung des Menschen zur Natur, als auch auf neue, wie auf das der Umweltverschmutzung oder des Umweltschutzes.

aus: Richard Purtill, Grundfragen der Ethik. Patmos Verlag, Düsseldorf 1977, S. 141 ff.

# M 4

*Laurence H. Tribe*

## Was spricht gegen Plastikbäume?

*Gedenke dieser Dinge, die verloren;*
*unterm gewölbten Dach der Kathedrale*
*entzünde eine Kerze zum Gedächtnis.*

Baudelaires Gedicht „Rêve Parisien" entwirft im buchstäblichen Sinne ein Stilleben – die Traumlandschaft einer metallenen Stadt, in der Haine aus Kolonaden die Bäume ersetzen und Teiche aus Blei das Wasser. Prosaischer, aber kaum weniger beängstigend war kürzlich der Beschluß der Stadtverwaltung von Los Angeles, entlang dem Mittelstreifen einer Hauptverkehrsstraße über 900 Plastikbäume und Plastiksträucher in Pflanzkübeln aus Beton aufzustellen. Der Ausbau einer neuen Kanalisation hatte anscheinend nur noch 30–50 cm Erde auf dem Mittelstreifen zurückbelassen, zu wenig, als daß natürliche Bäume dort gedeihen könnten. Die Verwaltung entschied sich für ein Experiment mit künstlichen Pflanzen aus fabrikgefertigten Blättern und Zweigen, die mit Draht an Leitungsrohren befestigt und in einem mit Kunststoff überzogenen Steingemisch „eingepflanzt" wurden. Obwohl unbekannte Täter eine Reihe von Bäumen mutwillig beschädigten und man von weiteren Anpflanzungen absah, ist nicht gesagt, daß die Sache damit ausgestanden ist. Denn wie ein Artikel in *Science* unlängst nahelegte, kann Reklame die Leute nicht nur dazu bringen, Wildnis und Natur hoch einzuschätzen, sondern ebensogut auch „reichlich Ersatz dafür schaffen". Das Bedürfnis nach einer besonderen Umwelt ist [...] erlernt", heißt es in diesem Artikel, und „bewußt getroffene öffentliche Entscheidungen können diese Lernprozesse in der Weise beeinflussen, daß die Umwelt, die die Menschen für nützlich und wünschenswert zu halten lernen, eine Umwelt widerspiegelt, die aller Wahrscheinlichkeit nach billig zu haben ist. [...] Mit Plastikbäumen und dergleichen läßt sich weitaus mehr anfangen, um den Leuten das Gefühl zu geben, daß sie Natur erfahren. Ein derart offenes Bekenntnis zur Annehmbarkeit einer künstlichen Umwelt mag zwar nicht gerade üblich sein, die Haltung jedoch, die darin der natürlichen Ordnung gegenüber zum Ausdruck kommt, ist alles andere als selten. In zunehmendem Maße verdrängen künstliche Objekte und künstliche Anlagen die von der Natur bereitgestellten. In Fußballstadien und Freibädern ersetzt haltbarer Kunstrasen das Gras. Im Hyatt Regency Hotel in San Francisco wandeln die Gäste zwischen mehr als hundert natürlichen Bäumen, doch lauschen sie dabei aufgezeichnetem Vogelgezwitscher, das aus Lautsprechern kommt, die im Geäst der Bäume versteckt sind. Und die Welt des Walt Disney offeriert einer Unmenge von Besuchern das, was ein Mitarbeiter von *Newsweek* „ein programmiertes Paradies" genannt hat.

Ich möchte jedoch nicht den Kunstrasen und die Plastikbäume von Los Angeles als Vorboten unserer dringlichsten Umweltprobleme ins Zentrum rücken. Auch wenn langfristig die Aussichten auf diesem Gebiet vermutlich weniger angenehm sind, würde ich dennoch nicht behaupten wollen, wir seien unmittelbar in Gefahr, uns dank unserer übermäßigen Schlauheit in eine synthetische Hölle zu manövrieren. Von einer solchen Gefährdung einmal abgesehen, bin ich davon überzeugt, daß derartige „Natursurrogate" eine aufschlußreiche Metapher darstellen, mit Hilfe deren sich gewisse Prämissen aufdecken und kritisch beurteilen lassen, die einem großen Teil der gegenwärtigen Debatte um Umweltbewußtsein, Umweltgesetzgebung und Umweltpolitik zugrunde liegen. [...]

Wenn man in der Umweltpolitik das individuelle menschliche Bedürfnis als die letztlich entscheidende Bezugsgröße behandelt, und wenn man davon ausgeht, daß menschliche Ziele als (physiologisch und/oder kulturell) „vorgegebene" Faktoren und nicht als Erzeugnisse der Vernunft aufzufassen sind, fällt man damit ein Werturteil, das äußerst vielschichtig und von weittragender Bedeutung ist. Ist dieses Urteil erst einmal getroffen, muß jeder Anspruch auf die Erhaltung bedrohter Wildnis oder gefährdeter Arten darauf beruhen, daß dafür menschliche Bedürfnisse angegeben werden, die durch eine umstrittene Entwicklung aufs Spiel gesetzt würden. Und in dem Maße, in dem wir solche Bedürfnisse auch künstlich befriedigen können, wird dieser Anspruch mehr und mehr fadenscheinig.

Kehren wir zu den Plastikbäumen zurück, die die Verwaltung von Los Angeles auf dem Mittelstreifen einer Autobahn angepflanzt hat. Wenn auch der raffinierteste Einsatz von Methoden der analytischen Planungstheorie kein menschliches Bedürfnis zutage fördern könnte, das – eine entsprechende „Erziehung" vorausgesetzt – durch natürliche Bäume besser befriedigt würde, dann hätte die Umweltforschung ausgedient. Die natürlichen Bäume, kostspieliger und anfälliger als Bäume aus Plastik, würden kein Mehr an Befriedigung bieten, das den zusätzlichen Aufwand, den Pflanzung und Unterhalt verursachen, rechtfertigen würde. An der Überlegenheit natürlicher Bäume festzuhalten angesichts einer überzeugenden Beweisführung, daß Plastikbäume den menschlichen Wünschen ebensogut genügen würden, mag irrational erscheinen. Und dennoch bleibt die Tendenz, sich gegen die Ergebnisse der Analyse zu sperren. Man hat den Verdacht, als sei irgendein entscheidender Aspekt bei den Überlegungen ausgespart worden, als sei die Schlußfolgerung ebensosehr ein Produkt von Kurzsichtigkeit wie von Logik.

aus: Birnbacher (Hrsg.): Ökologie und Ethik. © Übersetzung: Philipp Reclam jun., Stuttgart 1980; © by Laurence H. Tribe, Cambridge/USA

## M 1 Parteiprogramme

### Bei Zielkonflikten Vorrang der Ökologie

Bei Zielkonflikten zwischen wirtschaftlichen, politischen und gesellschaftlichen Interessen und den Erfordernissen des Umweltschutzes ist den ökologischen Belangen dann der Vorrang einzuräumen, wenn eine wesentliche Beeinträchtigung der Umweltverhältnisse, insbesondere der Gesundheit der Bevölkerung droht oder die Sicherung der materiellen Lebensgrundlagen der Bevölkerung gefährdet ist.

Umweltschutz bedeutet für die Wirtschaft nicht nur neue Kosten, sondern auch neue Chancen. Ein Vorsprung in der Entwicklung umweltfreundlicher Produkte und Verfahren eröffnet und sichert zukunftsorientierte Märkte ...

Die Christlich-Soziale Union bejaht und fördert den wissenschaftlichen und technischen Fortschritt als Ergebnis des menschlichen Schöpfungs- und Gestaltungswillens.

aus: Grundsatzprogramm der Christlich-Sozialen Union

### Ökologische Erneuerung der Industriegesellschaft

Anstelle der traditionellen Umweltpolitik, die auf die nachträgliche Reparatur eingetretener Umweltschäden ausgerichtet ist, verfolgen wir mit der ökologischen Erneuerung der Industriegesellschaft ein umfassendes Konzept der Umweltvorsorge. Umweltschädigende Produktions- und Verbrauchsgewohnheiten sollen von vornherein durch umweltverträgliche ersetzt werden. Weil der Markt blind gegenüber ökologischen Erfordernissen ist, ist es Aufgabe des Staates, Bedingungen für einen sparsamen und vorsorgenden Umgang mit der Natur zu setzen.

aus: Nürnberger Aktionsprogramm der SPD von 1986

### Mehr Verantwortlichkeit des Bürgers

Liberale Umweltpolitik verlangt mehr Verantwortlichkeit des Bürgers, Kooperation und Marktwirtschaft als staatliche, bürokratische Kontrolle; hierbei kommt der kommunalen Selbstverwaltung besondere Bedeutung zu.

Liberale verschweigen nicht, daß Umweltschutz Geld kostet und fordern deshalb auch hier den volkswirtschaftlich wirksamsten Einsatz und die wirtschaftlichste Verwendung der verfügbaren Mittel.

Sie wissen aber auch, daß unterlassener Umweltschutz sehr viel mehr Geld kostet.

Liberale verschweigen auch nicht, daß effektiver Umweltschutz volkswirtschaftliche Ressourcen,

also Kapital und Arbeit, beanspruchen kann, die dann nicht mehr anderweitig zur Verfügung stehen. Das kann auch bedeuten, daß der Verteilungsspielraum für Einkommenssteigerung deswegen geringer werden kann.

aus: Die FDP, Umweltpolitik für die 80er Jahre

### Umbau der Industriegesellschaft

Wir wollen
– den Abbau lebens- und umweltfeindlicher Wirtschaftszweige, zum Beispiel der Atomindustrie und teilweise der Automobilindustrie infolge einer Umstellung des Verkehrssystems,
– die Umstellung schädlicher Produktionszweige, zum Beispiel Landwirtschaft und große Teile der Chemiebranche,
– den Aufbau neuer Wirtschaftszweige in gesellschaftlichen Mangelbereichen, zum Beispiel erneuerbare Energiequellen.

aus: Die Grünen, Umbau der Industriegesellschaft

aus: Informationen zur politischen Bildung 219. Umwelt. Hrsg. v. Bundeszentrale für politische Bildung, Bonn 1988

# M 2

**Ergebnisse der
Umweltkonferenz**

Zeichnung: Skauge,
Klassekampen (Oslo),
C & W Syndicate

# M 3  Visionen globaler Verantwortlichkeit

Doch es ist absehbar, daß sich die Nationen der Erde bei der Umweltkonferenz in Rio auf wenig mehr als ein paar wohlfeile Absichtserklärungen einigen werden. Medien und Umweltgruppen kritisieren längst den hektischen Leerlauf, die Wichtigtuerei und Heuchelei um das Festival „Rio 92".

Aber hätte es überhaupt anders sein können? Würden nämlich die Ziele des Unced-Projektes – dauerhafter Erhalt der irdischen Ökosysteme und zugleich wirtschaftliche Entwicklung für alle – ernst genommen, so müßten die politischen und wirtschaftlichen Systeme der Menschheit radikal umgestaltet werden.

Da es an fruchtbaren Böden und Trinkwasser mangelt und vor allem die Lufthülle nicht unbegrenzt als Abgasdeponie mißbraucht werden kann, hätten Nord und Süd auf vieles, wenn auch ganz Unterschiedliches zu verzichten.

Eigentlich müßte ein erfolgreicher Weltgipfel so ablaufen:

– Bundeskanzler Helmut Kohl bietet im EG-Auftrag die Öffnung der Märkte für Fertigprodukte aus der Dritten Welt an und opfert damit Millionen Arbeitsplätze in Deutschland und Europa.

– Premier Li Peng verspricht, für sein Milliarden-Volk keine Automobilfabriken errichten zu lassen, und raubt den Chinesen damit jede Hoffnung auf das wichtigste aller Wohlstandssymbole.

– Präsident George Bush verkündet ein drakonisches Energiesparprogramm für Nordamerika, das unter anderem die Nutzung von Klimaanlagen und Swimming-pools mit hohen Steuerabgaben belegt.

– Brasiliens Präsident Fernando Collor de Mello beschließt, jede weitere großflächige Abholzung der Amazonaswälder unter Strafe zu stellen und die Erforschung und Nutzung des Artenreichtums einer neu zu gründenden UNO-Organisation zu überantworten.

– Premier Kiichi Miyazawa trägt das Angebot japanischer Banken vor, die einer unabhängigen Institution Teile ihrer enormen Kapitalüberschüsse zur Verfügung stellen wollen, damit die Schuldenkrise der Dritten Welt schnell bewältigt und der Teufelskreis von Verschuldung und Umweltzerstörung endlich durchbrochen werden kann.

– Präsident Boris Jelzin gibt bekannt, Rußland werde seinen schmutzigen, Öl und Kohle verschlingenden Schwerindustriemoloch stillegen und bei der wirtschaftlichen Umgestaltung des Landes ausschließlich umweltverträgliche Technologien einsetzen.

– Indiens Premierminister Narasimha Rao berichtet, seine Regierung werde das Rüstungs- und Atomprogramm beenden und alle verfügbaren Mittel für Ausbildung und Gesundheitserziehung der Armen verwenden, um das Wachstum der Bevölkerung zu drosseln.

Doch solche Visionen von Wagemut und globaler Verantwortlichkeit werden in Rio nicht zur Debatte stehen: Kein Staatschef könnte mit einem Programm dieses Zuschnitts in seinem Land an der Macht bleiben. Für derart weitreichende Schritte sind die politischen Verhältnisse bislang nirgendwo reif – zu kompliziert, zu schicksalhaft, zu unveränderbar wirkt die Verflechtung von Armut und Reichtum, Umweltzerstörung und Bevölkerungswachstum.

aus: Spiegel Nr. 21 „Festival der Heuchelei" vom 18.5.92, S. 228

## M 4 Kommt die Öko-Diktatur?

[…] Wie aber können in einer zersplitterten Welt der Nationalstaaten mit Systemgegensätzen, gewaltigen sozialen Unterschieden und kurzfristigen Nutzeninteressen die globalen Gefahren abgewendet werden? Grundsätzlich sind zwei Handlungsoptionen denkbar: eine demokratisch-gestaltende und eine autoritär-oktroyierende Variante.

– Die erste Variante setzt auf den radikalen Umbau der Industriegesellschaften und auf eine Reform der Weltwirtschaft. Dies schließt einen ökologischen Lastenausgleich (Wiedergutmachung) mit der Dritten Welt ein. Den Schlüssel für eine derartige Politik besitzen allein die Industrieländer. Sie müssen die Vorreiterrolle spielen, weil ohne eigene ökologische Glaubwürdigkeit jede Empfehlung zu umweltverträglichem Handeln an die Entwicklungsländer als eine „spezifische Variante des Neokolonialismus" (Rainer Tetzlaff) interpretiert würde. Das Ziel dieser Umgestaltungspolitik ist eine dauerhafte und soziale Entwicklung *(sustainable development)* der Weltgesellschaft. Dazu gehört in den Industrieländern ein völlig veränderter Umgang mit der neuen Qualität globaler Gefahren. Dies wiederum verlangt den aktiven Bürger in einer aktiven Gesellschaft, also vor allem den Ausbau der Demokratie.

– Die zweite Variante besteht in der Gefahr eines Notstandsregimes, zum Beispiel in der Form einer „Öko-Diktatur". Dafür gibt es zwei unterschiedliche Begründungszusammenhänge: zum einen das ideologische Motiv vermeintlich nur so zu garantierender biologischer Überlebensinteressen (Schicksalsgemeinschaft); zum anderen das ökonomische Interesse durchsetzungsstarker Länder oder Wirtschaftsorganisationen, im Verteilungskampf um die knapper werdenden ökologischen Ressourcen die Entwicklung der Dritten Welt zu begrenzen (Internationales Regime/multinationale Konzerne). Beide Möglichkeiten bedingen einen autoritären Freiheitsenzug: entweder im Sinne eines ökologischen Leviathans, der den „unwissenden" Gesellschaftsmitgliedern von oben aufgezwungen wird, oder in der Form einer politischen oder ökonomischen Unterdrückung einschließlich der Gefahr militärischer Konflikte. Beides wäre eine untaugliche Politik: weder verfassungsverträglich noch lösungsfähig.

Jedoch ist die Wahrscheinlichkeit groß, daß auch in der Zukunft erst auf Risiken und Gefahren reagiert wird, wenn schwerwiegende Störungen bereits eingetreten sind. Dies würde die Gefahr vergrößern, notwendige Anpassungen autoritär durchzusetzen. […]

Weil wir wichtige Fragen nicht – vielleicht noch nicht – beantworten können, müssen wir Zeit zum Nachdenken und zur Entwicklung der Umgestaltung gewinnen. Erste Schritte zu einer globalen Umwelt- und Gesellschaftspolitik wären:

– die Ausrichtung der Informationen, die den Entscheidungen von Personen und Institutionen zugrunde liegen, auf das Ziel einer dauerhaft tragfähigen Entwicklung *(sustainable development);*

– die Aufstellung eines Umweltkatasters, um alle Informationen, die für ökonomische, finanzielle und planerische Maßnahmen erforderlich sind, umweltgerechter und transparent zu gestalten;

– die Entwicklung intelligenter Technologien und Verfahren, um einen flexiblen und umweltverträglichen Einsatz zu ermöglichen; sie müssen energierationell, rohstoffschonend, abfallvermeidend und flächensparend sein;

– Initiativen für eine ökologische Weltinnenpolitik, die als ersten Schritt ein weltweites Umweltmanagement und eine national und international verbesserte Koordinierung der Umweltpolitik vorsehen;

– die Einrichtung eines Umweltrates bei den Vereinten Nationen sowie für regionale Ländergemeinschaften;

– die Reform der Institutionen der Weltwirtschaft, um durch Mitsprache und größere Gerechtigkeit in den Verteilungsstrukturen die Vorbedingungen für eine dauerhafte Entwicklung der Dritten Welt zu verbessern;

– Vereinbarungen für ein weltweites Abrüstungsprogramm, um die finanziellen Ressourcen für Umweltmaßnahmen und den Umbau der Energiesysteme freizusetzen und damit ein neues Verständnis von gemeinsamer Sicherheit zu entwickeln;

– die Gründung eines europäischen Instituts, ähnlich dem World-Watch-Institute in den Vereinigten Staaten, um Informationen zu sammeln und Studien zu globalen Fragen zu erarbeiten.

[…] Die Politik muß mehr Mut und Phantasie aufbringen. Gefordert ist somit auch die Modernisierung des politischen Systems und seiner Kommunikations- und Entscheidungsstrukturen.

Mehr Demokratie wagen: Das ist eine unverzichtbare Voraussetzung für den ökologischen Umbau unserer Gesellschaft, der ohne das aktive Mittun der Bürgerinnen und Bürger nicht zu bewältigen ist. Die überfälligen Reformen sollten auch und gerade angesichts des demokratischen Aufbruchs in Osteuropa nicht länger hinausgezögert werden.

*(Michael Müller ist sozialdemokratischer Bundestagsabgeordneter. Klaus Michael Meyer-Abich ist Professor für Naturphilosophie am Wissenschaftszentrum von Nordrhein-Westfalen in Essen. Beide Autoren sind Mitglieder der Enquete-Kommission „Schutz der Erdatmosphäre".)*

aus: Die Zeit Nr. 15 vom 6. 4. 1990

# M 1

## Der Öko-Freak

Zeichnung von Borislav Sajtinac. Cartoon-Caricatur-Contor, München

## M 2

### Der Trittbrett-Fahrer

Von Luft- und Wasserverschmutzung war die Rede, von Zersiedlung und Naturschutz, von Kraftwerken und Landbaumethoden; Landschaftsverbrauch und Schadstoffeintrag – das sind, auf einen abstrakten Nenner gebracht, unsere großen Umweltprobleme. Wir haben sie erkannt, aber wir kennen sie noch nicht in allen Einzelheiten. Wir wissen auch, daß die unterentwickelten Länder mit vielleicht noch bedrohlicheren Umweltproblemen konfrontiert sind als wir selbst. Und wir wissen, daß wegen der ökologischen und ökonomischen Wechselwirkungen zwischen den Regionen und Nationen der Erde von fast keinem Umweltproblem behauptet werden kann: „Das geht uns nichts an." Wir wissen schließlich auch, daß viele Umweltprobleme sich in Zukunft verschärfen und neue hinzukommen werden, wenn die gegenwärtigen Entwicklungstrends sich fortsetzen. „Il faut avoir l'avenir dans l'esprit", sagte der französische Staatsmann Talleyrand bereits vor mehr als 150 Jahren beim Wiener Kongreß. Man muß aber *die Zukunft nicht nur im Geist haben,* so ist dieser immerzu gültigen Formel hinzuzufügen. Das zukunftsbezogene Denken muß vielmehr auch unser Handeln bestimmen. Wenn uns aber so gut wie alles angeht, was können wir dann tun, um die Probleme zu lösen, um zumindest ihrer Verschärfung in Zukunft vorzubeugen? Um die Antwort vorwegzunehmen: Den „großen Entwurf" für eine umweltverträgliche Wirtschaftsweise gibt es noch nicht. Wir werden uns mit kleinen Schritten zufriedengeben müssen. Was kann – vor diesem Hintergrund – der einzelne tun? Was kann der Staat tun? Sogenannte „Umwelttips" gibt es zuhauf: „Jeder einzelne Bürger kann durch sein Verhalten als Verbraucher auf das Ausmaß der Umweltverschmutzung Einfluß nehmen", heißt es beispielsweise in einem Nachschlagewerk zur Umweltproblematik. Welche umweltschonenden Verhaltensweisen werden uns da angeboten? Eine kleine Auswahl:

– Wähle helle Farben für die Decke und Wände der Wohnräume; das spart künstliches Licht.
– Wenn du dich duschst statt zu baden, verbrauchst du fünfmal weniger Wasser.
– Benutze keine Wegwerfbecher.
– Wähle für längere Reisestrecken die Eisenbahn.
– Hänge in deinem Garten, wenn möglich, Nistkästen auf.

Seien wir ehrlich: Daran zu glauben, daß durch derartige Verhaltensweisen die uns bedrohenden Umweltprobleme gelöst werden können, fällt schon außerordentlich schwer: Was tragen meine hell angestrichenen Wände zur Energieeinsparung und damit zur Umweltentlastung bei? So gut wie nichts. Und was nützt der Nistkasten im Garten, wenn gleichzeitig hektarweise Natur zubetoniert wird? Wer manipuliert schon sein Wasserklosett, nur um ein paar lumpige Liter Wasser zu sparen? Und was erst nützt es den Hungernden in der Sahelzone, wenn wir auf unser Schnitzel verzichten? Wir müßten schon Idealisten sein, wollten wir uns umweltfreundlich verhalten. Oder, anders ausgedrückt: Wir verhalten uns rational, wenn wir uns nicht um die Umwelt scheren.

Wir kennen auch den Grund, warum dies – leider – so ist: Der Beitrag jedes einzelnen Bürgers zur Umweltverschmutzung ist so gering, daß er durch Verhaltensänderung die Umwelt auch nur unmerklich entlasten würde. Und warum soll man Gewohnheiten ändern, wenn das angestrebte Ziel doch unerreichbar bleibt? Das führt schließlich dazu, daß viele zwar die Umwelt schützen *wollen,* nur wenige es aber auch tun. Was der einzelne vermag, „bringt's nicht!" – wie man heute sagt.

Diese „free-rider-Position", diese „Trittbrettfahrer-Haltung" ist – aus der Perspektive der einzelnen – rational: Ein einzelner Trittbrettfahrer bringt die Straßenbahn tatsächlich nicht zum Entgleisen; viele Trittbrettfahrer können freilich das Gleichgewicht und die Fahrtüchtigkeit gefährlich beeinträchtigen. Genau dies trifft für die Umweltproblematik zu: die vielen kleinen Tropfen Öl, die beim Autowaschen in die Kanalisation laufen, die vielen „Naturfreunde", die auf fotografischer Jagd nach seltenen Tieren durch Naturschutzgebiete pirschen, die vielen Wegwerfbecher – sie addieren sich zu Umweltproblemen. Was für den einzelnen rational ist, kann für die Gemeinschaft irrational sein – ein Phänomen, das in den Sozialwissenschaften schon lange bekannt ist. Genau diese Konstellation liegt auch beim „freiwilligen" Umweltschutz vor.

Die Umweltpolitik hat hier die Aufgabe, diese „free-rider-Haltung" zu verändern. Zwar wird dies kurzfristig und schlagartig nicht möglich sein; ein langer Erziehungs- und Bildungsprozeß ist erforderlich. Der Versuch, dadurch Umweltprobleme zu mildern, lohnt trotzdem. Und: Handlungsmöglichkeiten gibt es genug. Zum Beispiel für den Konsumenten, der durch getrennte Abfallsammlung (Glascontainer) einen Beitrag zur Lösung der Ressourcenproblematik leisten kann, für den Landwirt, der weitreichende Möglichkeiten zur Umweltpflege hat, aber auch für den Vorstandsvorsitzenden oder den Betriebsingenieur eines Industriebetriebes.

Der Bildungs- und Erziehungsaspekt der Umweltpolitik geht jedoch darüber hinaus: Umweltpolitische Entscheidungen sind Optimierungs-, nicht Maximierungsentscheidungen. Kompromisse müssen gefunden werden. Ist sozusagen das „kleinste Übel" gefunden, so gilt es, dieses auch durchzusetzen. Meist wird es dabei auch Gruppen von Bürgern geben, die negativ betroffen sind; dennoch müssen sie diese Entscheidungen akzeptieren, wenn dadurch anderswo größere Schäden verhindert werden. Bürgerprotest nach dem „Sankt-Florians-Prinzip" wird immer dazu führen, daß der Umweltschutz auf der Strecke bleibt. […]

Gewiß könnte jeder einzelne nur wenig tun. Zu groß scheinen die Probleme, zu gering der potentielle Lösungsbeitrag jeder einzelnen Nation. Besonders in Zeiten wirtschaftlicher Schwierigkeiten deswegen innenpolitische Konflikte. Konflikte um die Verteilung von Geldmitteln heraufzubeschwören erscheint politisch unklug. Publikumswirksam ist so etwas ohnehin nicht. Kein Wunder, daß Entwicklungshilfeleistungen gerade jetzt weltweit unter Druck geraten.

Der Bürger habe dafür – gerade jetzt – kein Verständnis, heißt es.
Die Konsequenz jedoch liegt auf der Hand: Wenn dadurch und durch andere weltwirtschaftliche Prozesse die armen Länder noch ärmer werden, werden sie auch mit ihrer Umwelt noch rücksichtsloser umgehen. Es gehört nicht viel Phantasie dazu, sich auszumalen, daß die Folgen mehr sein werden als nur ausgedorrte Erde oder vernichtete Tier- und Pflanzenarten. Die Kreise schließen sich – so oder so.
Was ist zu tun? Das „free-rider"-Verhalten ist abzubauen – im nationalen wie im internationalen Maßstab. Das ist so schwer, weil es menschlicher Vernunft zuwiderzulaufen scheint.

aus: Deutsches Institut für Fernstudien an der Universität Tübingen (Hrsg.), Funkkolleg „Mensch und Umwelt". Studienbegleitbrief 12. Tübingen 1982, S. 75 ff.

# M 3

## Umdenken und Verzicht

Umweltverantwortung ist auch Sache des einzelnen und nicht allein Aufgabe der Gesellschaft, der Wirtschaft oder des Staates. Die Lebens- und Verbrauchsgewohnheiten, die Standards und Überzeugungen der vielen einzelnen müssen sich ändern, da sie sonst als „heimlicher Konsens" und Meinungsdruck der anonymen, schweigenden Mehrheit umweltpolitische Realitäten schaffen. Was die große Masse tut, wird nur zu oft auch für den einzelnen zum Maßstab und zugleich zu einer Möglichkeit, sich der persönlichen Verantwortung zu entziehen.
Ein grundlegendes Umdenken ist erforderlich. Der einzelne muß lernen, daß auch sein Verhalten Gewicht hat. Wenn er sich selbst viele unbedeutend scheinende Verschmutzungen der Umwelt großzügig gestattet, trägt er bei zu Gedankenlosigkeit, Umweltvandalismus und Zerstörungstoleranz.
Hieraus wird deutlich, daß ein neuer Lebensstil, der von einer bescheidenen und maßvollen, ja zum Verzicht bereiten Lebensweise gekennzeichnet ist, der bedrohten Umwelt hilft. Es geht nicht darum, anspruchsloser, sondern im Blick auf die Vielfalt und Reichhaltigkeit unserer gesamten Umwelt anspruchsvoller zu leben. Es geht nicht darum, durch „Konsumverzicht" die Kreisläufe der Wirtschaft zu lähmen, sondern durch kritisches Verbrauchsverhalten neue Akzente zu setzen.
Ein grundlegendes Umdenken muß umfassen:
– das Erkennen ökologischer Systemzusammenhänge und das verantwortliche Leben und Handeln in dem Bewußtsein eben dieser Zusammenhänge;

– den Verzicht auf Verhaltens- und Konsumgewohnheiten, die auf Kosten der natürlichen Umwelt gehen, Einüben neuer Verhaltensweisen;
– eine Änderung der gebräuchlichen Entsorgungsgewohnheiten (zum Beispiel Vermeidung unnötiger Abfälle, Abschaffung oder zumindest Reduzierung von Mischabfall zugunsten des aufwendigeren Sortierens von Abfällen in Glas, Papier, Kompost, Metall, Sondermüll und anderes);
– die Bereitschaft, den Preis für umweltfreundlich produzierte und damit teuere Produkte zu bezahlen;
– eine Hinwendung zu Mäßigkeit, Bescheidenheit, Lebensdisziplin, Naturnähe, Mitmenschlichkeit (Solidarität mit den armen Völkern der Dritten Welt);
– die Aneignung neuer Fähigkeiten und den tätigen umweltbewußten Einfallsreichtum (zum Beispiel Tugend des Sichhelfens und Improvisierens mit umständlicheren, einfacheren, aber umweltnäheren Mitteln);
– das verantwortliche Engagement des mündigen Staatsbürgers, das den demokratischen Widerspruch gegen Schädigung und Belastung der Umwelt vor Ort und im weiteren Kontext einschließt und den politischen Willensbildungsprozeß durch umweltpolitisches Engagement mit beeinflußt.

aus: Verantwortung wahrnehmen für die Schöpfung, hrsg. vom Kirchenamt der EKD und Sekretariat der Deutschen Bischofskonferenz. © Gütersloher Verlagshaus, Gütersloh 1985

**M 4**

„Ethik" hat zur Zeit Konjunktur: Wirtschafts-Ethik, Umwelt-Ethik, Technik-Ethik.
Moral soll den Zug des Fortschritts bremsen, kurz bevor er an die Mauer knallt.

# Das Prinzip Goldmarie

Moral ist gut. Politik ist besser. Am besten aber sind Menschen, die sich kümmern.
Von Mathias Greffrath

Ja, es steht schlecht. Um die Natur, ums Wasser, um die Luft, um die Eichen und die Regenwälder. Um uns. Wenn das Kind im Brunnen liegt, schlägt die Stunde der Ethiker. Seit wir die Grenzen des Wachstums spüren, ist Moral zur Wachstumsbranche geworden. Ob es um Kälberhormone oder Euthanasie geht, ob nach der Verantwortung für die Gentechnik oder den Verursachern des Ozonlochs gefragt wird – immer wird der Professor für Moral dazu geladen. Die Lehrstühle für Wirtschafts-Ethik, Umwelt-Ethik, Technik-Ethik gehen in Serienproduktion. Hoch in den Bergen suchen die Manager, bedrängt von ihren Greenpeace-Töchtern, nach moralischen Kriterien. Vierzehn wirtschaftsethische Tagungen bieten allein die evangelischen Akademien in einem Halbjahr an. Und die Bücher zum Thema kann man schon gar nicht mehr zählen.

Moral soll uns retten, Moral den Zug des Fortschritts bremsen, kurz bevor er an die Mauer knallt. Zweihundert Jahre lang haben alle miteinander angeschafft, und nun rufen sie – wie alte Betschwestern – nach Moral, weil sie nicht mehr weiter wissen: die Industrie, die nur noch Ostflüchtigen weismachen kann, sie schaffe das größtmögliche Glück für die größte Zahl Menschen; der Staat, der ein Jahrhundert lang die Folgen des Kapitalismus kompensiert hat und es nun nicht mehr bezahlen kann.

Das „Prinzip Verantwortung" ist in aller Redner Goldmund. Wie hieß es doch gleich? „Handle so, daß die Wirkungen deiner Handlung verträglich sind mit der Permanenz echten menschlichen Lebens auf Erden." Es klingt gut, dieser ökologische kategorische Imperativ, den Hans Jonas formuliert hat. Aber wie lebt man nach dieser goldenen Regel"? [...]

„Sieh hin und du weißt", sagt Hans Jonas, und er zeigt auf das schreiende Kind, dem nicht zu Hilfe zu kommen uns fast unmöglich ist. Moral ist, was sich von selbst versteht. Wenn das Kind schreit, eilen wir herbei. Aber was ist mit der Erde? Mit dem Wald, dem Hunger in fernen Ländern? Wenn wir achtgeben, wenn wir wollen, hören wir sie genauso wie das Kind neben uns. Spüren wir jenes Gefühl unspezifischer Verpflichtung gegenüber Zuständen, die wir nicht verursacht haben.

Und doch: Warum helfen die einen – und die anderen nicht? Die Frage ist nicht leicht zu beantworten: „Als es erwachte und zu sich selber kam", so heißt es im Märchen von der Frau Holle, „war [das Mädchen] auf einer schönen Wiese, wo die Sonne schien und viel tausend Blumen standen. [...]

Die Goldmarie sieht hin und weiß. Sie sorgt sich um das Brot und die Äpfel. Pflegt den Backofen und den Obstgarten. Sie kümmerte sich sogar um das Klima. Sie hört die Welt und läßt sich von ihr anrühren; sie nimmt den Anspruch wahr, den die Welt an sie richtet, und sie antwortet. Eine solche Verbundenheit mit der Welt, eine Verwandtschaft mit allem Lebendigen, das ist wohl eine Art religiöses Gefühl. Ist also Religion die Basis für den moralischen Impuls? [...]

Eine Menschheitsmoral, und mehr noch, ein Gefühl der Verpflichtung allem Lebenden gegenüber, das sind immer noch Abstraktionen. Ob sie entstehen, ob sie in ausreichender Stärke entstehen, ist ein quantitatives Problem. Darüber entscheiden unendlich viele einzelne *Entscheidungen:* von Goldmaries und Pechmaries. Von Menschen, die den Zustand wahrnehmen, in dem die Welt steckt, die sich aus ihrem Mitleid mit der Welt ein Gewissen

machen und sich das Wissen aneignen – die sich einmischen. Und von solchen, die sich abwenden, die wegsehen, die sich taub machen – aus Dummheit, aus Unfähigkeit, aus Verletztheit. Warum?

„Goldmarie erwachte, kam zu sich selbst und war ... auf einer Wiese, wo die Sonne schien und viel tausend Blumen standen." *Aufwachen,* Robert Spaemann hat erst kürzlich wieder darauf hingewiesen. Aufwachen ist eine moralische Kategorie: Die Welt sehen, die ganze Wirklichkeit *sehen,* nicht nur ahnen, zu sich selbst kommen und: von der Welt gegrüßt werden. Vielleicht hat ja nur der mit der Welt Erbarmen, den sie vorher freundlich angesehen hat. In Gestalt von Blumen, Wolken, Eltern, Freunden. Wo es mit der Welt hingeht, darüber entscheidet das Ensemble dieser Blicke, Worte, Berührungen. [...]

Eine Moral, die die Umwege und Indirektheit des Handelns und die Umwege der Poltik verträgt, wird jedenfalls am ehesten dort entstehen, wo auch im kleinen die Verbindung mit der Welt gehalten wird, wo Moral nicht die hohle Forderung zur Umkehr mit der apokalyptischen Drohung als Sanktion ist, sondern wo sie als Alltagsmoral gelebt wird. Das ist dann nichts Feierliches mehr, kein Sonntag mit moralischem Glokkengeläut. Es bleibt so etwas wie Hausarbeit. Die Arbeit, an die die Goldmaries gewöhnt sind. Notwendig, nie zu Ende. Eine aufgewachte Menschheit wird keine Heldentaten vollbringen, sondern sie wird einwilligen in den notwendigen Kleinkram, in dem sich Moral als abgespaltene Forderung, als separates Gefühl verliert. Aber da ist dann im einzelnen vieles möglich.

aus: Die Zeit Nr. 6 vom 2. 2. 1990

# M 1  Situationsfragebogen

**Frage:** „Wenn es mit der Umwelt so weitergeht wie bisher, was wird dann Ihrer Ansicht nach geschehen? Hier sind verschiedene Standpunkte. Welcher davon kommt Ihrer eigenen Ansicht am nächsten?"

|  | ja | nein | unentschieden |
|---|---|---|---|
| Wenn es mit der Umwelt so weitergeht, wird die Menschheit ihrem Untergang entgegengehen, und alles Leben stirbt aus. |  |  |  |
| Die Natur wird zu einem großen Teil vernichtet, und es wird für Menschen, Tiere und Pflanzen immer bedrohlicher, unter diesen Bedingungen weiterzuleben. |  |  |  |
| Sicher wird es schlimmer, aber Mensch und Natur werden sich auf diese Gefahr einstellen, und das Leben wird sich entsprechend anpassen. |  |  |  |
| Ich glaube, so schlimm wird das gar nicht – mit diesen Gefahren werden wir schon fertig. |  |  |  |
| Unentschieden |  |  |  |

# M 2  Umweltbewußtsein ist Grenzbewußtsein

Wer besitzt Umweltbewußtsein? Wer sich im Paragraphendschungel z. B. des Abfallbeseitigungsgesetzes auskennt? Wer theoretische Kenntnisse in Physik, Chemie, Botanik, Zoologie hat? Wer sich einer Umweltschutzinitiative anschließt? Sind Menschen, die für stimmungsvolle Waldspaziergänge schwärmen, die der „rustikalen Nostalgie" gegenwärtiger Mode verfallen, umweltbewußt? Diese Fragen dürfen nur bedingt mit einem Ja beantwortet werden. Juristische Kompetenz, naturwissenschaftliche Kenntnisse und politische Mobilisierung können sogar Zeichen der Verdrängung von Umweltbewußtsein sein; möglicherweise agiert und protestiert man, um alltäglich fälligen persönlichen Umweltschonungspflichten vor der „eigenen Haustür" auszuweichen. Umweltbewußtsein setzt nämlich echte Betroffenheit und innere Überzeugung voraus; umweltbewußt ist, wer über die im vielschichtigen Begriff „Umwelt" enthaltenen Zusammenhänge Bescheid weiß und aus diesem seinem ökologischen Wissen im persönlichen Verhalten Konsequenzen zieht. Umweltbewußtsein lebt an der Nahtstelle zwischen Umwelt-Wissen und Umwelt-Gewissen.

Was heißt Umwelt? Der dichte Sinngehalt dieses Begriffs kommt am besten zum Ausdruck, wenn man vom Wort „Ökologie" ausgeht. Es lotet tiefer als die deutsche Vokabel „Umwelt". „Ökologie" heißt nämlich „Lehre über das Haus", über das Haus, in dem wir Menschen als irdische Wesen beherbergende Heimat haben. Menschliche Umwelt gleicht einem Haus, in dem wir Menschen „untergebracht" sind, um leben und überleben zu können. Unsere irdische Behausung besteht nun selbst wieder aus vielen einzelnen „Räumen". Erst sie alle zusammen machen menschliche Umwelt aus; sie ist ein eines Ganzes: der geologisch-botanisch-zoologisch-klimatologische Wohn- und Lebensraum Erde. Entscheidend ist das störungsfreie Zusammenspiel der verschiedenen Dimensionen. Umwelt hat wahrhaft „komplexen" Charakter: Jede Ebene (sei es der Erdboden, der Wasserhaushalt, die Pflanzenwelt, das Tierreich oder der Luftraum) ist mit der anderen „verwickelt". Die Sicherung des sogenannten ökologischen Gleichgewichts macht die Gesundheit des Umwelt-Haushalts aus. Von daher bedeutet Umweltschutz die tatkräftige Bemühung, den ökologischen Bestand zu sichern. Umweltschutzmaßnahmen sollten im wesentlichen prophylaktisch sein, nicht erst dann erfolgen, wenn menschliche Umwelt bereits „verunfallt", in eine Krise oder gar Katastrophe geraten ist. Die dem Menschen als irdische Wohnstätte zugewiesene und anvertraute Umwelt stellt sich zunächst einmal als Natur dar. Umweltbewußtsein ist Naturbewußtsein. Naturbewußtsein ist Grenzenbewußtsein. Umweltbewußtsein umfaßt Kenntnis und Bejahung aller der menschlichen Behausung gesetzten Grenzen. Ja, Behausung ist schon immer Begrenzung. So hat Ökologie bzw. Umwelt „von Hause aus" mit Begrenzung zu tun. Natur ist keine kosten- und folgenlos verbrauch- oder gar verschwendbare Ware, kein wohlfeiler Konsumartikel, sondern ein Lebensraum, eine Um-Welt, deren einzelne „Gebiete" (Wasser, Luft, Bodenschätze) nur beschränkt genutzt, maßvoll ausgenutzt und verantwortlich benutzt werden dürfen. Umweltbewußtsein ist Grenzenbewußtsein.

Martin Rock, Theologie der Natur.
aus: Birnbacher (Hrsg.): Ökologie und Ethik. Reclam Verlag, Stuttgart 1986, S. 89 ff. Mit freundlicher Genehmigung von Herrn Prof. Dr. M. Rock, Mainz

## M 3

### Natur-Sinnlichkeit

Sollen Umweltbewußtsein und Umweltverantwortung ausgebildet werden, dann müssen ganz elementare, ja banal anmutende Vorbedingungen erfüllt sein. Der Mensch hat in seiner Welt einen anderen Standort als das Tier in seiner spezifisch tierischen Umwelt. Während sich das Tier kraft seines *Instinktes* sicher in seiner Umwelt zurechtfindet, muß sich der Mensch mit seinem *Vernunftvermögen* orientieren und durchsetzen. Es sind die Sinnesorgane, welche das Tier dazu befähigen, den „rechten Weg" zu gehen, sich angepaßt zu verhalten, sinnvoll zu reagieren. Man weiß, wie geschärft die Sinne vieler Tiere sind; einzelne Sinnesorgane (Riechen, Sehen, Hören) können extrem fein und empfindlich ausgebildet sein. Mit Hilfe solch organischer Ausstattung reagieren Tiere zumal Gefahren gegenüber mit erstaunlicher Sicherheit; sie wittern Bedrohung; ihr Alarmsystem setzt sie früh genug in Flucht- oder Angriffsbewegung. Der Mensch aber hat, wie anthropologische Erkenntnisse zeigen, mit zunehmender kultureller und vor allem technischer Entwicklung den Instinkt eingebüßt. Menschlicher Instinktverlust wird jedoch kompensiert durch den Gewinn menschlicher Vernunft. Für sie haben die Menschen gleichsam den Preis ihres Instinktes bezahlt.

Die heutigen Umweltprobleme müssen auf dem Hintergrund dieser anthropologischen Daten gesehen werden; ohne diese ist die ökologische Krise gar nicht zu verstehen. Der Mensch hat den Natur-Instinkt immer mehr verloren; so ist er im Umgang mit der Natur unsicher geworden. Aufgrund „ökologischer Desorientierung" haben viele Menschen den „Sinn", das Gespür, die Antenne für Natur und Natürliches, Naturhaftes verloren. Man könnte so formulieren: Sie haben die Natur nicht mehr „in ihrem Sinn".

Wenn nun diese – nicht mehr genügend sinnlich, wahrgenommene – Natur menschliche Umwelt ausmacht, dann erhellt, daß Umweltbewußtsein auf *Natur-Sinnlichkeit* aufbauen muß. Es gilt, die menschlichen Sinne(sorgane) für Umwelt zu sensibilisieren. Entwickelt werden muß z. B. der Geruchssinn; denn wie soll mit einem unempfindlichen Geruchsorgan die Gefahr der Luftverunreinigung „gewittert" werden? Wie soll – um ein anderes Beispiel zu nennen – ein Mensch mit verbrauchtem (taubem) Hörsinn gegen die akustische Umweltbelästigung Lärm sensibel und „protestfähig" gemacht werden? Man muß eine Reihe von Fragen stellen: Wird Lärm überhaupt von allen Menschen als Störung, Belästigung und Zumutung empfunden? Gibt es bei der Lärm-Sensibilität vielleicht alters- und geschlechtsspezifische Unterschiede? Welchen Begriff von Lärm hat der oder jener Mensch? Von der Beantwortung solcher Fragen hängt es ab, ob und in welchem Ausmaß von echtem Umweltbewußtsein die Rede sein kann. Wer Umweltbelästigungen nicht als unzuträglich und lebensgefährdend erfährt, der wird nie einen vernünftigen Grund erkennen können, sich einer Bürgerinitiative anzuschließen. Man stelle sich folgende Situation vor: Ein Jugendlicher montiert den Auspuff seines Motorrads ab, fährt durch eine Wohnsiedlung und genießt dabei den so erzeugten höllischen Lärm der Maschine. Danach rast er auf demselben Vehikel zu einer Umweltschutzinitiative, die gegen eine Flughafenerweiterung protestiert und demonstriert, weil sie die damit verbundene zusätzliche Lärmbelästigung für unzumutbar hält. Ein solcher Demonstrant kann gar nicht glaubwürdig sein, weil er offenbar kein Umweltbewußtsein besitzt, und dies deswegen nicht, weil ihm Lärm ja kein Begriff zu sein scheint, sonst würde er ihn nicht selbst erzeugen und seinen Mitmenschen „vor Ort" zumuten. Mit diesem Beispiel soll schließlich auch die Gefahr bedeutet werden, daß sich Menschen sehr leicht z. B. an Lärm gewöhnen. Es ist auch eine Illusion, in lärmintensiven Schulen aufwachsende Kinder für Kampf gegen Lärm motivieren und gewinnen zu wollen; sie sind bezüglich der Einschätzung von noch zumutbaren bzw. nicht mehr zumutbaren Lärmschwellen desorientiert.

Es gibt sogar pathologische Erscheinungen: Menschen, die Lärm als „angenehm" empfinden. Ebenso kann das Geruchsorgan Schaden leiden, wenn es „entschärft" ist, so daß z. B. der erwiesenermaßen schädliche Zigarettenrauch gar nicht mehr als beeinträchtigend „aufgenommen" wird. Umweltbewußtsein lebt nicht zuletzt von einem ausgeprägten ästhetischen Sinn: Wer kein „Auge" für landschaftliche Schönheit besitzt, der kann für die Erhaltung von Landschaft nicht gewonnen und für den Kampf gegen Landschaftszerstörung nicht mobilisiert werden. Zuerst muß der „Sinn" für Landschaft vorhanden sein; Landschaft aber ist ein Gesamt von Menschen, Tieren, Pflanzen, die sich in ein lebendiges Bild fügen.

Es gilt also, die Sinne auszubilden, für bedrohliche Entwicklungen in der natürlichen Umwelt „hellhörig", feinfühlig zu machen. Ohne sinnenhafte Erfahrung und sinnliche Erlebnisse wartet man umsonst auf Umweltbewußtsein mit der Konsequenz sittlicher Umwelt-Verantwortung.

Martin Rock, Theologie der Natur.
aus: Birnbacher (Hrsg.): Ökologie und Ethik. Reclam Verlag, Stuttgart 1986, S. 91 f. Mit freundlicher Genehmigung von Herrn Dr. M. Rock, Mainz

## M 4 Bedingungen des Friedens mit der Natur

Das anthropozentrische Welt- und Menschenbild ist falsch. Denn wir Menschen sind nicht das Maß aller Dinge. Die Menschheit ist mit den Tieren und Pflanzen, mit Erde, Wasser, Luft und Feuer aus der Naturgeschichte hervorgegangen als eine unter Millionen Gattungen am Baum des Leben insgesamt. Sie alle sind nicht nur *um* uns, sondern *mit* uns, nicht nur unsere Umwelt, sondern unsere *Mitwelt*. Wir sind mit unserer natürlichen Mitwelt, mit den Tieren, Pflanzen und Elementen, sogar naturgeschichtlich verwandt. Im Ganzen der Natur sind sie unseresgleichen, und wir sind ihresgleichen. Im Frieden mit der Natur haben wir die natürliche Mitwelt deshalb nicht nur um unseretwillen, sondern auch um ihrer selbst willen zu respektieren. Die natürliche Mitwelt ist keine Ressource. [ … ] Angesichts der – weitgehend von uns zu verantwortenden – Not unserer natürlichen Mitwelt wird es Zeit, uns auch ihr gegenüber zu erinnern, daß Menschen nicht immer nur für sich selber da sind.

Der Friede mit der Natur ist ein politisch-naturphilosophisches Konzept, um die politische und wirtschaftliche Organisation der Industriegesellschaft in Einklang mit der Ordnung der Natur zu bringen. Ist der Friede generell diejenige politische Ordnung, in der die – jederzeit bestehenden – Konflikte möglichst nicht gewaltsam ausgetragen werden, so ist auch die Grundbedingung des Friedens mit der Natur, daß Interessen der Menschheit gegenüber denen der Mitwelt möglichst nicht gewaltsam geltend gemacht werden. Der Friede mit der Natur ist jedoch zunächst ein Friede des Teils (der Menschheit) mit dem Ganzen, zu dem auch die natürliche Mitwelt gehört, und erst von daher ein Friede mit dieser. In der Bemächtigung über die natürliche Mitwelt den Frieden zu suchen, ist die politische Voraussetzung dafür, daß den technischen und administrativen Möglichkeiten des Umweltschutzes überhaupt Raum gegeben wird.

Der Friede mit der Natur sollte durch eine Art Waffenstillstand eingeleitet werden, in dem die folgenden Bedingungen gelten:

1. Menschliche und mitweltliche Interessen sollten bis auf weiteres so gegeneinander abgewogen werden, daß die Umweltzerstörung auf das Maß derjenigen, die es vor etwa einem Jahrhundert gegeben hat, zurückgeführt wird. Weder die Erhaltung des Bestehenden noch die unberührte Natur kann ein sinnvolles Ziel sein.
2. Man soll – nach einem Gleichnis von Rousseau – dem Verletzten nicht das Messer aus der Wunde ziehen, damit er nicht verblutet. Die industriegesellschaftliche Umweltzerstörung wird deshalb noch auf Jahre hinaus das kleinere Übel gegenüber einer radikalen Umweltpolitik sein, unter der die industrielle Wirtschaft zugrundegehen würde.
3. Umkehr der Beweislast: Es soll nicht mehr nur das verboten sein, was nachgewiesenermaßen schäd-

lich ist, sondern nur noch erlaubt sein, was nach bestem Wissen unschädlich ist.
4. In das Grundgesetz sollte ein Grundrecht auf Heimat aufgenommen werden, das der Zerstörung gewachsener Verhältnisse durch die industrielle Wirtschaftsdynamik eine kulturelle Grenze setzt. Soweit sie zur Heimat gehört, kann die natürliche Mitwelt nicht mehr als Material und Ressource angesehen werden. Ein Bauer z. B., der für seine Felder nur um ihres Marktwertes willen sorgt, hat seine Heimat verloren.

Die längerfristigen Bedingungen des Friedens mit der Natur in Recht und Wirtschaft sind:
1. Die menschlichen Interessen sind gegen die der natürlichen Mitwelt abzuwägen. Dabei darf nicht einer der beiden Seiten grundsätzlich der Vorzug vor der anderen gegeben werden.
2. Obwohl das Abwägungsgebot in der Regel zu keinen eindeutigen Entscheidungen führen wird, ändert sich die politische Situation doch bereits durch die damit verbundene Rechtfertigungspflicht.
3. Frieden mit der Natur bedeutet darüber hinaus, daß das Verhalten der Menschheit gegenüber der natürlichen Mitwelt in einer über die Menschheit hinausgehenden, natürlichen Rechtsgemeinschaft verfassungsmäßig geregelt wird. Es genügt nicht, daß unser Staat ein Sozialstaat ist.
4. Zum Frieden mit der Natur gehören Wirtschaftsentwicklungen, nach Art des organischen Wachstums, die auf Sättigungskurven verlaufen und im Interesse des Ganzen ihre Grenzen finden.
5. Es gilt, ein Mitgefühl mit der natürlichen Mitwelt zu entwickeln, denn in diesem Gefühl lassen wir sie um ihrer selbst willen gelten.
6. Die Gewalt ist in der Welt und auch im Umgang mit der natürlichen Mitwelt nicht ganz zu überwinden. Dennoch ist die unvollkommene Gewaltlosigkeit im Frieden mit der Natur die Daseinsform unserer Suche nach der vollkommenen.
7. Technisch gut ist nur, was auch schön ist. Schön sind die Dinge, mit denen wir besser leben als ohne sie. Kunst ist Erlösung der Natur. Auch wenn ein Produkt noch so gefällig aussieht, darf es ästhetisch nicht mehr akzeptabel sein, wenn es dem lebendigen Naturzusammenhang schadet.

Die Natur wird in der Menschheit politisch. Der Frieden mit der Natur wäre die Lebensform einer naturgeschichtlich erwachsen gewordenen Menschheit.

K.-M. Meyer-Abich, Dreißig Thesen zur praktischen Naturphilosophie.
aus: Lübbe/Ströcker (Hrsg.): Ethik der Wissenschaften, Bd. 5. Verlag Ferdinand Schöningh, Paderborn 1986, S. 100 ff.

## M 5 Eine neue Moral?

*„So leben wir, so leben wir, so leben wir alle Tage…"*
Zeichnung: Jupp Wolter. Cartoon-Caricature-Contor, München

Was ist von der These zu halten, daß der Westen jetzt nicht nur einen neuen Naturbegriff, sondern ein neues Arsenal von ethischen Grundsätzen brauche, die ihm als Leitfaden in seinem Verhältnis zur Natur dienen könnten? Das ist, wie ich meine, nicht völlig falsch gedacht. Den größten Teil unserer Geschichte hindurch haben nämlich die Moralphilosophen – Stoiker ebenso wie Christen – bestritten, daß das Verhältnis des Menschen zur Natur überhaupt durch irgendwelche moralischen Überlegungen bestimmt werde. Seit Montaigne aber (von seinen neuplatonischen Vorgängern gar nicht zu reden) haben Skeptiker und Humanisten eine andere Ansicht vertreten. Und gegen Ende des 18. Jahrhunderts begannen sogar christliche Denker, wiewohl oft gegen den heftigen Widerstand ihrer Glaubensgenossen, die These aufzustellen, daß Rücksichtslosigkeit gegenüber dem Leiden anderer Lebewesen moralisch nicht in Ordnung sei.

Die traditionelle westliche Ethik, sei sie nun christlich oder utilitaristisch, hat die Menschen freilich immer gelehrt, sie sollten nicht so handeln, daß sie ihrem Nächsten Unrecht tun. Und mittlerweile haben wir gemerkt, daß das Abladen von Abfallstoffen ins Meer oder in die Luft, die Zerstörung von Ökosystmen, die unbeschränkte Fortpflanzung, der Raubbau an Ressourcen ein Unrecht gegenüber den Mitmenschen bedeutet, den gegenwärtigen und den zukünftigen. Insoweit genügt die herkömmliche Moral – ohne irgendeinen Zusatz –, um unsere ökologischen Interessen und unsere Forderung zu rechtfertigen, gegen die Luft- und Wasserverschmutzer, die Ausbeuter natürlicher Ressourcen und die Zerstörer bestimmter Tierarten und Naturlandschaften vorzugehen.

Einer meiner Kollegen, ein eifriger Naturschützer, verurteilt mich als „humanen Chauvinisten". Er meint damit, daß ich in meiner ethischen Argumentation die menschlichen Interessen als absolut vorrangig behandle. Dafür brauche ich mich nicht zu entschuldigen. Eine „ethische Behandlung des Verhältnisses des Menschen zur Landschaft, zu Flora und Fauna" würde das Verhältnis des Menschen nicht nur zum Gegenstand haben – das ist mehr oder minder offensichtlich –, sondern sie wäre durch Bezugnahme auf menschliche Interessen erst zu rechtfertigen. Das Land, das ein schlechter Farmer in den Fluß abrutschen läßt, hatte keinerlei „Recht", an Ort und Stelle zu bleiben. Die Annahme, daß irgend etwas außer dem Menschen „Rechte" besitzen könnte, ist gänzlich unhaltbar.

Wenn man auf dem Primat der menschlichen Interessen besteht, so bedeutet das freilich nicht, daß es nur darum geht, ob vielleicht jemandes *Einkommen* dadurch geschmälert wird, daß das Flußwasser verschlammt. Die Verschlammung eines sauberen Flusses, die Verwandlung eines bewaldeten Hügels in einen abgeschwemmten Abhang ist ein Verlust für die Menschheit, auch wenn dadurch niemand in seinem Einkommen beschnitten wird. Wer solches veranlaßt, begeht einen Akt des Vandalismus, die Zerstörung von etwas, an dem es sich um seiner selbst willen zu erfreuen lohnt. Nur insofern einige westliche Moralisten eine andere Meinung vertreten haben, etwa die, daß nur diejenigen Arten menschlichen Handelns einen Wert haben, welche einen direkten Bezug zu Gott beinhalten oder (bei Moralisten mehr säkularisierten Zuschnitts) einen Bezug zu einem enggefaßten wirtschaftlichen Wohlstand, kann man sagen, der Westen bedürfe einer „neuen Ethik". Was er eher braucht, ist keine neue Ethik, sondern ein konsequenteres Festhalten an einer Ethik, die ihm durchaus vertraut ist.

[…] Denn die Hauptquelle für unsere ökologischen Katastrophen sind – abgesehen von Unwissenheit – Gier und Kurzsichtigkeit, was weitgehend auf dasselbe hinausläuft. Der Habgierige verfolgt den Gegenstand seiner Begierde unbekümmert um die eingesetzten Mittel und die weiteren Konsequenzen. Der Kurzsichtige, gewöhnlich auch „Pragmatiker" genannt, zeigt eine besondere Form von Unbekümmertheit gegenüber möglichen Folgen, indem er sich weigert, über die Gegenwart oder die unmittelbare Zukunft hinauszublicken. Die Ansicht, daß Habgier ein Übel ist, ist aber keineswegs neu, und es bedarf keiner neuen Ethik, um uns darüber zu belehren.

John Passmore, Den Unrat beseitigen.
aus: John Passmore, Ökologie und Ethik. Übersetzung:
© Philipp Reclam jun., Stuttgart 1986, S. 228 ff.

# M 1

## Idee und Begründung

Über Jahrhunderte hinweg stand in unserer christlich-abendländischen Kultur allein das Wohl des Menschen im Vordergrund. Ihm und seinem Wohlergehen mußte sich alles übrige unterordnen. – Erst im 19. Jahrhundert wurden Tierschutzbestimmungen in unsere Rechtsordnung aufgenommen. Wichtigstes Motiv war hierbei jedoch nicht der Schutz der Tiere, sondern die Sorge, öffentliche Tierquälerei könnte zu einer Verrohung des Menschen führen oder öffentliches Ärgernis erregen. Im Laufe dieser Zeit wurden diese Vorschriften ergänzt und weiterentwickelt. Hierbei ist zwischen arten- und tierschutzrechtlichen Vorschriften zu unterscheiden. Erstere verfolgen das Ziel, gefährdete Tierarten zu erhalten; Tierschutzbestimmungen sollen grundsätzlich alle Tiere vor vermeidbaren Schmerzen, Leiden oder Schäden bewahren. Aber natürlich reichen Rechtsvorschriften allein nicht aus, um den Schutz der Tiere wirksam zu verbessern. Auch in diesem Bereich bedarf die Einstellung unserer Gesellschaft stetiger kritischer Überprüfung und Weiterentwicklung.
[...]
Das Tierschutzgesetz geht davon aus, daß der Mensch für die seiner Obhut anheimgegebenen Tiere verantwortlich ist; Tiere dürfen zwar für die Bedürfnisse des Menschen in Anspruch genommen werden, hierbei ist aber verantwortungsbewußtes Handeln geboten.

Entsprechend lautet der in § 1 wiedergegebene Grundsatz des Tierschutzgesetzes:

> **„Zweck dieses Gesetzes ist es, aus der Verantwortung des Menschen für das Tier als Mitgeschöpf dessen Leben und Wohlbefinden zu schützen. Niemand darf einem Tier ohne vernünftigen Grund Schmerzen, Leiden oder Schäden zufügen.“**

Nicht jeder, *nur ein vernünftiger* Grund rechtfertigt gewisse Einschränkungen gegenüber dem Tier. Hier gilt es, nach strengen Maßstäben abzuwägen zwischen dem Schutzanliegen der Tiere und den Interessen des Menschen. Solange Tierversuche nicht grundsätzlich durch andere Untersuchungen abgelöst werden können, solange der Mensch Nahrungsmittel und andere tierische Erzeugnisse benötigt, wird der Gesetzgeber eine abgewogene Einschränkung des Schutzanliegens der Tiere bejahen müssen. Aus diesem Grundsatz ergibt sich, daß nach sorgfältiger Güterabwägung und bei Vorliegen eines vernünftigen Grundes das Wohlbefinden des Tieres in gewissem Umfange eingeschränkt werden darf.

aus: Bundesgesetzblatt 1986, Tierschutzgesetz, S. 4 ff.

# M 2

## § 7 „Tierversuche" und Kommentar

(1) Tierversuche im Sinne dieses Gesetzes sind Eingriffe oder Behandlungen an Tieren zu Versuchszwecken, die mit Schmerzen, Leiden oder Schäden für die Tiere verbunden sein können.
(2) Tierversuche dürfen nur durchgeführt werden, soweit sie zu einem der folgenden Zwecke unerläßlich sind:
1. Vorbeugen, Erkennen oder Behandeln von Krankheiten, Leiden, Körperschäden oder körperlichen Beschwerden oder Erkennen oder Beeinflussen physiologischer Zustände oder Funktionen bei Mensch oder Tier,
2. Erkennen von Umweltgefährdungen,
3. Prüfung von Stoffen oder Produkten auf ihre Unbedenklichkeit für die Gesundheit von Mensch oder Tier oder auf ihre Wirksamkeit gegen tierische Schädlinge,
4. Grundlagenforschung.

Bei der Entscheidung, ob Tierversuche unerläßlich sind, ist insbesondere der jeweilige Stand der wissenschaftlichen Erkenntnisse zugrunde zu legen und zu prüfen, ob der verfolgte Zweck nicht durch andere Methoden oder Verfahren erreicht werden kann.
(3) Versuche an Wirbeltieren dürfen nur durchgeführt werden, wenn die zu erwartenden Schmerzen, Leiden oder Schäden der Versuchstiere im Hinblick auf den Versuchszweck ethisch vertretbar sind. Versuche an Wirbeltieren, die zu länger anhaltenden oder sich wiederholenden erheblichen Schmerzen oder Leiden führen, dürfen nur durchgeführt werden, wenn die angestrebten Ergebnisse vermuten lassen, daß sie für wesentliche Bedürfnisse von Mensch oder Tier einschließlich der Lösung wissenschaftlicher Probleme von hervorragender Bedeutung sein werden.
(4) Tierversuche zur Entwicklung oder Erprobung von Waffen, Munition und dazugehörigem Gerät sind verboten.

(5) Tierversuche zur Entwicklung von Tabakerzeugnissen, Waschmitteln und dekorativen Kosmetika sind grundsätzlich verboten. Der Bundesminister wird ermächtigt, durch Rechtsverordnung mit Zustimmung des Bundesrates Ausnahmen zu bestimmen, soweit es erforderlich ist, um konkrete Gesundheitsgefährdungen abzuwehren, und soweit die notwendigen neuen Erkenntnisse nicht auf andere Weise erlangt werden können.

Weite Kreise der Bevölkerung fordern entweder die Abschaffung von Tierversuchen oder zumindest deren drastische Einschränkung.

Dies führt zu einem kaum lösbaren Interessenkonflikt. Zum einen stellt der Verbraucher hohe Anforderungen an Wirksamkeit und gesundheitliche Unbedenklichkeit der von ihm angewendeten oder verwendeten Erzeugnisse. Zum anderen gibt es nach dem gegenwärtigen Stand der wissenschaftlichen Erkenntnisse noch keine Möglichkeit, auf Tierversuche völlig zu verzichten, ohne den Verbraucher zu einem unvertretbaren Risiko auszusetzen.

Auch trifft die häufig aufgestellte Behauptung, daß bereits in ausreichendem Umfange Ersatz- oder Ergänzungsmethoden zur Verfügung stünden, die Tierversuche überflüssig machten, leider nicht zu.

Es ist unbestritten, daß Versuche, bei denen Tiere stellvertretend für Menschen zu Tests benutzt werden und dabei oftmals leiden müssen, schwierige ethische und moralische Fragen aufwerfen.

Unbestritten ist aber auch, daß Tierversuche letztlich der Sicherheit des Menschen dienen – so durch Weiterentwicklung medizinischer Erkenntnisse, Verbesserung von Operationsmethoden, Prüfung von Arzneimitteln auf Wirkungen und Gegenwirkungen, Verträglichkeiten chemischer Stoffe.

Ein Verbot von Tierversuchen, wie es von zahlreichen Bürgern gefordert wird, würde solche Prüfungen und Entwicklungen unmöglich machen. Hier den richtigen Weg zu finden, ist gewiß nicht leicht. Auch diejenigen, die Versuche aus moralischen und ethischen Gründen ohne Ausnahme ablehnen, werden dennoch auch Stoffe und Methoden in Anspruch nehmen, die in Tierversuchen getestet und entwickelt worden sind. Ein Verzicht auf alle Tierversuche würde zugleich einen Verzicht auf wesentliche Hilfen für die Erhaltung der Gesundheit und die Bekämpfung von Krankheiten bedeuten. Eine solche Entscheidung wäre ethisch nicht zu vertreten.

Tierversuche dürfen nach dem novellierten Tierschutzgesetz nur noch durchgeführt werden, wenn sie aus gesundheitlichen Gründen, zur Erkennung von Umweltgefährdungen oder für die Grundlagenforschung unerläßlich sind und der verfolgte Zweck nicht durch andere Methoden oder Verfahren erreicht werden kann. Es muß abgewogen werden, ob die zu erwartenden Schmerzen, Leiden oder Schäden der Versuchstiere im Hinblick auf den Versuchszweck ethisch vertretbar sind. Versuche mit länger anhaltenden oder sich wiederholenden erheblichen Schmerzen, Leiden oder Schäden dürfen nur durchgeführt werden, wenn dies für wesentliche Bedürfnisse von Mensch oder Tier notwendig ist. Tierversuche zur Entwicklung oder Erprobung von Waffen sind verboten. Das Verbot gilt grundsätzlich auch für Tierversuche zur Prüfung von Tabakerzeugnissen, Waschmitteln oder dekorativen Kosmetika.

Der Gesetzgeber unterscheidet zwischen genehmigungspflichtigen und anzeigepflichtigen Tierversuchen. Das Verfahren der Genehmigung von Tierversuchen ist durch die Tierschutznovelle verschärft worden. Der Antragsteller muß der genehmigenden Behörde gegenüber wissenschaftlich begründet darlegen, daß die Tierversuche unerläßlich sind und daß das angestrebte Versuchsergebnis trotz Ausschöpfung der zugänglichen Informationsmöglichkeiten nicht hinreichend bekannt ist; außerdem müssen alle personellen und technischen Voraussetzungen erfüllt sein, um Schmerzen, Leiden oder Schäden der Tiere auf ein Mindestmaß zu reduzieren.

Bei nur anzeigepflichtigen Tierversuchen, das sind in der Regel ausdrücklich gesetzlich vorgeschriebene Versuche, insbesondere zur Prüfung der gesundheitlichen Unbedenklichkeit bestimmter Stoffe und Produkte sind die der Behörde zu machenden Angaben konkret festgelegt, um eine wirksame Überwachung und ggf. auch ein Verbot solcher Tierversuche zu ermöglichen.

aus: Bundesgesetzblatt 1986. Tierschutzgesetz

**M 1**

# Die Rächer der Tiere

Für das Lebensrecht der gequälten Kreatur greifen radikale Tierschützer zur Gewalt

*Von Claudia Pai*

Wusch!, Wusch! – auf jeder Seite werden die Türen zu den dort dahinterliegenden Labors aufgerissen … Die Lichtschalter werden eingeschaltet. Wir sehen obskurse, mysteriöse, ja ominöse Gestelle. Es sind Apparaturen, bestehend aus zwei Lederriemen zum Festbinden des Opfers, und sechs Eisenstäben, wobei je zwei an die Augenlider, ans Trommelfell und in den Gaumen stoßen. Dies bewirkt, daß sich das Opfer nicht ein 100 000stel Millimeter bewegen kann, oder es muß mit unglaublichen Schmerzen rechnen. Meist bekommen die Tiere vor lauter nicht zu ertragenden Schmerzen Atemnot und nachfolgend Herzstillstand … Ohne zu zögern und wie vorher abgesprochen, schlagen alle mit ungebändigter Wut auf die Apparaturen ein. Es schallt und scheppert durch den Raum. Elfie hält im Gang Wache. Äxte, Brechstangen wirbeln immer wieder durch die Luft. Fast ekstatisch erfüllen wir unsere Botschaft. Im Labor hinterlassen wir Chaos und Zerstörung, aber auch die Hoffnung auf ein besseres Leben." – Erinnerungen des Tierschützers Andreas Wolff, die er in seinem Buch „Kommando Tierbefreiung" festhielt.

Eine phantasierte Story, so der Autor, die sich jedoch in vielen Einzelheiten wirklich so zugetragen habe. Gut möglich, denn die heldenhafte Figur „Mike", die im Mittelpunkt des pathetischen Werks steht, trägt unverkennbar autobiographische Züge. Seine tierschützerischen Aktivitäten begann Wolff vor sechs Jahren mit einem Brandanschlag auf die Zentralen Tierlaboratorien der Westberliner Universität, die vom Volksmund auch als „Mäusebunker" bezeichnet werden. Weitere Laboreinbrüche folgten. Wolff war der erste Tierschützer, der wegen dieser Delikte eine Haftstrafe im Gefängnis Moabit absitzen mußte. Als er dort in Hungerstreik trat, avancierte er zum Märtyrer der bundesdeutschen Tierschützer.

Inzwischen gibt es Pläne, den 30jährigen zum Prinzen zu befördern. Keine geringere als Fürstin Elisabeth Albertina Gertrude Anna Maria von Sayn-Wittgenstein zu Hohenstein wolle ihn adoptieren, sagt Wolff; künftig sollen er und der von ihm gegründete Verein *animal peace* mit ihrem Namen werben dürfen. Fürwahr eine noble Geste, „befreite" doch Wolff auch einige Hühner aus den Ställen ihres Bruders Casimir Prinz zu Sayn-Wittgenstein-Berleburg. Doch mit Bruder Casimir, sagt der Aspirant auf den Adelstitel, habe sie sich nie so recht verstanden. Speziell beim Tierschutz haben die fürstlichen Geschwister unterschiedliche Auffassungen: Während sie mit dem radikalen Wolff sympathisiert, ist er immerhin Präsident der friedfertigen Umweltstiftung *World Wildlife Fund (WWF)* Deutschland.

Gegen die Ausrottung von Arten setzen sich inzwischen weltweit mitgliederstarke Umweltorganisationen zur Wehr: Die Artenschutzzentrale des *WWF* kämpft gegen den illegalen Handel mit Tieren, die vom Aussterben bedroht sind. Mit Kampagnen zum Schutz der Meeressäuger macht vor allem Greenpeace von sich reden, eine Organisation mit rund zwei Millionen Fördermitgliedern. Und nicht nur sie: Bei der Rettung der beiden verirrten Grauwale aus dem Polareis vor drei Wochen, die Greenpeace-Koordinator Campbell Plowden als „wundervolle Werbung" betrachtet, gingen Umweltschützer mit amerikanischen Streitkräften, Ölgesellschaften, Beamten, Unternehmern und einheimischen Waljägern eine publikumswirksame Koalition ein. Alexander Patzewitsch, erster Offizier des sowjetischen 44 000-PS-Eisbrechers, der die Tiere schließlich befreite, befand, daß es eine sehr schöne Sache sei, wenn zwei Völker zusammen etwas Gutes täten. Kostenpunkt: über eine Million Dollar – weit mehr, als die Industrieländer etwa den Opfern der Flutkatastrophe in Bangladesch zukommen ließen. Überbordende Tierliebe, so scheint es, soll die fortschreitende Zerstörung der Lebenswelt von Meerestieren vergessen machen – Maßlosigkeit hier wie dort.

Auch in der Bundesrepublik bilden sich immer neue Vereine, Gruppen und Grüppchen, die verbesserten Artenschutz fordern. Das Hamburger „Komitee gegen Vogelmord" etwa oder die „Aktion Fischotterschutz", die im Mai Europas erstes Otter-Zentrum im niedersächsischen Hankelsbüttel eröffnete. Gegen die Verarbeitung von Tierfellen riefen Hamburger Tierschützer in der Silvesternacht 1988 das „Internationale Anti-Pelz-Jahr" aus. Mehr als 25 Anschläge auf Pelzgeschäfte mit über einer Million Mark Schaden beklagten neun Monate später die Kürschner aus Hamburg.

Besonders rasch steigt die Zahl der Gegner von Tierversuchen: 30 000 arbeiten mittlerweile in 55 regionalen Gruppen, die sich zum Bundesverband der Tierversuchsgegner zusammengeschlossen haben. Auf eine Million beziffert der Vorstandsvorsitzende Ilja Weiß die Zahl organisierter Tierschützer in der Bundesrepublik. Allein 600 000 zählt der Deutsche Tierschutzbund (DTB). Und auch er hat sich, sagt Geschäftsführerin Carola Ruff, „von Opas tätschelnder Zuwendung zum Tier weit entfernt".

aus: Die Zeit Nr. 46 vom 11. 11. 1988

## M 2 Tierversuche

Es steht außer Frage, daß der enorme medizinische Fortschritt in unserem Jahrhundert ohne tierexperimentelle Forschung undenkbar ist. Fast alle wichtigen Arzneimittel und Impfstoffe, die heute das Leid der Menschen lindern und ihnen viele zusätzliche Lebensjahre schenken, sind im Tierversuch entwickelt und erprobt worden. Das gleiche gilt für die modernen Operationstechniken und Behandlungsmethoden in der Medizin. Organtransplantationen, Operationen am offenen Herzen, Blutwäsche bei totalem Nierenversagen, Lasereinsatz bei Magenblutungen oder die berührungslose Nierensteinzertrümmerung sind nur einige wenige Beispiele für die neueren Erfolge im Kampf gegen Krankheiten, die ohne Erkenntnisse aus dem Tierversuch nicht möglich gewesen wären. Weitere Fortschritte bei der Gesundheitsvorsorge und Krankheitsbekämpfung zeichnen sich ab. Sie sind auch unbedingt notwendig. Noch bedeuten die meisten Krebserkrankungen oder Störungen des Immunsystems wie AIDS für die Betroffenen ein sicheres Todesurteil. Noch verfügt die Medizin über keine ausreichend wirksamen Medikamente gegen die Arteriosklerose oder die Multiple Sklerose. Auf die biomedizinische Grundlagenforschung warten viele Aufgaben. Um sie bewältigen zu können, sind Tierversuche zur Zeit unverzichtbar.

Ein Sachzwang bei der Wahl der Mittel sagt aber nichts über deren Berechtigung aus. Die Tatsache, daß man neue Arzneimittel oft nur mit Hilfe tierexperimenteller Forschung entwickeln kann, ist noch keine Rechtfertigung für die Durchführung von Tierversuchen. Das wissenschaftlich-technische Denken, das immer stärker unsere Lebenswelt bestimmt, darf ethische Entscheidungen nicht ausschließen. „Tierversuche ja oder nein?" ist neben der wissenschaftlichen Begründung auch ein ethisches Problem. Deshalb kann nur ein breitangelegter gesellschaftlicher Konsens über die ethischen Grundwerte eine befriedigende Lösung in der heute noch konfliktgeladenen Auseinandersetzung um Tierversuche herbeiführen.

[...] Eine Annäherung der unterschiedlichen Standpunkte ist aber nur unter der Bedingung der gegenseitigen Akzeptanz möglich. Es geht nicht an, daß den Wissenschaftlern die ethische Gesinnung beim Thema Tierversuche nur deshalb abgesprochen wird, weil sie in der biomedizinischen Forschung tätig sind. Andererseits dürfen sich die Wissenschaftler nicht in den Elfenbeinturm ihrer für den Laien schwer nachvollziehbaren Arbeit zurückziehen. Wissenschaftliche Praxis erfordert heute mehr denn je gesellschaftliche Transparenz. Dem verstärkten Interesse der Öffentlichkeit an den Zielen und Wegen der biomedizinischen Forschung müssen die Wissenschaftler durch noch mehr offene und sachliche Informationen Rechnung tragen.

aus: Ges. f. Gesundheit u. Forschung (Hrsg.), Ethik und Tierversuche. Vorwort von Dieter Palm. Frankfurt/Main 1980, S. 5 ff.

## M 3 Medizinische Gründe

Sicher kann niemand den großen medizinischen Nutzen leugnen, der sich aus dem Gebrauch von Tieren in der Forschung ergeben hat und mutmaßlich in absehbarer Zeit ergeben wird (siehe Tab.) (Smyth, 1982).

*Aktuelle Forschungsprobleme in Verbindung mit Tierversuchen*
- *Organtransplantationen* (z. B. Knochenmark, Leber, Pankreas)
- *Arzneimittelbedingte Toxizität* (z. B. Kanzerogenität, Organtoxizität)
- *Pharmakokinetik, -dynamik*
- *Vorbereitung von Großversuchen zur Infektionsbekämpfung* (z. B. Malaria, Schistosomiasis)
- *Erprobung biomedizinischer Techniken* (z. B. Insulinpumpen, künstliche Gelenke, künstliches Herz, Anwendung der Lasertechnik, Erprobung histokompatibler Kunststoffe)
- *Aufdeckung mutagener Noxen* (z. B. Chemikalien, Pharmaka, Strahlenschäden, RNA-Tumorviren)
- *Modellkrankheiten* (z. B. erbliche Cardiomyopathie des Goldhamsters, erbliche Hypertonie der Ratte)
- *Medizinische Diagnostik* (z. B. Tuberkulose, Toxoplasmose, Virologie, Immunopathien, Arteriosklerose)
- *Entwicklung neuer Operationsmethoden* (z. B. Angioplastie, Lungenresektion)
- *Grundlagenforschung* (z. B. Immunologie, Regulation, Verhalten, Genforschung, Anfallskrankheiten)

Auf medizinischem Gebiet bedeutet das nach Lage der Dinge und nach dem Stande unseres Vermögens in vielen Fällen den *Zwang* zum Tierversuch, in etlichen sogar die *Verpflichtung* dazu. Es hat keinen Sinn, die Augen davor zu verschließen. Der experimentell tätige Wissenschaftler sollte nicht dafür getadelt werden, wenn er in voller Verantwortung Handlungen unternimmt, deren Nutzen, wenn wir nur an Arzneimittel und Impfstoffe denken, auch seine Kritiker für sich in Anspruch nehmen (Codex experiendi, 1983).

Riecker, Gerard: Ärztliche Ethik und Tierversuche.
aus: Ges. f. Gesundheit u. Forschung (Hrsg.): Ethik und Tierversuche. Frankfurt/Main 1986, S. 36

# M 4

## Moralische Probleme

Wer die Rechtfertigung im Namen des menschlichen Wohlergehens anerkennt – und diese Rechtfertigung ist in der Tat das stärkste Argument –, muß zugleich einen Großteil wissenschaftlicher Tierversuche verwerfen. Denn die Argumentation hängt von der Prämisse ab, daß die Experimente wirklich dem Leben und der Gesundheit des Menschen zugute kommen. Für zehn Gruppen quälender Tierexperimente trifft das aber nicht zu:

1. Experimente im Rahmen *bloßer* Grundlagenforschung (auch wenn der Übergang der Grundlagenforschung zur angewandten Forschung heute fließend sein mag), sofern sie nichts anderem als der wissenschaftlichen Neugierde dienen. Damit sollen die wissenschaftliche Neugierde und die Grundlagenforschung keineswegs disqualifiziert werden. Ich halte es sogar für wahrscheinlich, daß sich ein Mehr an zweckfreier Wissenschaft am Ende als nützlicher erweist denn bloß instrumentelle Forschung. Nur läßt sich der Schmerz, die Angst und der Tod von Tieren im Rahmen bloßer Grundlagenforschung noch weniger verteidigen als im Rahmen einer unmittelbar auf die menschliche Gesundheit verpflichteten Forschung.

2. Experimente der angewandten Forschung im Dienst kosmetischer Zwecke, etwa der berüchtigte Draize-Test, der zur Klärung der Reizwirkung von Substanzen mit unrealistisch hohen Konzentrationen am Auge lebender Kaninchen durchgeführt wird. So sehr es zum Menschen gehört, sich schön zu machen, so wenig rechtfertigt das Schmuckverhalten das Opfer vieler Tiere.

3. Experimente der angewandten Forschung im Dienst von Angriffswaffen gehören zweifelsohne zu den Tierversuchen, die sich am wenigsten rechtfertigen lassen. Aber auch Experimente für Verteidigungswaffen stehen nicht viel besser da, weil die Waffen zum Angriff dienen oder umgebaut werden können, selbst von reinen Defensivländern exportiert werden und sich dann der Verwendung auf bloße Verteidigung entziehen.

Auch wenn man – zumindest vorläufig – Leib und Leben der Menschen als Rechtfertigungsgrund für Tiere anerkennt, werden nicht alle Experimente im Zusammenhang medizinischer und pharmakologischer Forschung legitim. Unzulässig sind

4. die vielen Versuche, die trotz mangelnder fachlicher Qualifikation der Experimentatoren oder aufgrund nicht hinreichend durchdachter Versuchsanordnungen oder

5. aus bloßen Karriere- und Prestigegründen durchgeführt werden, weiterhin

6. Tierversuche im Rahmen bewußter Wiederholungen oder unwissentlicher Wiederholungen, etwa

7. weil andere Experimente nicht öffentlich zugänglich gemacht worden sind, was wahrscheinlich für alle Militärforschung gilt und ein weiteres Argument gegen Experimente für Defensivwaffen darstellt. Positiv gewendet: Sittlich gerechtfertigt sind Tierversuche nur dann, wenn sie hinsichtlich ihrer Hypothesen, Methoden der Durchführung und der Ergebnisse öffentlich zugänglich sind. Auch der gesetzlich gebotene „administrative Tierverschleiß" ist ein nicht zu rechtfertigendes Ärgernis.

8. Sicherlich sittlich illegitim sind Tierversuche, die aus rein wirtschaftlichen Gründen auf Nachahmungspräparate („ich-auch-Präparate") aus sind und bekannte Produkte nur mehr oder weniger geringfügig variieren.

9. Genauso sittlich unzulässig sind Tierversuche, die in ihrer Anlage, Durchführung oder schon von ihrem Ziel her vermeidbare Opfer fordern. In diese Rubrik fällt der $LD_{50}$-Test, der sich auf leisen administrativen Sohlen zum Tiermörder erster Klasse aufgeschwungen hat.

10. Schließlich sind all die Tierversuche unzulässig, die ohne hinreichende Erwägung alternativer Methoden unternommen werden, obwohl mit Hilfe von isolierten Organen, Organ- und Zellkulturen, von Bakterienkulturen, niedrigeren Organismen und Pflanzen und unter Benutzung von Modellen, Computern und Isotopen sowie von modernen physikalischen und chemischen Methoden der Forschungszweck auch erreichbar wäre. Gemäß dem richtigen Kern der Medizinkritik sollte auch die klinische Forschung unmittelbar am Patienten stärker gefördert werden. Schon die verheerenden Folgen des Contergan-Unglücks sollten uns mahnen, einen bedeutsamen Teil des Forschungsaufwandes vom vorklinischen Stadium ins klinische und nachklinische zu verlegen.

*Kurz:* Die Berufung auf die Gesundheit und das Leben des Menschen, das sowohl sachlich als auch rhetorisch stärkste Argument zugunsten der Tierexperimente, darf nicht übersehen, daß danach sehr viele, vielleicht sogar die überwiegende Zahl von wissenschaftlichen Tierversuchen sittlich illegitim sind. Daß sie trotzdem durchgeführt werden, beweist auf unübersehbare Weise, wie sehr unsere Zivilisation von anderen als sittlichen Maßstäben beherrscht wird.

Otfried Höffe, Der wissenschaftliche Tierversuch. aus: Ströker (Hrsg.), Ethik der Wissenschaften, Bd. 1. Verlag Ferdinand Schöningh, Paderborn 1984, S. 125 ff.

## M 1

### Mitgeschöpflichkeit

Die christliche Perspektive ist in diesem Zusammenhang: Gott ist der Schöpfer der Welten, und seine Schöpfung gehört auf ewig ihm. Der Mensch ist Gottes Geschöpf, die Tiere sind Gottes Geschöpfe, sie sind des Menschen Mitgeschöpfe, der Mensch ist nicht ihr Gott, Gott ist Gott der Menschen und Gott für die Menschen. Gott ist Gott der Tiere und Gott für die Tiere. Gott ist unser aller gemeinsamer Gott. Die menschliche Überlegenheit – vom göttlichen Auftrag gesichert – gibt zwar Macht, aber diese Macht legitimiert nicht ein unbeschränktes Recht über das Tierreich. Diese verliehene Macht verpflichtet den Menschen gerade zu *königlicher Fürsorglichkeit,* das ist der exakte sprachliche Hintergrund im Hebräischen für die übliche kurze deutsche Übersetzung „herrsche" (1. Mose 1, 28). Die Frage ist, wie in der von der Sünde bestimmten Welt mit ihren veränderten Bedingungen eine königliche Fürsorglichkeit wenigstens noch ansatzweise zu praktizieren ist. [...]

Deshalb müßte die heutige Wissenschaft sich der radikalen Sinnfrage der erforderlichen neuen Ethik, einer Ethik der Ehrfurcht und der Klugheit, stellen und, wenn sie sich der natürlichen Verwandtschaft, beispielsweise im Tierversuch oder in der Massentierhaltung *bemächtigt,* auch der geistlichen Verwandtschaft eingedenk sein, die ich von Römer 8 aus zeigte. Die

Bejahung der zweifachen Verwandtschaft zwischen Mensch und Tier, der biologischen von der Schöpfung und der geistlichen von der Erlösung her, kann den Tieren eher gerecht werden als der sich distanzierende Ansatz der Bemächtigung. Ich räume aber ein, daß im Konfliktfall der leidende Mensch *Vorfahrt* vor dem dann in das Leiden geführte Tier hat. Jeder, der mit oder an Tieren tätig wird, darf, wenn er diesen meinen Ansatz ernst nimmt, nicht vergessen, daß Jesus Christus auch für diese ihm von Gott anvertrauten Tiere mitgestorben und mitauferstanden ist. Die Dimension der Barmherzigkeit tut sich auf und verlangt ihr Recht. Es geht mir darum, die Gemeinsamkeit mit den Mitgeschöpfen zu unterstreichen und neues Licht auf diese Gemeinsamkeit fallen zu lassen. Es gibt eine Gemeinsamkeit aller Lebewesen vor Gott. Allerdings kann ich nicht soweit gehen, etwa dem Beispiel des heiligen Franziskus zu folgen und von Bruder oder Schwester Tier, sei es Pferd, Affe, Hund, Schwein oder Vogel zu reden, also sozusagen eine menschliche Personalisierung vorzunehmen. Die Nähe zum Tier aber will ich durchaus betonen und festhalten und dabei uns alle fragen, wie wir Richtung und Tempo des *Fahrradsystems,* in welchem Mensch und Tier aufeinander angewiesen sind, beeinflussen wollen. Das Losungswort für diesen Weg in Anlehnung an Römer 8 soll dann heißen: „In Hoffnung – vom Leiden zur Herrlichkeit der Töchter und Söhne Gottes, zusammen mit den Mitgeschöpfen." So sieht die Perspektive aus, die vom Römerbrief geprägt ist, also: Das Leiden in dieser Welt und an dieser Welt wird andauern, aber die Gemeinsamkeit des Leidens und Leides betrifft uns alle – wie die Hoffnung – und der Mensch ist dabei für die Tierwelt ein Symbol dieser Hoffnung.

Krapp, Rolf: Die Mensch-Tier-Beziehung in theologischer Sicht. aus: Ethik und Tierversuche. Gesellschaft für Gesundheit und Forschung e. V., Frankfurt 1980, S. 43 ff.

*Der Mensch (Adam) als Gehilfe des Schöpfers benennt die Tiere, verleiht ihnen damit zugleich ihren Sinn und ihre Bestimmung im Gesamtwerk der Schöpfung, „denn wie er sie nennen würde, so sollten sie heißen" (aus einem englischen Bestiar des 12. Jahrhunderts).*

# M 2

*Erich Fried*

## Humorlos

Die Jungen
werfen
zum Spaß
mit Steinen
nach Fröschen

Die Frösche
sterben im Ernst

aus: Erich Fried, Anfechtungen.
Verlag Klaus Wagenbach,
Berlin 1967

# M 3

## „Du sollst nicht töten"

So lange ich zurückblicken kann, habe ich unter dem vielen Elend, das ich in der Welt sah, gelitten. Unbefangene, jugendliche Lebensfreude habe ich eigentlich nie gekannt und glaube, daß es vielen Kindern ebenso ergeht, wenn sie auch äußerlich ganz froh und ganz sorglos scheinen.

Insbesondere litt ich darunter, daß die armen Tiere so viel Schmerz und Not auszustehen haben. Der Anblick eines alten hinkenden Pferdes, das ein Mann hinter sich herzerrte, während ein anderer mit einem Stecken auf es einschlug – es wurde nach Kolmar ins Schlachthaus getrieben – hat mich wochenlang verfolgt.

Ganz unfaßbar erschien mir – dies war schon ehe ich in die Schule ging –, daß ich in meinem Abendgebete nur für Menschen beten sollte. Darum, wenn meine Mutter mit mir gebetet und mir den Gutenachtkuß gegeben hatte, betete ich heimlich noch ein von mir selbst verfaßtes Zusatzgebet für alle lebendigen Wesen. Es lautete: „Lieber Gott. Schütze und segne alles, was Odem hat, bewahre es vor allem Übel und laß es ruhig schlafen!"

Einen tiefen Eindruck machte mir ein Erlebnis aus meinem siebenten oder achten Jahre. Heinrich Bräsch und ich hatten uns Schleudern aus Gummischnüren gemacht, mit denen man kleine Steine schleuderte. Es war im Frühjahr, in der Passionszeit. An einem Sonntagmorgen sagte er zu mir: „Komm, jetzt gehen wir in den Rebberg und schießen Vögel." Dieser Vorschlag war mir schrecklich, aber ich wagte nicht zu widersprechen, aus Angst, er könnte mich auslachen. So kamen wir in die Nähe eines kahlen Baumes, auf dem die Vögel, ohne sich vor uns zu fürchten, lieblich in den Morgen hinaus sangen. Sich wie ein jagender Indianer duckend, legte mein Begleiter einen Kiesel in das Leder seiner Schleuder und spannte dieselbe. Seinem gebieterischen Blick gehorchend, tat ich unter furchtbaren Gewissensbissen dasselbe, mir fest gelobend, daneben zu schießen. In demselben Augenblicke fingen die Kirchenglocken an, in den Sonnenschein und in den Gesang der Vögel hineinzuläuten. Es war das „Zeichen-Läuten", das dem Hauptläuten eine halbe Stunde voranging. Für mich war es eine Stimme aus dem Himmel. Ich tat die Schleuder weg, scheuchte die Vögel auf, daß sie wegflogen und vor der Schleuder meines Begleiters sicher waren, und floh nach Hause. Und immer wieder, wenn die Glocken der Passionszeit in Sonnenschein und kahle Bäume hinausklingen, denke ich ergriffen und dankbar daran, wie sie mir damals das Gebot: „Du sollst nicht töten" ins Herz geläutet haben.

Von jenem Tag an habe ich gewagt, mich von der Menschenfurcht zu befreien. Wo meine innerste Überzeugung mit im Spiele war, gab ich jetzt auf die Meinung anderer weniger als vorher. Die Scheu vor dem Ausgelachtwerden durch die Kameraden suchte ich zu verlernen.

Die Art, wie das Gebot, daß wir nicht töten und quälen sollen, an mir arbeitete, ist das große Erlebnis meiner Kindheit und Jugend. Neben ihm verblassen alle anderen. […]

Zweimal habe ich mit andern Knaben mit der Angel gefischt. Dann verbot mir das Grauen vor der Mißhandlung der aufgespießten Würmer und vor dem Zerreißen der Mäuler der gefangenen Fische weiter mitzumachen. Ja, ich fand sogar den Mut, andere vom Fischen abzuhalten.

Aus solchen mir das Herz bewegenden und mich oft beschämenden Erlebnissen entstand in mir langsam die unerschütterliche Überzeugung, daß wir Tod und Leid über ein anderes Wesen nur bringen dürfen, wenn eine unentrinnbare Notwendigkeit dafür vorliegt, und daß wir alle das Grausige empfinden müssen, das darin liegt, daß wir aus Gedankenlosigkeit leiden machen und töten. Immer stärker hat mich diese Überzeugung beherrscht. Immer mehr wurde mir gewiß, daß wir im Grunde alle so denken und es nur nicht zu bekennen und zu bestätigen wagen, weil wir fürchten, von den andern als „sentimental" belächelt zu werden, und auch weil wir uns abstumpfen lassen. Ich aber gelobte mir, mich niemals abstumpfen zu lassen und den Vorwurf der Sentimentalität niemals zu fürchten.

aus: Albert Schweitzer, Die Ehrfurcht vor dem Leben.
C. H. Beck'sche Verlagsbuchhandlung, München

## M 4

### Neue Verantwortungsethik

*„Ethik ist ins Grenzenlose erweiterte Verantwortung gegen alles, was lebt."*

Wahre Philosophie muß von der unmittelbarsten und umfassendsten Tatsache des Bewußtseins ausgehen. Diese lautet: „Ich bin Leben, das leben will, inmitten von Leben, das leben will." Dies ist nicht ein ausgeklügelter Satz. Tag für Tag, Stunde für Stunde wandle ich in ihm. In jedem Augenblick der Besinnung steht er neu vor mir. Wie aus nie verdorrender Wurzel schlägt fort und fort lebendige, auf alle Tatsachen des Seins eingehende Welt- und Lebensanschauung aus ihm aus. Mystik ethischen Einswerdens mit dem Sein wächst aus ihm hervor.

Wie in meinem Willen zum Leben Sehnsucht ist nach dem Weiterleben und nach der geheimnisvollen Gehobenheit des Willens zum Leben, die man Lust nennt, und Angst vor der Vernichtung und der geheimnisvollen Beeinträchtigung des Willens zum Leben, die man Schmerz nennt: also auch in dem Willen zum Leben um mich herum, ob er sich mir gegenüber äußern kann oder ob er stumm bleibt.

Ethik besteht also darin, daß ich die Nötigung erlebe, allem Willen zum Leben die gleiche Ehrfurcht vor dem Leben entgegenzubringen wie dem eigenen. Damit ist das denknotwendige Grundprinzip des Sittlichen gegeben. Gut ist, Leben erhalten und Leben fördern; böse ist, Leben vernichten und Leben hemmen. [...]

Was sagt die Ehrfurcht vor dem Leben über die Beziehungen zwischen Mensch und Kreatur?

Wo ich irgendwelches Leben schädige, muß ich mir darüber klar sein, ob es notwendig ist. Über das Unvermeidliche darf ich in nichts hinausgehen, auch nicht in scheinbar Unbedeutendem. Der Landmann, der auf seiner Wiese tausend Blumen zur Nahrung für seine Kühe hingemäht hat, soll sich hüten, auf dem Heimweg in geistlosem Zeitvertreib eine Blume am Rande der Landstraße zu köpfen, denn damit vergeht er sich an Leben, ohne unter der Gewalt der Notwendigkeit zu stehen.

Diejenigen, die an Tieren Operationen oder Medikamente versuchen oder ihnen Krankheiten einimpfen, um mit den gewonnen Resultaten Menschen Hilfe bringen zu können, drüften sich nie allgemein dabei beruhigen, daß ihr grausames Tun einen wertvollen Zweck verfolge. In jedem einzelnen Falle müssen sie erwogen haben, ob wirklich Notwendigkeit vorliegt, einem Tiere dieses Opfer für die Menschheit aufzuerlegen. Und ängstlich müssen sie darum besorgt sein, das Weh, soviel sie nur können, zu mildern. Wieviel wird in wissenschaftlichen Instituten durch versäumte Narkosen, die man der Zeit und Müheersparnis halber unterläßt, gefrevelt! Wieviel auch dadurch, daß Tiere der Qual unterworfen werden, nur um Studenten allgemein bekannte Phänomene zu demonstrieren! Gerade dadurch, daß das Tier als Versuchstier in seinem Schmerze so Wertvolles für den leidenden Menschen erworben hat, ist ein neues, einzigartiges Solidaritätsverhältnis zwischen ihm und uns geschaffen worden. Ein Zwang, aller Kreatur alles irgend mögliche Gute anzutun, ergibt sich daraus für jeden von uns. Indem ich einem Insekt aus seiner Not helfe, tue ich nichts anderes, als daß ich versuche, etwas von der immer neuen Schuld der Menschen an die Kreatur abzutragen. Wo irgendwie das Tier zum Dienst des Menschen gezwungen wird, muß jeder von uns mit den Leiden beschäftigt sein, die es um dessentwillen zu tragen hat. Keiner von uns darf ein Weh, für das die Verantwortung nicht zu tragen ist, geschehen lassen, soweit er es nur hindern kann. Keiner darf sich dabei beruhigen, daß er sich damit in Sachen mischen würde, die ihn nichts angehen. Keiner darf die Augen schließen und das Leiden, dessen Anblick er sich erspart, als nicht geschehen anzusehen. Keiner mache sich die Last seiner Verantwortung leicht. Wenn so viel Mißhandlung der Kreatur vorkommt, wenn der Schrei der auf dem Eisenbahntransport verdurstenden Tiere ungehört verhallt, wenn in unsern Schlachthäusern so viel Roheit waltet, wenn in unsern Küchen Tiere von ungeübten Händen qualvollen Tod empfangen, wenn Tiere durch unbarmherzige Menschen Unmögliches erdulden oder dem grausamen Spiele von Kindern ausgeliefert sind, tragen wir alle Schuld daran. [...]

Die Ethik der Ehrfurcht vor dem Leben wehrt uns, durch Stillschweigen uns gegenseitig glauben zu lassen, daß wir nicht mehr erleben, was wir als denkende Menschen erleben müssen. Sie gibt uns ein, uns in diesem Erleiden gegenseitig wachzuhalten und miteinander unerschrocken nach der Verantwortung, wie wir sie empfinden, zu reden und zu tun. Sie läßt uns miteinander nach Gelegenheit spähen, für so viel Elend, das Menschen den Tieren zufügen, Tieren in irgend etwas Hilfe zu bringen und damit für einen Augenblick aus dem unbegreiflichen Grauen des Daseins herauszutreten.

aus: Albert Schweitzer, Kultur und Ethik, C. H. Beck'sche Verlagsbuchhandlung, München

# M 1

## Anthropozentrische Umweltethik

Anthropozentrische Umweltethik (griech. anthropos = Mensch) versteht die Welt als auf den Menschen hingeordnet: alles dient seinen Zwecken, alles ist nur Mittel für ihn. Hintergrund dieses Welt- und Menschenbildes ist eine den historischen Humanismus mißverstehende und den Menschen maßlos überschätzende Sichtweise, nach der die *Natur* zur bloßen *Umwelt* des Menschen wird.

A. U. ist die Folge des anthropozentrischen Humanismus und geht davon aus, daß die bloße Zugehörigkeit zur Spezies „Mensch" mit einem exklusiven Status verbunden ist, und beruht auf der Überzeugung, daß die durch bestimmte Eigenschaften belegbare *Sonderstellung* und Überlegenheit des Menschen auch mit einer absoluten und privilegierten Vorrangstellung gegenüber allen anderen Lebewesen verbunden sei. A. U. rechtfertigt jede Veränderung und Ausbeutung der Natur, wenn dies im *Interesse* des Menschen erfolgt, auch wenn dadurch immer mehr andere Lebewesen in ihrer Existenz bedroht oder ausgelöscht werden. Sie erlaubt es, Tiere unter den Bedingungen des Menschen zu züchten, zu nutzen und zu halten, sie für Versuche zu verwenden oder zu töten, sofern nur ein vernünftiger Grund vorliegt, der oft genug nur von den Interessen des Menschen bestimmt wird. Im Rahmen dieser Interessen nimmt die Sorge um das Überleben der Menschheit einen wichtigen Platz ein. […]

Neuerdings wird der Versuch gemacht, diese Interessen weniger vordergründig zu sehen als bisher und für eine möglichst intakte Umwelt zu werben in der Hoffnung, daß ein so gewandeltes Interesse auch der Natur als solcher zugute kommt. Sogar von einem neuen Grundrecht in Bezug auf Umwelt wird gesprochen. Gegen die trotzdem andauernde Kritik an der anthropozentrischen Orientierung wird u. a. auch das Argument angeführt, daß die Natur nicht als Idylle mißverstanden werden dürfe, sondern daß der Kampf der Arten ums Überleben zur Natur gehöre, daß der Mensch sich also naturkonform verhalte, wenn er kraft seiner Überlegenheit die anderen Arten verdränge. […] Die entscheidende Frage bleibt also, ob die Folgerungen, die der Mensch aus seiner unbestrittenen *Sonderstellung* und Überlegenheit gezogen hat, auch ethisch richtig waren, d. h. ob er mit der ihm unterlegenen Natur nach seiner (tatsächlichen oder vermeintlichen) Interessenlage umgehen darf, oder ob er infolge seiner Sonderstellung nicht gerade dazu befähigt ist, die ethische Unzulässigkeit des von ihm praktizierten Rechts des Stärkeren aufzugeben und aus dem Erbe des Humanismus eine ganz andere Position aufzubauen: die Ethik der Humanität, wie sie bereits 1907 von dem Zoologen *J. H. Moore* in seiner neuen Ethik gefordert und konzipiert wurde.

aus: Gotthard M. Teutsch, Lexikon der Umweltethik. Vandenhoek & Ruprecht, Göttingen 1985, S. 8 ff.

# M 2

## Gottesebenbildlichkeit

Mit der Chiffre von der Gottesebenbildlichkeit wird in einer klassischen Formulierung das Gütesiegel, das speziell dem Menschen anhaftet und unter dessen Schutz er steht, zum Ausdruck gebracht: Ebenbild Gottes. Aber hier wird es nun bei näherem Zusehen schwierig, denn dieser Begriff läßt sich nicht kurz definitorisch abtun. Daraus lassen sich nicht ohne weiteres ethische Anweisungen ableiten. Der Mensch ist nach dem Verständnis des Alten Testamentes im Kreise der Geschöpfe darin ein besonderes Geschöpf, *das* herausgehobene Geschöpf und darin Gott nahe, daß er ansprechbar ist, daß er antworten kann, daß er sich verantworten kann.

In all seiner geschöpflichen Endlichkeit ist der Mensch der von Gott in die Freiheit des Fragens Gerufene. Er ist der zur Mitverantwortung und Mitgestaltung der Schöpfung Fähige. Der Mensch ist unterwegs zwischen Auftrag, Scheitern und neuer Hoffnung. […] Die Einsicht in die Gottesebenbildlichkeit seines Wesens stellt den Menschen in den Schnittpunkt zwischen dem, was ihm in seiner geschöpflichen Existenz zukommt und was er nicht machen kann, und dem, was er in dieser seiner geschöpflichen Bestimmung durchaus zu bewirken vermag. Insofern spiegelt sich in der Besonderheit menschlicher Existenz das Geheimnis der Schöpfung, der unermeßliche Wert ihres Seins, aber auch das „Wunder" ihres Unterwegsseins mit Gott selber im Blick auf eine Zukunft, die offen ist. Für die moderne gentechnische Vernunft mag es überflüssig und letztlich unfaßbar sein, sich in dem vorgeführten Sinne auf das alte Theologumenon der Imago Dei und seinen tieferen Sinn verweisen zu lassen. Wo der Mensch durch das Instrumentarium von Wissenschaft und Technik und unter dem Druck kommerzieller und industrieller Verwertungsinteressen zum Subjekt und Objekt seiner und aller Geschichte wird, ist die Frage des Dürfens und des Nichtdürfens auf eine tödliche Weise längst entschieden. Da spielt die Frage nach der Berechtigung des Erkenntniszuwachses und nach dem Maßhalten im Erwerb neuen Verfügungswissens keine Rolle mehr, ja, sie darf gar nicht mehr gestellt werden. Sollte Max Born mit seiner Befürchtung recht behalten: „Es scheint mir, daß der Versuch der Natur, ein denkendes Wesen hervorzubringen, gescheitert ist … die moderne Wissenschaft und Technik sind im Begriff, die menschliche Welt in einem Grad umzugestalten, daß sie kaum wiederzuerkennen ist. Aber obgleich dieser Vorgang durch den Verstand bewirkt worden ist, wird er nicht durch den Verstand kontrolliert"?

aus: Günter Altner, Die Überlebenskrise in der Gegenwart. Wissenschaftliche Buchgesellschaft, Darmstadt 1987, S. 72 ff.

## M 3

### Mensch und Tier

An dieser Stelle besonders hatte ich eingehalten, um folgendes deutlich zu machen: Wenn es Maschinen mit den Organen und der Gestalt eines Affen oder eines anderen vernunftlosen Tieres gäbe, so hätten wir gar kein Mittel, das uns nur den geringsten Unterschied erkennen ließe zwischen dem Mechanismus dieser Maschinen und dem Lebensprinzip dieser Tiere; gäbe es dagegen Maschinen, die unseren Leibern ähnelten und unsere Handlungen insoweit nachahmten, wie dies für Menschen wahrscheinlich möglich ist, so hätten wir immer zwei ganz sichere Mittel zu der Erkenntnis, daß sie deswegen keineswegs wahre Menschen sind. Erstens könnten sie nämlich niemals Worte oder andere Zeichen dadurch gebrauchen, daß sie sie zusammenstellen, wie wir es tun, um anderen unsere Gedanken bekanntzumachen. Denn man kann sich zwar vorstellen, daß eine Maschine so konstruiert ist, daß sie Worte und manche Worte sogar bei Gelegenheit körperlicher Einwirkungen hervorbringt, die gewisse Veränderungen in ihren Organen hervorrufen, wie zum Beispiel, daß sie, berührt man sie an irgendeiner Stelle, gerade nach dem fragt, was man ihr antworten will, daß sie, berührt man sie an einer anderen Stelle, schreit, man täte ihr weh und ähnliches; aber man kann sich nicht vorstellen, daß sie die Worte auf verschiedene Weisen zusammenordnet, um auf die Bedeutung all dessen, was in ihrer Gegenwart laut werden mag, zu antworten, wie es der stumpfsinnigste Mensch kann. Das zweite Mittel ist dies: Sollten diese Maschinen auch manches ebensogut oder vielleicht besser verrichten als irgendeiner von uns, so würden sie doch zweifellos bei vielem anderen versagen, wodurch offen zutage tritt, daß sie nicht aus Einsicht handeln, sondern nur zufolge der Einrichtung ihrer Organe. Denn die Vernunft ist ein Universalinstrument, das bei allen Gelegenheiten zu Diensten steht, während diese Organe für jede besondere Handlung einer besonderen Einrichtung bedürfen; was es unwahrscheinlich macht, daß es in einer einzigen Maschine genügend verschiedene Organe gibt, die sie in allen Lebensfällen so handeln ließen, wie uns unsere Vernunft handeln läßt.

Diese zwei Mittel kennzeichnen nun auch den Unterschied zwischen Mensch und Tier; denn es ist ganz auffällig, daß es keinen so stumpfsinnigen und dummen Menschen gibt, nicht einmal einen Verrückten ausgenommen, der nicht fähig wäre, verschiedene Worte zusammenzuordnen und daraus eine Rede aufzubauen, mit der er seine Gedanken verständlich macht; und daß es im Gegenteil kein anderes Tier gibt, so vollkommen und glücklich veranlagt es sein mag, das ähnliches leistet. Dies liegt nicht daran, daß den Tieren Organe dazu fehlten; denn man kann beobachten, daß Spechte und Papageien ebenso wie wir Worte hervorbringen können und daß sie dennoch nicht reden, d. h. zu erkennen geben können, daß sie denken, was sie sagen, wie wir. Von Geburt taubstumme Menschen dagegen müssen die Organe, die andere zum Reden gebrauchen, ebenso oder mehr noch entbehren als die Tiere und erfinden doch für gewöhnlich selbst Zeichen, mit denen sie sich Leuten ihrer gewohnten Umgebung, die Zeit haben, ihre Sprache zu lernen, verständlich machen. Dies zeigt nicht bloß, daß Tiere weniger Verstand haben als Menschen, sondern vielmehr, daß sie gar keinen haben. Denn es ist offenkundig, daß man nur sehr wenig Verstand braucht, um reden zu können, und weil man ja bemerkt, daß die Tiere derselben Art ebensosehr verschieden sind wie die Menschen und daß einige sich leichter dressieren lassen als andere, so ist es kaum glaublich, daß ein Affe oder ein Papagei, der in seiner Art der vollkommenste sein mag, nicht wenigstens darin einem der dümmsten Kinder oder mindestens einem Kinde, das nicht ganz bei Sinnen ist, gleichen würde, wenn seine Seele nicht von ganz anderer Grundbeschaffenheit wäre als die unsere. Auch darf man die Worte nicht mit den natürlichen Lebensäußerungen verwechseln, die innere Erregungen zu erkennen geben und die von Maschinen ebensogut nachgeahmt werden können wie von Tieren, oder denken, wie einige Alten, daß die Tiere zwar reden, wir aber ihre Sprache nicht verstehen; denn wenn das wahr wäre, so hätten sie sich, zumal ja viele ihrer Organe den unseren entsprechen, uns ebensogut verständlich machen können wie ihresgleichen. Es ist auch sehr bemerkenswert, daß zwar viele Tiere in manchen ihrer Handlungen mehr Geschicklichkeit zeigen als wir, daß man aber trotzdem dieselben Tiere in vielen anderen Fällen überhaupt keine zeigen sieht. Der Tatbestand also, daß sie es besser machen als wir, beweist nicht, daß sie Geist haben; denn wenn man es so nimmt, dann hätten sie mehr als irgendeiner von uns und würden es in jeder Beziehung besser machen. Aber sie haben im Gegenteil gar keinen, und es ist die Natur, die in ihnen je nach der Einrichtung ihrer Organe wirkt, ebenso wie offensichtlich eine Uhr, die nur aus Rädern und Federn gebaut ist, genauer die Stunden zählen und die Zeit messen kann als wir mit all unserer Klugheit.

aus: René Descartes, Discours de la méthode. © Felix Meiner Verlag, Hamburg 1960 (Nachdruck 1990)

# M 4

## Personen und Sachen

Nun sage ich: der Mensch, und überhaupt jedes vernünftige Wesen, *existiert* als Zweck an sich selbst, *nicht bloß* als *Mittel* zum beliebigen Gebrauche für diesen oder jenen Willen, sondern muß in allen seinen, sowohl auf sich selbst, als auch auf andere vernünftige Wesen gerichteten Handlungen jederzeit *zugleich* als *Zweck* betrachtet werden. Alle Gegenstände der Neigungen haben nur einen bedingten Wert; denn, wenn die Neigungen und darauf gegründete Bedürfnisse nicht wären, so würde ihr Gegenstand ohne Wert sein. Die Neigungen selber aber, als Quellen des Bedürfnisses, haben so wenig einen absoluten Wert, um sie selbst zu wünschen, daß vielmehr, gänzlich davon frei zu sein, der allgemeine Wunsch eines jeden vernünftigen Wesens sein muß. Also ist der Wert aller durch unsere Handlung zu *erwerbenden* Gegenstände jederzeit bedingt. Die Wesen, deren Dasein zwar nicht auf unserm Willen, sondern der Natur beruht, haben dennoch, wenn sie vernunftlose Wesen sind, nur einen relativen Wert, als Mittel, und heißen daher Sachen, dagegen vernünftige Wesen *Personen* genannt werden, weil ihre Natur sie schon als Zwecke an sich selbst, d. i. als etwas, das nicht bloß als Mittel gebraucht werden darf, auszeichnet, mithin so fern alle Willkür einschränkt (und ein Gegenstand der Achtung ist). [...]

aus: Kant, Grundlegung zur Metaphysik der Sitten. Akademie-Textausgabe Bd. IV. Verlag de Gruyter, Berlin 1968, S. 428

### § 16

Nach der bloßen Vernunft zu urteilen hat der Mensch sonst keine Pflicht, als bloß gegen den Menschen (sich selbst oder einen anderen); denn seine Pflicht gegen irgend ein Subjekt ist die moralische Nötigung durch dieses seinen Willen. Das nötigende (verpflichtende) Subjekt muß also *erstlich* eine Person sein, *zweitens* muß diese Person als Gegenstand der Erfahrung gegeben sein; weil der Mensch auf den Zweck ihres Willens hinwirken soll, welches nur in dem Verhältnisse zweier existierender Wesen zueinander geschehen kann (denn ein bloßes Gedankending kann nicht *Ursache* von irgend einem Erfolg nach Zwecken werden). Nun kennen wir aber, mit aller unserer Erfahrung, kein anderes Wesen, was der Verpflichtung (der aktiven oder passiven) fähig wäre, als bloß den Menschen. Also kann der Mensch sonst keine Pflicht gegen irgend ein Wesen haben, als bloß gegen den Menschen, und, stellt er sich gleichwohl eine solche vor zu haben, so geschieht dies durch eine *Amphibolie der Reflexionsbegriffe* und seine vermeinte Pflicht gegen andere Wesen ist bloß Pflicht gegen sich selbst; zu welchem Mißverstande er dadurch verleitet wird, daß er seine Pflicht in *Ansehung* anderer Wesen für Pflicht *gegen* diese Wesen verwechselt.

Diese vermeinte Pflicht kann nun auf *unpersönliche,* oder zwar persönliche aber schlechterdings *unsichtbare* (den äußeren Sinnen nicht darzustellende) Gegenstände bezogen werden. – Die erstere (*außermenschliche*) können der bloße Naturstoff, oder der zur Fortpflanzung organisierte, aber empfindungslose, oder der mit Empfindung und Willkür begabte Teil der Natur (Mineralien, Pflanzen, Tiere) sein; die zweite *(übermenschliche)* können als geistige Wesen (Engel, Gott) gedacht werden. – Ob zwischen Wesen beider Art und den Menschen ein Pflichtverhältnis, und welches dazwischen statt finde, wird nun gefragt.

### § 17

In Ansehung des Schönen obgleich Leblosen in der Natur ist ein Hang zum bloßen Zerstören (spiritus destructionis) der Pflicht des Menschen gegen sich selbst zuwider; weil es dasjenige Gefühl im Menschen schwächt oder vertilgt, was zwar nicht für sich allein schon moralisch ist, aber doch diejenige Stimmung der Sinnlichkeit, welche die Moralität sehr befördert, wenigstens dazu vorbereitet, nämlich etwas auch ohne Absicht auf Nutzen zu lieben (z. B. die schöne Kristallisationen, das unbeschreiblich Schöne des Gewächsreichs).

In Ansehung des lebenden, obgleich vernunftlosen Teils der Geschöpfe ist die Pflicht der Enthaltung von gewaltsamer und zugleich grausamer Behandlung der Tiere der Pflicht des Menschen gegen sich selbst weit inniglicher entgegengesetzt, weil dadurch das Mitgefühl an ihrem Leiden im Menschen abgestumpft und dadurch eine der Moralität, im Verhältnisse zu anderen Menschen, sehr diensame natürliche Anlage geschwächt und nach und nach ausgetilgt wird; obgleich ihre behende (ohne Qual verrichtete) Tötung, oder auch ihre, nur nicht bis über Vermögen angestrengte, Arbeit (dergleichen auch wohl Menschen sich gefallen lassen müssen) unter die Befugnisse des Menschen gehören; da hingegen die martervolle physische Versuche, zum bloßen Behuf der Spekulation, wenn auch ohne sie der Zweck erreicht werden könnte, zu verabscheuen sind. – Selbst Dankbarkeit für lang geleistete Dienste eines alten Pferdes oder Hundes (gleich als ob sie Hausgenossen wären) gehört *indirekt* zur Pflicht des Menschen, nämlich in Ansehung dieser Tiere, *direkt* aber betrachtet ist sie immer nur Pflicht des Menschen gegen sich selbst.

aus: Kant, Die Metaphysik der Sitten. Akademie-Textausgabe Bd. VI. Verlag de Gruyter, Berlin 1968, S. 442 f.

## M 5

### Abschied vom anthropozentrischen Denken?

Aufzunehmen ist endlich der ökologische Grundlagenstreit, die Frage, ob die Ethik auf ihre Orientierung bloß am Menschen verzichten müsse. Auf dem Spiel steht nicht weniger als ein Paradigmawechsel, eine revolutionäre Veränderung, die sich zudem nicht nur auf die Wissenschaft richtet, sondern unmittelbar auf die Praxis. Andererseits darf man die Tragweite nicht überschätzen. Da die ökologischen Kardinaltugenden dem anthropozentrischen Denken verhaftet bleiben und die Umweltkrise trotzdem im wesentlichen lösen, bleiben nur einige Restprobleme übrig. Wer für die Umweltkrise das anthropozentrische Denken verantwortlich macht, unterschätzt dessen Problemlösungskapazität bei weitem.

Einer zweiten Fehleinschätzung erliegt, wer primär theoretische Debatten für unmittelbar praxisrelevant hält. Wer nur einen ontologischen Vorrang, aber keinerlei Vorrechte beansprucht, vertritt eine bloß theoretische Anthropozentrik. Auch wenn seine Position falsch wäre – obwohl sie sich wegen der allein beim Menschen elaborierten Sprachfähigkeit nahelegt –, gäbe es statt eines wirklichen Vorrangs nur einen vermeintlichen: der Mensch erläge einer Illusion. Falls es dabei bleibt, bei einer anthropologischen Anmaßung bzw. einem falschen Selbstbild, schadet der Mensch aber nicht der Natur, sondern nur sich selbst. Nicht auf den generellen Streit um ein anthropozentrisches *Denken* kommt es also an, sondern auf den spezifischen um eine anthropozentrische *Moral;* erst sie spricht dem Menschen auch Vor*rechte* zu.

Eine dritte Fehleinschätzung, eine individualistische Verkürzung nämlich, nimmt vor, wer den ökologischen Grundlagenstreit, da er sich auf letzte Prämissen richte, für nicht rational zu schlichten hält und deshalb eine existentielle Vorentscheidung, gewissermaßen einen dezisionistischen Sprung, als nötig ansieht. Eine existentielle Vorentscheidung muß jeder für sich selbst treffen; beim philosophischen Vorbild, bei Kierkegaard, ist es die Wahl zwischen der ästhetischen und der ethischen oder aber zwischen der ethischen und der christlichen Existenz. Die Wahl zwischen einer anthropozentrischen und einer biozentrischen bzw. pathozentrischen Moral richtet sich aber auf ein zum Teil öffentliches Gut. Die Entscheidung für eine nur pflanzliche Ernährung kann man für sich allein fällen, Vegetarismus ist als privates Gut denkbar, nicht dagegen der Schutz von Tier- und Pflanzenarten oder das Verbot gewisser Tierversuche. Der Begriff der existentiellen Vorentscheidung verdeckt also den Umstand, daß es im ökologischen Grundlagenstreit nicht nur um einen privaten Lebensentwurf, sondern um ein öffentlich verbindliches Recht geht. Bliebe gleichwohl die rationale Nichtentscheidbarkeit gegeben, dann träte der Grundlagenstreit ein gefährliches Erbe an: konkurrierende Weltanschauungen kämpften im Gemeinwesen um die Macht.

Angefangen mit der angedeuteten Unterscheidung von theoretischer und praktischer Anthropozentrik/Biozentrik sucht die Alternative, ein ethischer Diskurs, erstens genauere Begriffe. Er bindet sich zweitens überall dort, wo es möglich ist, an die Erfahrung und beruft sich drittens, soweit es eines moralischen Prinzips bedarf, auf einen elementaren und zugleich unkontroversen Gerechtigkeitsgrundsatz. Dazu kommt, viertens, die Vermutung, es gebe mehr begriffliche Möglichkeiten als ein Kierkegaardsches Entweder-Anthropozentrik-oder-Biozentrik.

Mit ihren schlichten Alternativen, in ein moralisches Schwarz oder Weiß eingefärbt, stellt sich manche Kritik mehr als Politik denn als Diskurs dar. Zielsicher auf die Verurteilung zusteuernd, setzt sie die anthropozentrische Moral als solche mit einer despotischen Anthropozentrik gleich, die dem Menschen eine schrankenlose Herrschaft erlaube. Und mit der Attitüde des Aufklärers, der bei Nietzsche und Foucault in die Schule gegangen ist, gräbt sie die geistesgeschichtlichen Wurzeln aus. Historisch durchaus anspruchsvoll, fragt sie hinter die frühe Neuzeit, hinter Bacon und Descartes, zurück und entdeckt den Ursprung der inkriminierten Moral im jüdisch-christlichen Denken; die Kritik geriert sich als eine Genealogie bzw. Archäologie der anthropozentrischen Moral.

aus: Otfried Höffe, Moral als Preis der Moderne, stw 1046.
© Suhrkamp Verlag, Frankfurt am Main 1993, S. 196 f.

# M 1

## Pathozentrische Umweltethik

**Pathozentrische Umweltethik** (griech. pathein = fühlen, leiden) beruht auf der bis in die Frühzeit menschlichen Glaubens und Denkens zurückgehenden Überzeugung, daß alles Leben verwandt ist und daß insbesondere Menschen und Tiere auf ähnliche Weise leben und leiden. Wenn Mensch und Tier aber in gleicher oder ähnlicher Weise Schmerzen und Leiden empfinden, lag es nahe, ethische Grundanforderungen, wie etwa die des *Wohlwollens,* der *Goldenen Regel,* des *Naturrechtes* oder des *Utilitarismus* gemäß dieser gleichen oder doch ähnlichen Schmerz- und Leidensfähigkeit auch auf alle betroffenen Lebewesen auszudehnen. Dabei spielte die nach dem Katzschen Gesetz bei Mensch und Tier ähnliche Gefühlsausstattung eine wichtige Rolle, weil in ihr die Mitleidensfähigkeit des Menschen auch dem Tier gegenüber begründet ist, wie sie in verschiedenen Religionen und Denksystemen der Menschheit ihren Ausdruck gefunden hat. Dabei ist auch die Einsicht gewachsen, daß es der *Gleichheitsgrundsatz* verbietet, schmerz- und leidensfähige Wesen unterschiedlich zu behandeln. Vor allem kann die dem Tier fehlende Vernunft dessen Schmerz- und Leidensfähigkeit nicht einschränken, noch kann der Vernunftbesitz dem Menschen das Recht geben, dem Tier gegenüber vom Gleichheitsgrundsatz abzuweichen. Darum hat *Jeremy Bentham* recht, wenn er, vom Kriterium der gemeinsamen Schmerz- und Leidensfähigkeit ausgehend, auch die Pflicht des Menschen zur *Humanität* gegenüber dem Tier ableitet. Vgl. hierzu auch *J. H. Moore* (1907).

Inwieweit die Schmerzfähigkeit mit der Organisationshöhe der verschiedenen Arten zusammenhängt, ist noch nicht in allen Details geklärt. Vermutlich ist der Übergang doch eher fließend als an einer bestimmten Linie festzulegen; vgl. hierzu auch die Untersuchung von *J. Alumets* u. a. (1979) über den Regenwurm. Die biologische Bedeutung des Schmerzes als Alarmsignal ist unbestritten, aber er ist doch noch mehr als das: „Der Schmerz ist offenbar der erste Anlaß zur Organisation des Bewußtseins von uns selbst", sagt *H. Sachsse* (1976, S. 41). Oft wird auch die Frage nach dem Unterschied der Schmerzempfindung bei Mensch und Tier gestellt und vorgebracht, daß der Mensch infolge seiner Denkfähigkeit mehr leide als das Tier. Aber eben diese Fähigkeit macht das Ertragen auch leichter. Der Mensch kann über seine Leiden nachdenken, er weiß, daß der Schmerz zeitlich

begrenzt ist und bekämpft werden kann; er weiß auch, daß Schmerz gelegentlich nötig ist, um Schlimmeres zu verhindern, und er weiß schließlich, daß der Tod alles Leiden beendet. Schließlich gewinnt Leiden unter theologischem Aspekt eine neue Dimension; jedenfalls erscheint Leiden dann nicht mehr als größtes aller Übel, von dem man sich um jeden Preis loskaufen sollte, wie z.B. die Diskussion um die aktive Euthanasie zeigt. Bei den Tieren ist in diesem Punkt fast alles anders. Die elementare Wucht des Schmerzes wird durch nichts gemildert außer durch Anästhesie oder einen gnädigen Tod, vgl. *G. M. Teutsch* (1983, S. 133).

Das Tierschutzgesetz unterscheidet zwischen (1) auf beliebige Weise hervorgerufenen körperlichen Schmerzen und (2) Leiden, die entstehen, wenn ein Tier unter Bedingungen gehalten wird, die es ihm unmöglich machen, seine artgemäßen Bedürfnisse zu befriedigen, wobei die Leiden zunehmen, je vitaler die unterdrückten Befürfnisse sind und je länger die Unterdrückung andauert; vgl. hierzu *A. Lorz* (1979, S. 76–82) und *H. H. Sambraus* (1981).

Für die p. U. geht es also nicht nur um den Menschen, sondern auch um die sensitiven Tiere, die Gemeinschaft der Leidenden (fellowship of suffering), wie *Michael Fox* (1978, S. 222) sagt. Hieraus folgt, daß bei allen Maßnahmen das Wohl der Tiere mitzubedenken ist und daß alle Möglichkeiten, die Umweltsituation des Menschen auf Kosten der Tierwelt zu verbessern, ausscheiden müssen. Vor allem darf der Mensch die Tiere nicht weiterhin aus ihren Rückzugsgebieten verdrängen, und er darf sie auch nicht in einer Weise für seine Zwecke verwenden, die mit Schmerzen oder Leiden verbunden ist. Für den Umgang mit Pflanzen ergibt sich die Forderung, daß der Mensch auch auf die pflanzlichen Lebensgrundlagen der Tiere Rücksicht nehmen muß. Darüber hinaus stellt die p. U. keine weiteren unmittelbaren Forderungen. So ist sie eigentlich ein primär an der Leidvermehrung orientierter Menschen- und *Tierschutz,* dem ein entsprechendes Umgehen mit der übrigen *Natur* zur Pflicht gemacht wird. Pflanzlicher Artenschutz wird weniger um der Pflanzen als um der Menschen und Tiere willen verlangt.

aus: Gotthard M. Teutsch, Lexikon der Umweltethik. Vandenhoeck & Ruprecht, Göttingen 1985, S. 83 ff.

## M 2

### Mitleid mit Tieren

Die von mir aufgestellte moralische Triebfeder bewährt sich als die ächte ferner dadurch, daß sie auch *die Thiere* in ihren Schutz nimmt, für welche in andern Europäischen Moralsystemen so unverantwortlich schlecht gesorgt ist. Die vermeinte Rechtlosigkeit der Thiere, der Wahn, daß unser Handeln gegen sie ohne moralische Bedeutung sei, oder, wie es in der Sprache jener Moral heißt, daß es gegen Thiere keine Pflichten gebe, ist geradezu eine empörende Rohheit und Barbarei des Occidents, deren Quelle im Judenthum liegt. In der Philosophie beruht sie auf der aller Evidenz zum Trotz angenommenen gänzlichen Verschiedenheit zwischen Mensch und Thier, welche bekanntlich am entschiedensten und grellsten von *Cartesius* ausgesprochen ward, als eine nothwendige Konsequenz seiner Irrthümer. Als nämlich die Cartesisch-Leibnitz-Wolfische Philosophie aus abstrakten Begriffen die rationale Psychologie aufbaute und eine unsterbliche *anima rationalis* [den vernünftigen Seelenteil] konstruirte; da traten die natürlichen Ansprüche der Thierwelt diesem exklusiven Privilegio und Unsterblichkeits-Patent der Menschenspecies augenscheinlich entgegen, und die Natur legte, wie bei allen solchen Gelegenheiten, still ihren Protest ein. Nun mußten die von ihrem intellektuellen Gewissen geängstigten Philosophen suchen, die rationale Psychologie durch die empirische zu stützen und daher bemüht seyn, zwischen Mensch und Thier eine ungeheure Kluft, einen unermeßlichen Abstand zu eröffnen, um, aller Evidenz zum Trotz, sie als von Grund aus verschieden darzustellen. Solcher Bemühungen spottet schon *Boileau:*

*Les animaux ont-ils des universités?*
*Voit-on fleurir chez eux des quatre facultés?*
[Gehn auch die Tiere wohl zur Universität?
Und schreiben sie sich ein bei einer Fakultät?
*Satire,* VIII, 165.]

Da sollten am Ende gar die Thiere sich nicht von der Außenwelt zu unterscheiden wissen und kein Bewußtseyn ihrer selbst, kein Ich haben! Gegen solche abgeschmackte Behauptungen darf man nur auf den jedem Thiere, selbst dem kleinsten und letzten, inwohnenden gränzenlosen Egoismus hindeuten, der hinlänglich bezeugt, wie sehr die Thiere sich ihres Ichs, der Welt oder dem Nicht-Ich gegenüber, bewußt sind. Wenn so ein Cartesianer sich zwischen den Klauen eines Tigers befände, würde er auf das deutlichste inne werden, welchen scharfen Unterschied ein solcher zwischen seinem Ich und Nicht-Ich setzt. […]
Mitleid mit Thieren hängt mit der Güte des Charakters so genau zusammen, daß man zuversichtlich behaupten darf, wer gegen Thiere grausam ist, könne kein guter Mensch seyn. Auch zeigt dieses Mitleid sich als aus der selben Quelle mit der gegen Menschen zu übenden Tugend entsprungen. So z. B. werden fein fühlende Personen, bei der Einnerung, daß sie, in übler Laune, im Zorn, oder vom Wein erhitzt, ihren Hund, ihr Pferd, ihren Affen unverdienter oder unnöthiger Weise, oder über die Gebühr gemißhandelt haben, die selbe Reue, die selbe Unzufriedenheit mit sich selbst empfinden, welche bei der Erinnerung an gegen Menschen verübtes Unrecht empfunden wird, wo sie die Stimme des strafenden Gewissens heißt. Ich erinnere mich, gelesen zu haben, daß ein Engländer, der in Indien, auf der Jagd, einen Affen geschossen hatte, den Blick, welchen dieser im Sterben auf ihn warf, nicht vergessen gekonnt und seitdem nie mehr auf Affen geschossen hat. Eben so Wilhelm Harris, ein wahrer Nimrod, der, bloß um das Vergnügen der Jagd zu genießen, in den Jahren 1836 und 1837 tief in das innere Afrika reiste. In seiner 1838 zu Bombay erschienenen Reise erzählt er, daß, nachdem er den ersten Elephanten, welches ein weiblicher war, erlegt hatte und am folgenden Morgen das gefallene Thier aufsuchte, alle andern Elephanten aus der Gegend entflohen waren: bloß das Junge des gefallenen hatte die Nacht bei der todten Mutter zugebracht, kam jetzt, alle Furcht vergessend, den Jägern mit den lebhaftesten und deutlichsten Bezeugungen seines trostlosen Jammers entgegen, und umschlang sie mit seinem kleinen Rüssel, um ihre Hülfe anzurufen. Da, sagt Harris, habe ihn eine wahre Reue über seine That ergriffen und sei ihm zu Muthe gewesen, als hätte er einen Mord begangen. Diese fein fühlende Englische Nation sehn wir, vor allen andern, durch ein hervorstechendes Mitleid mit Thieren ausgezeichnet, welches sich bei jeder Gelegenheit kund giebt und die Macht gehabt hat, dieselbe, dem sie übrigens degradirenden „kalten Aberglauben" [nach Fürst Pückler, *Briefe eines Verstorbenen*] zum Trotz, dahin zu bewegen, daß sie die in der Moral von der Religion gelassene Lücke durch die Gesetzgebung ausfüllte. Denn diese Lücke eben ist Ursache, daß man in Europa und Amerika der Thier-Schutz-Vereine bedarf, welche selbst nur mittelst Hülfe der Justiz und Polizei wirken können. In Asien gewähren die Religionen den Thieren hinlänglichen Schutz, daher dort kein Mensch an dergleichen Vereine denkt. Indessen erwacht auch in Europa mehr und mehr der Sinn für die Rechte der Thiere, in dem Maße, als die seltsamen Begriffe von einer bloß zum Nutzen und Ergötzen der Menschen ins Daseyn gekommenen Thierwelt, in Folge welcher man die Thiere ganz als Sachen behandelt, allmälig verblassen und verschwinden.

aus: Schopenhauer, Die beiden Grundprobleme der Ethik, Bd. VI. Zürich 1977, S. 279 ff.

# M 3

## Die Interessen der Tiere

„Der Tag *könnte* kommen, an dem die übrigen Kreaturen jene Rechte erlangen werden, die man ihnen nur mit tyrannischer Hand vorenthalten konnte. Die Franzosen haben bereits entdeckt, daß die Schwärze der Haut kein Grund dafür ist, jemanden schutzlos der Laune eines Peinigers auszuliefern. Es mag der Tag kommen, da man erkennt, daß die Zahl der Beine, der Haarwuchs oder das Ende des os sacrum gleichermaßen unzureichende Gründe sind, ein fühlendes Wesen demselben Schicksal zu überlassen. Was sonst ist es, das hier die unüberwindbare Trennlinie ziehen sollte? Ist es die Fähigkeit zu denken, oder vielleicht die Fähigkeit zu sprechen? Aber ein ausgewachsenes Pferd oder ein Hund sind unvergleichlich vernünftigere Lebewesen als ein Kind, das erst einen Tag, eine Woche oder selbst einen Monat alt ist. Aber selbst vorausgesetzt, sie wären anders, was würde es nützen? Die Frage ist nicht: können sie denken? oder: können sie *sprechen?*, sondern: *können sie leiden?*"

An dieser Stelle identifiziert Bentham die Fähigkeit zu leiden als jene entscheidende Eigenschaft, die ein Lebewesen dazu berechtigt, im gleichen Maße berücksichtigt zu werden. Die Fähigkeit zu leiden – oder genauer, zu leiden und/oder sich zu freuen oder glücklich zu sein – ist nicht einfach eine weitere Fähigkeit wie die Sprachfähigkeit oder die Befähigung zu höherer Mathematik. Bentham sagt nicht, daß diejenigen, die die unüberwindbare Trennlinie zu ziehen versuchen, welche bestimmt, ob die Interessen eines Wesens berücksichtigt werden sollten oder nicht, einfach nur zufällig die falsche Eigenschaft herausgegriffen haben. Die Fähigkeit zu leiden und sich zu freuen ist vielmehr eine Grundvoraussetzung dafür, überhaupt Interessen haben zu können, eine Bedingung, die erfüllt sein muß, bevor wir überhaupt sinnvoll von Interessen sprechen können. Es wäre Unsinn zu sagen, es sei nicht im Interesse des Steins, daß das Kind ihm auf der Straße einen Tritt gibt. Ein Stein hat keine Interessen, weil er nicht leiden kann. Nichts, das wir ihm zufügen können, würde in irgendeiner Weise auf sein Wohlergehen Einfluß haben. Eine Maus dagegen hat ein Interesse daran, nicht gemartert zu werden, weil sie dabei leiden wird.

aus: Peter Singer, Praktische Ethik. Philipp Reclam jun., Stuttgart 1994, S. 72 f.

# M 4

## Die Schmerzfähigkeit der Tiere

Obwohl der Utilitarismus Tierversuche zu rechtfertigen scheint, haben die klassischen Vertreter dieser Ethik, allen voran Jeremy Bentham, die genau entgegengesetzte Konsequenz gezogen. Mit Leidenschaft hat Bentham behauptet, daß auch Tiere Rechte haben und nicht einfach als Objekte, als bloße Instrumente des Menschen behandelt werden dürfen. Diese Behauptung entspringt weder einer Vernachlässigung des Menschen noch einer übertriebenen Tierliebe. Sie folgt mit Notwendigkeit aus einer Grundannahme der utilitaristischen Ethik, einer Grundannahme, die sie mit der Medizin und Pharmakologie weitgehend teilt. Nach dem Utilitarismus ist das Wohlergehen für alle Betroffenen sittlich geboten. Hierin liegt seine normativ-ethische Prämisse, so daß der Utilitarismus dem naturalistischen Fehlschuß entgeht. Nun versteht er das Wohlergehen in Begriffen von Lust und Unlust, von Freude und Leid (pleasure and pain). Der klassische Utilitarismus vertritt einen Hedonismus; es geht ihm um die Linderung von Schmerzen und Leid. Um das Leben, die Gesundheit und die Linderung von Schmerz und Leid geht es aber auch der Medizin und der Arzneimittelforschung.

Die alles entscheidende Frage lautet nun: wer gilt als Betroffener, dessen Wohlergehen zu berücksichtigen ist? Für den Utilitaristen ist es jeder, der Lust und Unlust empfinden, also zufrieden (glücklich, behaglich) oder unzufrieden (leidend, gequält, unglücklich) sein kann. Das aber trifft nicht bloß für den Menschen, sondern auch für das Tier zu. Weil das psychologische Grunddatum, von der der Utilitarismus ausgeht, die Fähigkeit, Lust und Schmerz zu empfinden, sich nicht bloß beim Menschen, sondern auch beim Tier findet, weil es ihre „psychologische" oder „ontologische" Gemeinsamkeit darstellt, erhält die Tierwelt in jeder Argumentation, auf die sich die Befürworter des Tierexperiments berufen, nämlich in der utilitaristischen Argumentation, ein weit größeres Gewicht als in der „anthropozentrischen" Ethik eines Immanuel Kant. (Natürlich sind die Ausdrücke „Psychologie" und „Ontologie" bei Tieren in einem analogen, nicht im univoken Sinn zu verstehen.) [...]

Jeremy Benthams berühmtes Plädoyer für Rechte der Tiere liest sich wie eine direkte Auseinandersetzung mit Descartes:

„The day *may* come when the rest of the animal creation may acquire those rights which never could have been withheld from them but by the hand of tyranny … The question is not, Can they *reason*? nor, Can they *talk*? Can they *suffer*?" (Bentham, *An Introduction* …, § 17 (4) Anm.).

Genau dieses Argument ist entscheidend. Die „ontologische" Grundlage für den jüdischen Gedanken, daß sich der Gerechte des Viehs erbarmt *(Weisheit),* für die christliche Idee der Brüderlichkeit (Franz von Assisi), der Mitgeschöpflichkeit (Blanke) und für Albert Schweitzers Ethik der Ehrfurcht vor dem Leben und der letzte Grund dafür, daß der Mensch dem Tier keine Schmerzen, kein Leid zufügen soll, liegen nicht darin, daß die Tiere dem Menschen gleich und ebenfalls vernünftige Wesen oder aber die Menschen den Tieren gleich und ebenso unvernünftige Wesen sind. Die Grundlage besteht auch nicht in dem Umstand, daß die Tiere kein Menschenwerk sind. Dieser aus der jüdisch-christlichen Religion stammende Hinweis ist zwar richtig, aber unspezifisch. Er verdeckt nämlich die andersartige Verantwortung, die der Mensch gegen das Tier im Unterschied zur Pflanzenwelt, den Bodenschätzen, dem Wasser und der Luft hat. Wenn allein die Geschöpflichkeit der Tiere zählt, dann müßte man Mikroorganismen genauso wie Hunde, Katzen und Affen behandeln und dürfte sie nicht als Alternativen zu Tierversuchen ansehen. Das entscheidende Argument für die besondere Verantwortung gegen Tiere liegt in deren Schmerz- und Angstfähigkeit:

> „Die Gemeinschaft der fühlenden Wesen geht über die Grenzen der menschlichen Art hinaus, und wir haben nicht das Recht, andere fühlende Wesen einem Leben auszuliefern, das nur aus Qualen und aus Angst vor dem Tode besteht. Es ist dies nicht eine Frage des Mitleids. Wir haben nicht das Recht! Wo Schmerz ist, da ist der Beginn der Subjektivität, der Beginn einer ‚Innenseite' des Lebens. Die absichtliche Verwandlung eines solchen Lebens in ein Bündel von Leiden und stummer Verzweiflung ist ein Verbrechen."\*

Weil es auf die Angst- und Schmerzfähigkeit ankommt, ist der folgende Entlastungsversuch unzulässig: Da Tiere keinen eigenen Willen haben, sondern dem Willen der Natur (sprich: Naturgesetzen) folgen, kennen sie weder eine rechtliche noch eine moralische Verantwortung. Wenn sie bei Bedrohung oder Nahrungssuche weder den Menschen noch andere Tiere, gelegentlich nicht einmal ihre Artgenossen schonen, so kann man ihnen dieses Verhalten nicht als rechtlich oder moralisch verwerflich zurechnen. Also stelle sich die Forderung, Lebewesen nicht zu schädigen, nicht zu gefährden und ihnen keine überflüssigen Schmerzen zuzufügen, erst dem Menschen. Weil sie sich erst dem Menschen stelle, sei sie auch nur dem Menschen gegenüber voll anzuerkennen. Die Idee wechselseitiger Anerkennung und Gleichheit sei nur auf die Beziehung des Menschen zum Menschen anzuwenden; im Verhältnis Mensch–Tier herrsche keine Wechselseitigkeit (Reziprozität), vielmehr eine wesentliche Ungleichheit (Asymmetrie).

Richtig ist, daß nur der Mensch Verantwortung trägt – hier besteht tatsächlich eine radikale Ungleichheit –, falsch, daß die Verantwortung für Angst und Schmerz, die man anderen willentlich zufügt, nur gegen Menschen besteht. Denn in der Fähigkeit, Angst und Schmerz zu empfinden, sind Mensch und Tier trotz vielfacher Unterschiede „im Prinzip" gleich. Das sittliche Gebot, auf die Schmerz- und Angstfähigkeit Rücksicht zu nehmen, hat als einzigen *Adressaten* (Subjekt) den Menschen, umfaßt als *Anwendungsbereich* (Objekt) aber auch die Tierwelt.

**Anmerkung:**
\* Spaemann; der Gedanke, daß wir Tieren nicht Erbarmen, sondern Gerechtigkeit schulden, geht auf Schopenhauer zurück. Allerdings übergeht Spaemann ein methodisches Problem. Aus der *Tatsache,* der Leid- und Schmerzfähigkeit, folgt noch nicht die Norm, daß man Tieren nicht Leid und Schmerz zufügen dürfe. Um dem naturalistischen Fehlschluß zu entgehen, bedarf es eines genuin normativen Prinzips. Dieses muß man freilich nicht lange suchen. Gemäß dem Utilitarismus ist das Wohlergehen aller Betroffenen zu berücksichtigen. Da bei Tierversuchen Tiere erstens betroffen und zweitens schmerz- und leidfähige Wesen sind, muß man ihre Empfindungen von Schmerz und Leid berücksichtigen. Ebenso könnte man an das allgemeine Rechtsprinzip erinnern, daß Gleiche nach Maßgabe ihrer Gleichheit gleich zu behandeln sind. Tiere sind aber darin den Menschen gleich, daß sie Schmerzen empfinden. Dann aber ist es ebenso wie bei Menschen sittlich verboten, Tieren willkürliche Schmerzen zuzufügen.

Otfried Höffe, Der wissenschaftliche Tierversuch.
aus: Ströker (Hrsg.), Ethik der Wissenschaften, Bd. 1. Verlag Ferdinand Schöningh, Paderborn 1984, S. 129 ff.

# M 1

## Der Mensch als Zweck an sich selbst

Gesetzt aber, es gäbe etwas, dessen Dasein an sich selbst einen absoluten Werth hat, was als Zweck an sich selbst ein Grund bestimmter Gesetze sein könnte, so würde in ihm und nur in ihm allein der Grund eines möglichen kategorischen Imperativs, d. i. praktischen Gesetzes, liegen.

Nun sage ich: der Mensch und überhaupt jedes vernünftige Wesen existiert als Zweck an sich selbst, nicht bloß als Mittel zum beliebigen Gebrauche für diesen oder jenen Willen, sondern muß in allen seinen sowohl auf sich selbst, als auch auf andere vernünftige Wesen gerichteten Handlungen jederzeit zugleich als Zweck betrachtet werden. [...]

Der Grund dieses Prinzips ist: die vernünftige Natur existirt als Zweck an sich selbst. So stellt sich nothwendig der Mensch sein eignes Dasein vor; so fern ist es also ein subjecitves Princip menschlicher Handlungen. So stellt sich aber auch jedes andere vernünftige Wesen sein Dasein zufolge eben desselben Vernunftgrundes, der auch für mich gilt, vor; also ist es zugleich ein objektives Princip, woraus als einem obersten praktischen Grunde alle Gesetze des Willens müssen abgeleitet werden können. Der praktische Imperativ wird also folgender sein: Handle so, daß du die Menschheit sowohl in deiner Person, als in der Person eines jeden andern jederzeit zugleich als Zweck, niemals bloß als Mittel brauchst. Wir wollen sehen, ob sich dieses bewerkstelligen lasse.

Dieses Princip der Menschheit und jeder vernünftigen Natur überhaupt, als Zweck an sich selbst, (welche die oberste einschränkende Bedingung der Freiheit der Handlungen eines jeden Menschen ist) ist nicht aus der Erfahrung entlehnt: erstlich wegen seiner Allgemeinheit, da es auf alle vernünftige Wesen überhaupt geht, worüber etwa zu bestimmen keine Erfahrung zureicht; zweitens weil darin die Menschheit nicht als Zweck der Menschen (subjektiv), d. i. als Gegenstand, den man sich von selbst wirklich zum Zwecke macht, sondern als objectiver Zweck, der, wir mögen Zwecke haben, welche wir wollen, als Gesetz die oberste einschränkende Bedingung aller subjectiven Zwecke ausmachen soll, vorgestellt wird, mithin es aus reiner Vernunft entspringen muß. [...]

Der Mensch ist zwar unheilig genug, aber die Menschheit in seiner Person muß ihm heilig sein. In der ganzen Schöpfung kann alles, was man will, und worüber man etwas vermag, auch blos als Mittel gebraucht werden; nur der Mensch und mit ihm jedes vernünftige Geschöpf ist Zweck an sich selbst. Er ist nämlich das Subject des moralischen Gesetzes, welches heilig ist, vermöge der Autonomie seiner Freiheit. Eben um dieser willen ist jeder Wille, selbst jeder Person ihr eigener, auf sie selbst gerichteter Wille auf die Bedingung der Einstimmung mit der Autonomie des vernünftigen Wesens eingeschränkt, es nämlich keiner Absicht zu unterwerfen, die nicht nach einem Gesetze, welches aus dem Willen des leidenden Subjects selbst entspringen könnte, möglich ist; also dieses niemals bloß als Mittel, sondern zugleich selbst als Zweck zu gebrauchen. Diese Bedingung legen wir mit Recht sogar dem göttlichen Willen in Ansehung der vernünftigen Wesen in der Welt als seiner Geschöpfe bei, indem sie auf der Persönlichkeit derselben beruht, dadurch allein sie Zwecke an sich selbst sind.

Diese Achtung erweckende Idee der Persönlichkeit, welche uns die Erhabenheit unserer Natur (ihrer Bestimmung nach) vor Augen stellt, indem sie uns zugleich den Mangel der Angemessenheit unseres Verhaltens in Ansehung derselben bemerken läßt und dadurch den Eigendünkel niederschlägt, ist selbst der gemeinsten Menschenvernunft natürlich und leicht bemerklich. Hat nicht jeder auch nur mittelmäßig ehrliche Mann bisweilen gefunden, daß er eine sonst unschädliche Lüge, dadurch er sich entweder selbst aus einem verdrießlichen Handel ziehen, oder wohl gar einem geliebten und verdienstvollen Freunde Nutzen schaffen konnte, bloß darum unterließ, um sich insgeheim in seinen eigenen Augen nicht verachten zu dürfen? Hält nicht einen rechtschaffenen Mann im größten Unglücke des Lebens, das er vermeiden konnte, wenn er sich nur hätte über die Pflicht wegsetzen können, noch das Bewußtsein aufrecht, daß er die Menschheit in seiner Person doch in ihrer Würde erhalten und geehrt habe, daß er sich nicht vor sich selbst zu schämen und den inneren Anblick der Selbstprüfung zu scheuen Ursache habe? Dieser Trost ist nicht Glückseligkeit, auch nicht der mindeste Theil derselben. Denn niemand wird sich die Gelegenheit dazu, auch vielleicht nicht einmal ein Leben in solchen Umständen wünschen. Aber er lebt und kann es nicht erdulden, in seinen eigenen Augen des Lebens unwürdig zu sein. Diese innere Beruhigung ist also bloß negativ in Ansehung alles dessen, was das Leben angenehm machen mag; nämlich sie ist die Abhaltung der Gefahr, im persönlichen Werthe zu sinken, nachdem der seines Zustandes von ihm schon gänzlich aufgegeben worden. Sie ist die Wirkung von einer Achtung für etwas ganz anderes als das Leben womit in Vergleichung und Entgegensetzung das Leben vielmehr mit aller seiner Annehmlichkeit gar keinen Werth hat.

aus: Kant. Grundlegung zur Metaphysik der Sitten. Akademie-Textausgabe. Verlag de Gruyter, Berlin 1968, Bd. IV, S. 428 ff. und Kritik der praktischen Vernunft, Bd. V, S. 21 ff.

## M 2

*Schreiber/Wachsmuth:*

## Menschenwürde – was ist das eigentlich?

Zu den gegenwärtig am häufigsten gebrauchten und auch mißbrauchten Begriffen gehört derjenige der Menschenwürde. Wie hinter einem Schutzschild dieses Grundrechts verbergen sich zunehmend politische, soziale oder auch persönliche Ansprüche. In der Auseinandersetzung um die Sicherheitsgrenze, insbesondere um die sogenannte Raster- oder Schleppnetzfahndung, spielt die Berufung auf die Menschenwürde ebenso eine Rolle wie beim Streit um die Zulässigkeit einer Volkszählung und den Umfang des Datenschutzes.

Die nicht abreißende öffentliche Diskussion über die Sterbehilfe wird beherrscht von der Forderung nach menschenwürdigem Sterben. Dazu hat der juristische Arbeitskreis der CSU die These aufgestellt, das Recht auf einen Tod in Würde sei „grundsätzlich verbürgt". Bei der extrakorporalen Befruchtung und den vielfältigen Fragen der Gentechnologie und ihren noch unabsehbaren Konsequenzen spielt die Achtung vor der Menschenwürde eine wesentliche Rolle.

Geradezu zum Schlüsselbegriff für alle ethischen Probleme wurde die Menschenwürde in einer Klausurtagung Ende April 1986 über „Neurowissenschaften und Ethik" von den Delegierten aus den Ländern des Weltwirtschaftsgipfels und Mitgliedern der Europäischen Wissenschaftsorganisation erhoben. Im Abschlußbericht heißt es:

Die Wahrung menschlicher Autonomie und Würde stellt sich als die zentrale ethische Aufgabe bei der Erforschung des Lernens, des Gedächtnisses, der pränatalen Diagnose, der Gewebeverpflanzung, bei chirurgischen Eingriffen am Hirn, beim Abbruch lebenserhaltender Maßnahmen und bei Experimenten mit Menschen.

Dies alles läßt sich nicht auf einen Nenner bringen. Der Begriff der Menschenwürde gerät in Gefahr, seine Konturen und damit auch seine Aussagekraft zu verlieren. [...]

Die entscheidende Frage heißt, was den Gehalt des Prinzips der Menschenwürde eigentlich ausmacht. Was bedeutet es, sich auf sie zu berufen, was meint Menschenwürde als der Gattung Mensch zukommende Qualität? Die historischen Wurzeln des Begriffes liegen in der christlichen Glaubenslehre, der Philosophie der Aufklärung und den Lehren des Naturrechts. Findet die christliche Überlieferung den Grund für die besondere Stellung des Menschen in seiner Erschaffung als Bild und Gleichnis Gottes, so wird später der Grund für die besondere Würde des Menschen in seiner Vernunftnatur gefunden. Der Mensch als vernünftiges Wesen hebt sich aus der übrigen Natur durch seine Bestimmung zu Freiheit und Selbstverantwortung heraus. Klassisch findet sich dieses Verständnis der Würde bei Kant, der den Menschen über allen möglichen Zwecken sieht: „Allein der Mensch als Person betrachtet, ist über allen Preis erhaben", er ist „nicht bloß als Mittel zu anderer ihren, ja selbst seinen eigenen Zwecken, sondern als Zweck an sich selbst zu schätzen, d. i., er besitzt eine Würde (einen absoluten inneren Wert), wodurch er allen anderen vernünftigen Weltwesen Achtung für ihn abnötigt, sich mit jedem anderen dieser Art messen und auf dem Fuß der Gleichheit schätzen kann."

*Menschenwürde und Natur*
Das aufgeklärte Naturrecht sieht den Menschen als mit ursprünglichen Rechten begabt, die unabhängig vor allem staatlichen Recht gelten und die ihm auch durch menschliche Gesetze nicht entzogen werden können. Aufgabe aller staatlichen Gewalt ist der Schutz dieser ursprünglichen, angeborenen Rechte. Im Streit der Meinungen findet sich heute allenthalben die Berufung auf die Menschenwürde. Dabei gibt es viele unterschiedliche Auslegungen. Sie sind so vielfältig wie der Streit um den Menschen, seine Stellung in der Welt, seine Zwecke und seine Aufgaben. Die Menschenwürde ist wie der „Mensch" ein offener Begriff.

Es ist ein ungelöstes Problem, wie das Prinzip, das eine so weithin verbreitete Zustimmung findet, auf den Menschen und seine Verhältnisse übertragen werden kann. Mit der „Würde" hebt sich der Mensch aus der übrigen Natur heraus, er schützt sich und sichert sich gegenüber Gefahren aus der Welt und vor den Gefahren aus sich selbst. Die Würde ist ein Mittel zur Sicherung seiner einzigartigen Stellung in der Natur. Die Menschenwürde hat damit politische und gesellschaftliche Auswirkungen. Sie ist die Klammer, die die Menschheit zusammenhält, die Chiffre, mit der das, was den Menschen und seine Mitmenschlichkeit ausmacht, zu umschreiben versucht wird. Die Menschenwürde meint, daß der Mensch und sein Leben den höchsten Wert bedeuten, daß seine Entfaltung und Freiheit im Mittelpunkt staatlichen und gesellschaftlichen Lebens zu stehen haben. Das gilt ganz im Sinne der Kantschen Definition, wonach Würde und Autonomie des Menschen das Grundgesetz der moralischen Welt sind. Kant versteht das aber nicht individualistisch im Sinne einer beliebigen Bestimmung des einzelnen und seiner Befugnisse; Autonomie in diesem Sinne begreift vielmehr den Menschen nicht als Einzelwesen, sondern als Teilhaber des allgemeinen moralischen Gesetzes, eingebunden in eine vorausgesetzte überindividuelle Ordnung, die jedem sein Recht und seine Pflichten zuweist.

Was das für die menschliche Lebenswelt bedeutet, ist angesichts des Meinungsstreites über die richtige Ordnung und des heute geltenden Pluralismus nur schwer auszumachen. Das Würde-Prinzip wird überfordert, wenn mit seiner Hilfe die vielen einzelnen Probleme des menschlichen Zusammenlebens entschieden werden sollen. Es bedeutet eine Entwertung, wenn es, wie heute allenthalben, zur „kleinen Münze" (Dürig) für die Regelung aller mitmenschlichen Probleme und Streitigkeiten herabgewürdigt wird.

Die Menschenwürde kann nur verstanden werden als die elementare Sicherung der Existenzbedingungen des Menschen in seiner Welt. Sie enthält keinen Zauberschlüssel für die Regelung mitmenschlichen Zusammenlebens. Aus ihr kann nicht wie aus einem naturrechtlichen Leitsatz abgeleitet werden, was konkrete politische Entscheidungen verlangen. Damit würde sie hoffnungslos überfordert. Die konkreten politischen Fragen des gesellschaftlichen und staatlichen Lebens können nicht unter Berufung auf das Würde-Prinzip entschieden werden. Man weicht vielmehr den notwendigen Auseinandersetzungen aus, wenn man sich einfach auf die Würde bezieht, wie bei der politischen Entscheidung über die Neutralitätspflicht der Bundesanstalt für Arbeit im Streik. Mit dem Griff nach der Würde kann vielmehr die rationale Diskussion über die richtige menschliche Ordnung quasi „erschlagen", der Gegner ins prinzipielle Abseits gedrängt werden.

Fragt man, was das Würde-Prinzip hergibt, kommt man zu folgenden allgemeinen Grundsätzen: Die Menschenwürde verbietet die willkürliche Tötung, außer im Falle der Notwehr, zum Beispiel die Tötung aus politischen oder rassischen Gründen. Aus ihr ergibt sich das Verbot der Sklaverei in ihren modernen Formen. Sie gebietet die Gleichberechtigung von Mann und Frau, sie gewährt Schutz gegen Vernichtung und Abhängigkeit. Mit ihr unvereinbar ist staatliches Verhalten, das den Menschen zum Objekt erniedrigt.

aus: Wolfgang Böhme (Hrsg.), Menschenwürde und Schutz des Lebens. Herrenalber Texte 74. Karlsruhe 1987

Radierung: H. Prodlik-Olbrich 1983

## M 3

### Zwei Konzeptionen der Menschenwürde

„Menschenwürde", „Achtung vor der menschlichen Würde" – das sind Begriffe, deren Pathos nicht von ungefähr in einem umgekehrten Verhältnis zu ihrer semantischen Bestimmtheit und Eindeutigkeit steht. [...]

An Klärung und Aufklärung auch der sensibelsten und verletzlichsten Begriffe unseres moralischen Denkens führt indes kein Weg vorbei. Spätestens seitdem der Begriff der Menschenwürde an zentraler Stelle in das Grundgesetz aufgenommen worden ist, stellen sich auch praktisch bedeutsame Fragen nach Inhalt und Grenzen dieses Begriffs. In der jüngst entbrannten Diskussion um die Vereinbarkeit einiger neuer und vor allem einiger der in Zukunft zu erwartenden Fortpflanzungstechnologien mit der Menschenwürde präsentieren sich diese Fragen in einer bisher nicht gekannten Zuspitzung. Um ihnen gerecht zu werden, werden wir nicht umhin können, uns ein Stück weit auf Vernünfteln, Interpretieren, Differenzieren einzulassen. [...]

In der Diskussion um Reproduktionsmedizin und Menschenwürde trifft man auf eine Reihe von Argumenten, die geradezu paradox erscheinen und nach Auflösung verlangen. [...]

Diese Paradoxien lösen sich auf, wenn man daran erinnert, daß sich nicht erst im modernen, sondern schon im antiken Prinzip der Menschenwürde (vgl. Horstmann 1980, Sp. 1124) zwei verwandte, aber doch klar unterscheidbare Konzeptionen verbergen: die Konzeption der Achtung der Würde, die jedem *einzelnen* Menschen zukommt; und die Konzeption einer Achtung der Würde der Menschheit als *Gattung*. Bei der ersten Konzeption bedeutet Achtung der Menschenwürde die Achtung der Würde konkreter menschlicher Individuen, bei der zweiten die Achtung dessen, was den Menschen als Gattung über andere biologische Gattungen hinaushebt. Beide Male geht es um die kollektive Selbstachtung der Angehörigen der Gattung Mensch insgesamt, aber die Blickrichtung ist jeweils verschieden. Gegenstand der Achtung im ersten Fall ist ein konkreter leibhaftiger Mensch, im zweiten Fall eine Idee des Menschen, ein Bild des Eigentümlichen und Unverwechselbaren des Menschen als Gattung.

Dieser kategorialen Unterscheidung entspricht eine syntaktische. Individuelle Menschenwürde hat notwendig einen Träger, die konkreten Individuen. Ihnen kommt Menschenwürde konkret zu. Menschenwürde im gattungsbezogenen Sinn dagegen bedarf nicht in jedem Fall eines individuellen Trägers. Denn sie zu verletzen bedeutet nicht, die Würde, die Rechte oder Interessen irgendeines Individuums zu verletzen. Es bedeutet eher, eine Norm der Gattungs- und Wesensangemessenheit zu verletzen. Im Extremfall bedarf es eines irgendwie direkt Betroffenen gar nicht.

Wichtig ist die Unterscheidung zwischen individueller und gattungsbezogener Menschenwürde vor allem deshalb, weil die Anwendungsbereiche der beiden Begriffe verschieden sind. Menschenwürde im individuellen Sinne kommt allen Menschen zu. Sie kann deshalb an keine irgendwie geartete Qualifikation gebunden sein, die de facto oder unter real möglichen Bedingungen nicht von allen Menschen erfüllt wird, auch nicht „die Fähigkeit, sein Leben in eigener Selbstverantwortung zu bestimmen und zu gestalten" (Benda/Maihofer/Vogel 1983, S. 122). Andernfalls müßte sie gerade denjenigen Psychotikern, Antisozialen, Abhängigen und anderen abgesprochen werden, die am ehesten Gefahr laufen, menschenunwürdig behandelt zu werden, und am meisten davor geschützt werden müssen. Gerade da, wo der Begriff praktisch bedeutsam ist, würde er versagen. Manche Autoren behelfen sich damit, denjenigen, die Rationalität und Autonomie nicht besitzen, die ‚prinzipielle Fähigkeit' zuzubilligen, sie aufgrund der Zugehörigkeit zur Gattung zu besitzen. Aber diese Hilfskonstruktion ist wiederum paradox. Ein einzelnes untypisches Individuum besitzt eine Fähigkeit nicht dadurch, daß es zu einer Klasse gehört, deren typische Mitglieder diese Fähigkeit besitzen. Der Vogel Strauß besitzt nicht schon deshalb die ‚prinzipielle Fähigkeit' zum Fliegen, weil typische Vögel sie besitzen. Auch in diesem Fall zeigt sich die Unumgänglichkeit der Unterscheidung zwischen individueller und gattungsbezogener Menschenwürde. Denn die Fähigkeit zu Rationalität, Moralität und Autonomie ist sehr wohl geeignet, die Sonderstellung der *Gattung* Mensch hervorzuheben. Diese Fähigkeiten gehören als unabdingbare Bestandteile zu dem Bild, das wir uns vom Menschen als einem Naturwesen von besonderer Wertigkeit und besonderer Würde machen.

Individuelle Menschenwürde darf an keine anspruchsvollere Bedingung geknüpft sein als die, ein Mensch zu sein. Aber von dieser Bedingung sollten ihrerseits keine Abstriche gemacht werden. Das geeignetste Kriterium für den Beginn der individuellen Existenz als Mensch und damit als Träger individueller Menschenwürde scheint mir immer noch das ganz altmodische der Durchtrennung der Nabelschnur. Mit ihr fängt die Existenz des Menschen als eigenständiges Individuum, als Subjekt an. Das heißt nicht, daß nicht auch das, was menschlichen Zygoten, Embryonen und Föten angetan wird, gegen die Menschenwürde sein kann. Es heißt nur, daß es nicht gegen die individuelle Menschenwürde dieser konkreten Zygoten, Embryonen, Föten sein kann.

Birnbacher, Dieter: Gefährdet die moderne Reproduktionsmedizin die menschliche Würde? aus: Um Leben und Tod, stw 846. © Suhrkamp Verlag, Frankfurt am Main 1990, S. 266 ff.

## M1

# Der optimierte Mensch

**Mediziner und Genetiker machen Menschen.** Alles scheint möglich: Ein Brite produziert Mäuse, deren Mütter nie geboren wurden, in den USA werden Menschen geklont, ein Italiener schwängert im Labor 63jährige Frauen. Im Gefolge der umstrittenen Fortschritte der Fortpflanzungsmedizin darf auch über die bislang weltweit verbotene Keimbahntherapie wieder geredet werden. Der optimierte Mensch ist keine Utopie mehr.

Wenn in Gedanken die Grenzen gefallen sind, ist der Schritt zum Handeln nur noch eine Frage der Zeit. Beinahe wöchentlich werden der Öffentlichkeit neue Möglichkeiten der Fortpflanzungsmedizin präsentiert. Zur gleichen Zeit wird die Frage der Keimbahntherapie wieder akut: Liegt es wirklich im Interesse des Menschen, Eingriffe in sein Erbgut, die er seinen Nachkommen vererben kann, zu verbieten?

Zwar warnen Mediziner und Genetiker davor, zwei unabhängige Forschungsgebiete in der Diskussion miteinander zu vermischen. Doch der Punkt, an dem die beiden Disziplinen miteinander verschmelzen, ist schnell erreicht: Die Fortpflanzungsmediziner arbeiten daran, den natürlichen Zufall, welches Erbgut sich bei der Befruchtung einer Eizelle miteinander vermischt, weitgehend auszuschalten. Sollte der Embryo trotzdem Mängel haben, könnten Genetiker diese aufspüren (Prä-Implantationsdiagnostik) und gentherapeutisch reparieren – noch bevor er aus dem Reagenzglas in den Mutterleib verpflanzt wird. Während manche eine Zukunft ohne Erbkrankheiten und Mißbildungen sehen, fürchten andere um die biologische Sonderstellung des Menschen, wenn Homo sapiens seinen Nachwuchs künftig optimiert wie sein Zuchtvieh.

Den ersten Anstoß zu der aktuellen Debatte gab der Amerikaner Jeremy Hall, Direktor des Zentrums für Künstliche Befruchtung der George-Washington-Universität. Im Oktober letzten Jahres schreckte er die Öffentlichkeit auf mit der Meldung, seine Arbeitsgruppe habe erfolgreich Menschen geklont. Aus 17 Embryonen hatten die Amerikaner durch Teilung der Zellen 48 gemacht, die sich normal weiterentwickelten. Hall kam es darauf an nachzuweisen, daß auch beim Menschen geht, was man bei Pferden, Rindern und Ziegen schon seit etwa zehn Jahren kann. Er hatte für das Experiment allerdings schwer gengeschädigte (triploide), nicht lebensfähige Embryonen verwendet und die Klone nach ein paar Tagen sterben lassen.

Doch mit diesem Versuch sind viele vor kurzem noch utopische Vorstellungen der Realität nähergerückt: Eltern könnten sich künftig eine Kopie ihres Kindes einfrieren lassen und wieder auftauen, wenn das erste stirbt, oder wenn der Klon später einmal garantiert biologisch verträgliche Ersatzorgane wie Nieren oder andere Körperteile liefern soll. Man könnte auch Embryonen mit Erbgut nach Wunsch erzeugen, klonen und per Katalog anbieten. Schon heute kann man sich in den USA Samenspender und Leihmütter nach Intelligenz und Körpersprache, Haut-, Haar- und Augenfarbe aussuchen.

Bleibt ein erfolgreicher Unternehmer kinderlos oder entsprechen seine Söhne nicht seinen Vorstellungen? Wenn er mit vierzig Jahren seinen eigenen Klon auftauen läßt, hat er noch genügend Zeit, sich selbst als Erben aufzuziehen. Und aus der Tierzucht weiß man, daß auch ein Klon sich wieder klonen läßt. Die Vision manchen Mannes von einer Generationenfolge seiner selbst bleibt allerdings ein Traum, da die Zahl der Mißbildungen und spontanen Embryoabstoßungen mit jeder Klon-Generation steigt. Den Grund dafür kennen die Forscher noch nicht.

Neben der Teilung von Embryonen gibt es eine zweite Art des Klonens: Aus einer Eizelle wird der Kern mit dem Erbgut entfernt und durch einen Kern aus einer Körperzelle des gewünschten Vorbildes ersetzt. Auch diese Methode wird in der Tierzucht angewandt, der Rekord steht bisher bei sieben erbgleichen Kälbern durch Kerntransfer. Das Erbgut für diese Methode läßt sich prinzipiell aus jeder Körperzelle gewinnen. Wie utopisch ist die Frage, wann der Friseur von Topmodel Claudia Schiffer ein paar ihrer Haare einem biologischen Institut zum Kauf anbietet, oder Blutproben von Boris Becker auf dem Schwarzen Markt gehandelt werden?

Solche Überlegungen lassen aber außer acht, daß kein Mensch nur das Produkt seiner Gene ist. Über seinen Charakter und seine Fähigkeiten entscheidet auch, wie sich seine Gehirnzellen im Laufe der embryonalen und frühkindlichen Entwicklung miteinander verschalten, entscheidet auch sein soziales Umfeld und seine Erziehung. Garantie auf einen Klon kann es deshalb nie geben.

aus: Bild der Wissenschaft 4/1994

## M 2

### Familienplanung im Jahre 2000

Familienplanung könnte am Beginn des nächsten Jahrzehnts so aussehen:

– IVF – die Eltern lassen eine Eizelle mit bekannten genetischen Eigenschaften mit Sperma ihrer Wahl befruchten (In-vitro-Fertilisation).
– PID – der Embryo wird zum erstenmal geklont, ein Klon wird vor dem Einpflanzen in die Gebärmutter auf genetische Schäden untersucht (Prä-Implantations-Diagnostik).
– KT – Gen-Therapeuten reparieren oder ersetzen mangelhafte Erbanlagen der Klone (Keimbahntherapie); anfangs werden nur schwere Krankheiten behandelt, bald auch Wünsche nach Optimierung von gesundem Erbgut erfüllt.
– ET – der optimierte Embryo wird erneut geklont, die alten werden vernichtet. Ein Teil der Klone wird eingefroren, ein oder zwei in die Gebärmutter einer Frau gepflanzt (Embryonentransfer).
– PND – Der Verlauf der Entwicklung wird kontinuierlich überwacht (Pränatal-Diagnostik), bei schwerwiegenden Abweichungen wird die Schwangerschaft abgebrochen.

Der nächste Schritt wird es sein, den Embryo in einem künstlichen Uterus wachsen zu lassen. Schon 1988 hat man erstmals einen Hühnerembryo vollständig in einem Kunstei ausgebrütet, nach 22 Tagen schlüpfte ein gesundes Küken. Säugetier-Embryonen konnte man nach der Befruchtung in der Retorte bisher nur einige Tage am Leben halten, aber bei Ziegen ist es Japanern schon gelungen, den Embryo das letzte Schwangerschaftsdrittel in einer künstlichen Gebärmutter weiterzuzüchten.

Auch vom „Erlanger Baby" haben die Mediziner viel gelernt. Vierzig Tage lang hatten im Oktober und November 1992 Ärzte in der fränkischen Universitätsklinik versucht, einen vier Monate alten Fötus im Leib seiner nach einem Autounfall hirntoten Mutter solange am Leben zu erhalten, bis man ihn mit guten Aussichten in einen Brutkasten hätte überführen können. Das Experiment mißlang, der Körper der Mutter stieß den Embryo zu früh ab. Doch zuvor sammelten die Ärzte viele neue Erkenntnisse darüber, welche komplexen Aufgaben eine funktionierende „Gebärmaschine" erfüllen muß.

## Klone, Keimbahn und ET

**IVF – in-vitro-Fertilisation:** Künstliche Befruchtung: eine Eizelle wird außerhalb des Körpers, „im Reagenzglas", mit einer Samenzelle befruchtet. Ein solcher Embryo kann heute fünf Eltern haben: Die Spenderin der Eizelle, der Spender des Samens, die Leihmutter, die den Embryo austrägt, und die Eltern, die das Kind nach der Geburt adoptieren.

**ET – Embryonen-Transfer:** Übertragung einer im Reagenzglas befruchteten Eizelle in den Körper der Mutter.

**Präimplantations-Diagnostik:** Bevor das im Reagenzglas befruchtete Ei in die Gebärmutter eingepflanzt wird, kann es auf genetische Schäden untersucht und gentherapeutisch behandelt werden.

**Pränatal-Diagnostik:** Ein natürlich oder per IVF gezeugter Embryo wird im Mutterleib auf genetische Schäden oder Mißbildungen untersucht. Wenn eine schwere, nicht behandelbare Krankheit vorliegt, kann die Mutter den Abbruch der Schwangerschaft verlangen.

**Klonen:** Die Erzeugung genetisch identischer Individuen – entweder durch Teilung des Embryos in einer sehr frühen Phase der Entwicklung, oder durch Transplantation eines Zellkerns mit dem gewünschten Erbgut in eine Spender-Eizelle, die zuvor entkernt wurde, also kein eigenes Erbgut mehr enthält. Auf diese Weise lassen sich theoretisch beliebig viele „Kopien" eines Individuums erzeugen. In der Tierzucht werden beide Methoden angewandt, die Erfolgsquote ist noch gering und liegt zwischen 3 und 17 Prozent. Menschliche Klone wurden bisher nur mit der Teilungsmethode erzeugt.

**Gen-Therapie:** Eingriff in das Genom von Körperzellen (somatische Gentherapie) – entweder durch Reparatur oder Ersatz eines defekten Gens. Bis heute kennt man einige hundert Krankheiten, die durch genetische Schäden hervorgerufen werden. Gentherapie von Körperzellen betrifft nur den behandelten Menschen, im Gegensatz zur **Keimbahn-Therapie:** Bei der Keimbahn-Therapie wird das Genom von Ei- oder Samenzellen behandelt. Das veränderte Erbgut wird an alle Nachkommen weitergegeben. Im besten Fall kann damit eine Erbkrankheit endgültig geheilt werden, andererseits besteht das Risiko, daß durch den Eingriff Genschäden entstehen, die nicht erkannt werden, und sich erst spät in der Entwicklung zeigen, zum Beispiel die Anfälligkeit für Krebs. Auch diese Genschäden werden vererbt. Die Keimbahn-Therapie ist bislang weltweit verboten.

aus: Bild der Wissenschaft 4/1994

# M 3

## Verantwortungsethische Konsequenzen

Die Unheiligkeit des Menschen, um mit ihr zu beginnen, äußert sich am drastischsten in seinem Bemühen „Gott spielen" zu wollen. Mit den Möglichkeiten der Gentechnologie – wie mit der modernen Hochtechnologie überhaupt – hat der Mensch eine Verfügungsmacht über die Natur erlangt, die weit über das hinausgeht, was er zu verantworten in der Lage ist. Der Mensch maßt sich eine „neue Schöpferrolle" (Jonas; 204) an, indem er zunächst versucht, durch gentechnologische Verfahren die Evolution der Organismen auf seine Zwecke auszurichten und dann zur Manipulation seiner selbst übergeht. Aus dieser Perspektive betrachtet, läuft der gesamte wissenschaftliche und technologische Aufwand, der zur Entwicklung der Gendiagnostik und Gentherapie betrieben wird, darauf hinaus, „daß in großer Selbstüberschätzung eine gerechtere Schöpfungsordnung in Angriff genommen wird" (Löw; 147).

Eine solche Anmaßung übersieht aber die Grenzen, die dem Menschen gesetzt sind. Insbesondere bestärkt sie ihn in der von einer herrschenden Ideologie verheißenen Illusion, daß Gesundheit technisch machbar und als Ware zu kaufen sei. Die kategorische Argumentation knüpft hier an die Medizinkritik der gesellschaftspolitischen Argumentation an, gibt ihr aber einen anderen Akzent: „Der Glaube an die Machbarkeit der Gesundheit entspricht einer technischen Medizin, die viele Inhumanitäten mit sich gebracht hat und eine Einstellung gegenüber Krankheit und Tod verstärkt, die es dem Menschen schwer macht, sein Leben auch in der Zeit der Krankheit zu bestehen. Gegen eine vereinseitigende Auffassung von Gesundheit als vollständiges Wohlergehen ist vom christlichen Lebensverständnis her geltend zu machen, daß der Arbeits- und Genußfähigkeit notwendig auch die Leidensfähigkeit als Gegenpol entsprechen muß." (Eibach; 207). Die Humanität und die Lebensqualität hängen nicht in erster Linie vom wissenschaftlich-technischen Fortschritt ab, sondern davon, ob es den Menschen des 20. Jahrhunderts gelingt, sich in den gegebenen Grenzen des Daseins einzufügen. Demgegenüber stellt die Anspruchsmentalität der Wohlstandsgesellschaft eine große Gefahr dar, „weil Vorstellungen von Gesundheit und Lebensqualität, in denen nur Leistungs- und Genußfähigkeit, nicht aber die Dimension der Entsagung, der Begrenzung, des Leidens und des Mit-Leidens einen Platz haben,

eine echte Gefährdung der Humanität darstellen, zu einer Verfehlung der Ganzheit des Lebens, zur Intoleranz gegenüber kranken und behinderten Menschen und zu zunehmender Ungerechtigkeit in der Welt führen." (Eibach; 208) […]

Der Anmaßung, sich über die Grenzen des menschlichen Daseins hinwegsetzen und „Gott spielen" zu wollen, entspricht ein Bild der Natur, in dem diese auf einen wertneutralen Gegenstand technischen Handelns reduziert wird. Spätestens dort aber, so hatte Jonas formuliert, wo die Geningenieure sich an den Menschen heranmachen, kommt „die Kategorie des Heiligen" ins Spiel: wenn wir nicht (wieder) lernen, die Natur – insbesondere die menschliche Natur – als „heilig" anzuerkennen und zu respektieren, sind die Existenz und die Würde des Menschen kaum noch zu retten. Der Begriff der „Heiligkeit" ist hier nicht notwendig mit einem religiösen Sinn verbunden, auch wenn dieser stets mitschwingt. Intendiert ist vielmehr, der menschlichen Natur jene inhärente Werthaftigkeit zurückzugeben, die sie in früheren Zeiten besessen haben mag und sie damit dem bloßen Kosten-Nutzen-Kalkül zu entziehen. In diese Richtung zielen auch verfassungsrechtliche Argumente, in denen zwar nicht von der „Heiligkeit", wohl aber vom „Eigenwert" und der „Würde" des Menschen gesprochen wird. „Wenn die menschliche Natur technologisch verändert wird, so berührt dies das verfassungrechtlich vorausgesetzte Menschenbild. Art. 1 GG will den ‚Eigenwert' des Menschen oder, wie es dort heißt, seine ‚Würde' schützen, also das, was für seine physische, psychische und seelische Existenz wesentlich ist. Es geht nicht um Beiläufiges, sondern um Vorgänge, die ihn im Kern seines Wesens betreffen." (Benda; 130)

Abgesehen von den mit dem Menschenwürdebegriff verbundenen notorischen Interpretationsschwierigkeiten kann offensichtlich nicht jedes technische Manipulieren am Menschen als eine moralisch unzulässige Veränderung seiner Natur angesehen werden. Die Frage ist vielmehr, was für die physische, psychische und seelische Existenz des Menschen als „wesentlich" anzusehen ist.

Kurt Bayertz, Drei Typen ethischer Argumentation
aus: Hans-Martin Sass (Hrsg.), Genomanalyse und Gentherapie. Ethische Herausforderungen in der Humanmedizin. Berlin/Heidelberg usw. 1991, S. 291 ff.

## M 4

# Eine neue Gen-Ethik

**Vorbild: die Charta der Menschenrechte.** Die Möglichkeiten zum Mißbrauch der Gentechnologie sind groß. Der in Tübingen lehrende katholische theologische Ethiker, Professor Gerfried Hunold, plädiert deshalb dafür, eine Charta der Genetik aufzubauen.

**bild der wissenschaft:** Der entschlüsselte Mensch steht als Schreckensvision vieler Kritiker am Ende des Genom-Projekts. Wie kann eine Gesellschaft mit den Informationen, etwa der Entdeckung von immer mehr Krankheitsgenen, verantwortungsvoll umgehen?

**Hunold:** Die Vorstellungen von Krankheit und Gesundheit verschieben sich immer mehr. Wenn wir viele Krankheitsträger kennen, könnten wir bald in die Situation kommen, daß Eltern von der Gesellschaft der Vorwurf gemacht wird, ein krankes Kind zur Welt gebracht zu haben, was sie hätten vermeiden können. Besteht hier ein Gesundheitsbild, das nur nach gesellschaftlichen Funktionen urteilt?

Wir kommen da in einen neuen Entscheidungs- und Rechtfertigungsdruck. Es ist einfach notwendig, das Phänomen des Leidens auch gesellschaftlich zu interpretieren. Was ist gesund? Ist das nur das Funktionieren von Körperorganen oder gehört zur Gesundheit auch die Kommunikaton mit sich selbst? Man kann diese Dinge nicht auf der definitorischen Ebene verändern, ohne das Gesamtbewußtsein zu berücksichtigen, in dem der Mensch steht. In diesem sehr sensiblen Feld muß der einzelne vor Diskriminierung geschützt werden. Die gesamte Frage erfährt hier eine ungeheure Zuspitzung.

**bild der wissenschaft:** Sie benutzen in Ihren Arbeiten immer wieder den Begriff der „prospektiven Ethik". Hinkt die ethische Diskussion nicht dem Machbaren hinterher?

**Hunold:** In der Vergangenheit sind ethische Fragen in der Regel erst im nachhinein diskutiert worden und haben so vielfach den Charakter einer späteren Rechtfertigung gewonnen. Was die Gentechnologie betrifft, wo wir zwar die Entwicklung sehen, aber die Einzelfolgen noch nicht überblicken können, hat die Gesellschaft die Chance, diesen Prozeß mitzubegleiten. Das heißt, daß nicht die Freiheit der Forschung eingeengt werden soll, sondern daß sie von der gesellschaftlichen Diskussion begleitet und auch in ihr eingebunden sein muß, um Forschungsergebnisse in die Gesellschaft integrieren zu können. Es geht ja wesentlich darum, Ängste abzubauen. Um dies zu erreichen, scheint es mir sinnvoll, von einer bloß nachhinkenden Ethik hinzufinden zu einer prospektiven Ethik.

**bild der wissenschaft:** Die Genforscher haben sich bemüht, aus den Sündenfällen der Wissenschaft zu lernen.

**Hunold:** Die anfängliche Euphorie der Wissenschaftler und auch der Öffentlichkeit über die Möglichkeiten der Genforschung ist einer nüchternen Betrachtung gewichen. Und es geht nicht mehr allein um die einsame Verantwortung des Forschers am Labortisch. Die Forschungsperspektiven der Gentechnologie dürfen nicht nur innerhalb des Fachs gesehen werden, es geht um ihre Verzahnung im gesellschaftlichen Diskurs. Allerdings werden die Fragen der Genforschung sowie die Risikofolgen-Abschätzung innerhalb Europas sehr unterschiedlich diskutiert. Die rigideste Forschung wird in Großbritannien betrieben. [...]

**bild der wissenschaft:** Mit zunehmender Erkenntnis verschieben sich die Ethik und die Moralvorstellungen einer Gesellschaft. Man denke nur an die In-Vitro-Fertilisation.

**Hunold:** Ich würde da unterscheiden zwischen der Ethik als der wissenschaftlichen Reflexion dieser Probleme und der Moral als Ausdruck der gesellschaftlichen Überzeugungen. Wo sich eine Sache von der Struktur her ändert, muß auch das Problem neu diskutiert werden. Insofern ist es einfach nicht möglich, mit einem Normenkosmos der Vergangenheit Probleme von heute lösen zu wollen. Aber wir müssen weg von einer Stimmungsdemokratie in Wertungsfragen. Statt dessen müssen wir zu einer inhaltlichen Auseinandersetzung finden und damit zu verantwortungsvollem Handeln.

**bild der wissenschaft:** Wie könnte das erreicht werden?

**Hunold:** Politiker, die über das, was gesellschaftlich zumutbar ist, zu entscheiden haben, sind überfordert, was die Naturwissenschaften betrifft. Was sich momentan abzeichnet, ist eine Expertokratie, die notwendig ist, um Minimalentscheidungen treffen zu können. Es ist nötig, neue Bewußtseinsinhalte zu schaffen von dem, was machbar ist. Der ungeheure Verantwortungsdruck ist nur in der Gesamtschau zu bewältigen. Hierbei geht es auch um eine Informationspolitik der Wissenschaften, mit dem Ziel, Ängste abzubauen.

In den einzelnen Ländern sind allerdings die Forschungsinteressen sehr unterschiedlich, etwa bei der Embryonenforschung. In einem geeinten Europa wird langfristig die ungeheure Schwierigkeit auftreten, ein juristisches Netz zu finden, das auf der einen Seite flexibel genug ist, um den Regelbedarf aufzufangen, auf der anderen Seite aber der moralischen Diskussion genügend Spielräume läßt, daß neue Entwicklungen mitgetragen oder aber gestoppt werden können.

Es ist deshalb auf der Prinzipienebene ein weltweiter Konsens notwendig. Es müßte, analog zur Charta der Menschenrechte der Vereinten Nationen, eine Charta, ein Weltethos in Fragen der Gentechnologie aufgebaut werden. Das Ziel sollte sein, daß das, was wir nicht wollen, auch nicht geschieht. Das ist, wenn Sie so wollen, eine Realutopie.

*(Das Gespräch mit Professor Hunold führte Barbara Bachtler)*

aus: Bild der Wissenschaft 4/1992

# M 1

## Jüdische Parabel

„Ein Mensch geht über Land und trifft einen Bauer, der einen Johannisbrotbaum pflanzt. Den fragt er: ‚Was denkst du, wann wird das Bäumchen Früchte tragen?‘ Und erhält die Antwort: ‚Vielleicht in siebzig Jahren.‘ Da ruft der Wanderer aus: ‚Du Tor! Denkst du in siebzig Jahren noch zu leben und die Früchte deiner Arbeit zu genießen? Pflanze lieber einen Baum, der eher Früchte trägt, damit du dich noch in deinem Leben daran erfreust!‘ Der Landmann aber, der sein Werk vollendet hat und freudig darauf schaut, antwortet: ‚Herr, als ich zur Welt kam, da fand ich Johannisbrotbäume und aß von ihnen, ohne daß ich sie gepflanzt hatte, denn das hatten meine Väter getan. Habe ich nun genossen, wo ich nicht gearbeitet habe, so will ich einen Baum pflanzen für meine Kinder und Enkel, daß sie davon genießen. Wir Menschen mögen nur bestehen, wenn einer dem anderen die Hand reicht. Siehe, ich bin ein einfacher Mann, aber wir haben ein Sprichwort: Gefährten oder Tod.‘“

aus: Der Wald steht schwarz und schweiget. Ev. Akad. Baden. Herrenalber Forum, Bd. 1, 1993, S. 116 f.

# M 2

## Aktualität der Zukunftsethik

Verantwortung für zukünftige Generationen ist ein uraltes Thema der Menschheit. Verantwortung für zukünftige Generationen ist seit Jahrtausenden wahrgenommen worden, ohne daß es dazu einer expliziten Ethik der Zukunftsverantwortung bedurft hätte. Implizit wurden Normen der Zukunftsverantwortung teils als Bestandteil der allgemeinen Sitte oder religiöser Traditionen, teils als Bestandteil des Ethos spezifischer Stände, Berufsgruppen und Institutionen befolgt und gemeinsam mit anderen kulturellen Normen tradiert. Mehr als eine Generation vergeht, bis ein Ölbaum Frucht trägt. Ein neu angelegter Wald ist erst in etwa hundert Jahren zum Hochwald ausgewachsen. Generationen vergehen, bevor nach Entwässerung des Moors Erträge aus dem Boden gezogen werden können. Welches auch immer die Motive derjenigen waren, die Ölbäume pflanzten, Wälder anlegten, Moore entwässerten, sie dürften die Normen, die ihrem Verhalten zugrunde lagen, in ihrer kollektiv lebenserhaltenden Funktion gar nicht oder nur teilweise bewußt durchdacht haben. Zu vermuten ist vielmehr, daß diese Normen der kritischen Reflexion, die nach Begründung und Begrenzung fragt, ebenso weitgehend entzogen waren wie die Verhaltenssteuerungen, die bis in die jüngste Zeit hinein – und selbst noch in den ansonsten ausgeprägt rational orientierten Industriegesellschaften – das generative Verhalten bestimmt haben. Besonders da, wo langfristige Vorsorge- und Erhaltungsregulative eine religiöse Gestalt angenommen haben – als Tabuisierung bestimmter Naturnutzungen, als Stigmatisierung bestimmter Formen der Jagd als „Jagdfrevel“, als rituelle Formen der Überschußbeseitigung –, dürfte den meisten Betroffenen die genaue ökologische Funktion solcher Regulative nicht bewußt geworden sein: die Funktion, die Tragfähigkeit der natürlichen Lebensbedingungen nicht zu überfordern und dem Raubbau an essentiellen, das Überleben des Kollektivs sichernden Umweltressourcen vorzubeugen.

Der geschichtliche Prozeß fortschreitender Normenreflexion hat auch die impliziten Regulative langfristiger Daseinssicherung zu einem Gegenstand expliziter, methodisch verfahrender Vernunft werden lassen. Die Anfänge dieses Prozesses verlieren sich im Dunkel der Vorzeit. An der langfristigen Erhaltung der Bodenfruchtbarkeit orientierte Normen des Landbaus dürften sich bereits im Zuge der neolithischen Revolution herausgebildet haben. In den antiken Hochkulturen wurden langfristige Infrastrukturinvestitionen wie die Bewässerungssysteme des Zweistromlands durch politische Institutionen gesichert, die Vorsorge verrechtlicht. Im Mittelalter existierten in Mittel- und Westeuropa mit harten Sanktionen versehene Verordnungen und Gesetze, die die Wiederaufforstung der Waldschläge und den Schutz der Neuanpflanzungen vor Weidevieh sicherten. Große Teile des Waldes wurden „geforstet“, d. h. von den Fürsten als exklusive Jagdgebiete in Eigentum genommen und damit langfristig vor Besiedlung und Übernutzung geschützt (vgl. Bosch, 1983, 40 f.). Das forstwirtschaftliche Prinzip der Nachhaltigkeit, nach dem nur so viele Bäume durchschnittlich geschlagen werden dürfen, wie in derselben Zeit nachwachsen, ist noch heute in Geltung – mit Gesetzeskraft. Es zwingt den Waldbesitzer zur Neuaufforstung auch dann, wenn er für diese „Investition“ mit keinem Gewinn im privatwirtschaftlichen Sinne rechnen kann. [...]

Mittlerweile ist „Verantwortung für zukünftige Generationen“ zu einem Topos politischer Sonntagsreden geworden, und das Diktum, demzufolge wir „die Welt nur von unseren Kindern geborgt haben" zu einem festen Bestandteil gehobener Alltagsrhetorik.

Die besondere Aktualität der Frage nach der Zukunftsverantwortung verdankt sich vor allem drei Merkmalen der gegenwärtigen Weltsituation:

Zum ersten Mal in der Geschichte der Menschheit steht die zukünftige Gattungsexistenz der Menschheit selbst zur Disposition. Dabei ist nicht nur an die Existenz eines mehrfachen Overkillpotentials durch Kernwaffen zu denken, sondern auch an das wie immer kleine, aber nicht zu vernachlässigende Risiko einer Auslöschung der Menschheit durch Verseuchung oder Sterilität im Zuge der Entwicklung und Verbreitung chemischer und biologischer Technologien und ihrer Produkte.

Wir wissen zunehmend mehr über die mit gegenwärtigem Handeln und Unterlassen verknüpften langfristigen Risiken und über mögliche Handlungsalternativen. Je größer das Wissen um mögliche langfristige Schäden und je zahlreicher die Möglichkeiten ihrer Vermeidung, desto größer der Druck der Zukunftsverantwortung auf menschlichem Tun und Unterlassen. Mit zunehmendem prognostischen Wissen schrumpft der Spielraum für Entlastungsargumente von der Art „Wir haben es nicht gewußt", „Wir konnten es nicht wissen", „Wir konnten es nicht ändern". Wissen und Verantwortung sind aneinander gekoppelt und gleichermaßen irreversibel. Sie sind zwei Seiten derselben verlorenen Unschuld.

aus: Dieter Birnbacher, Verantwortung für zukünftige Generationen. © Philipp Reclam jun., Stuttgart 1988, S. 9 ff.

## M 3 Intergenerationelle Gerechtigkeit

Mit der Hybris und Unbesonnenheit verschlechtert die jeweils herrschende Generation die Lebensbedingungen der Kinder, die es gegen ihre Kinder wieder fortsetzen. Eine derartige Entwicklung verstößt offensichtlich gegen anerkannte Gerechtigkeitsgrundsätze; weil die Elterngeneration der Kindergeneration antut, was sie von ihren eigenen Eltern nicht hätte erleiden wollen, setzt sie sich zur Goldenen Regel in Widerspruch und zusätzlich zur Idee der Unparteilichkeit, denn man nimmt sich ökologische Privilegien heraus. [...]

*Gerechtigkeitsgrundsätze.* Der Grundsatz der korrektiven Gerechtigkeit lautet, bewußt vorsichtig formuliert: Wer Kinder in die Welt setzt, übernimmt ipso facto die Verantwortung dafür, daß sie unter lebenswerten Verhältnissen aufwachsen. Die Bedingung „lebenswert" ist nun ersichtlich vage, und jeder Versuch, ein genaues Kriterium aufzustellen, stößt auf zwei Schwierigkeiten. Einerseits kann man den Spielraum, der sich zwischen anspruchsvolleren und anspruchsloseren Definitionen auftut, nicht hinreichend einengen; andererseits wandeln sich im Laufe der Zeit die Interessen so erheblich, daß man nicht sagen kann, was sich die künftigen Generationen unter „lebenswert" vorstellen.

Schwierigkeiten, die man nicht direkt überwinden kann, sucht man zu umgehen. Angesichts der Unsicherheit über die Interessen befasse man sich nicht mit dem Lebenswerten selbst, sondern lediglich mit den Vorbedingungen, in einer ökologischen Ethik: mit dem naturalen, nicht den sozialen Grundgütern. Dazu gehören die Luft zum Atmen, ferner Süßwasser, Land, Energie und jene Materialien, die entweder direkt nutzbar sind oder aber den Rohstoff für eine Bearbeitung abgeben. Angesichts des Definitionsspielraumes wiederum verzichte man auf eine objektive Definition des Maßes an Grundgütern, das zum lebenswerten Leben erforderlich ist; statt dessen erinnere man sich der elementaren Gerechtigkeitsgrundsätze, der Un-

parteilichkeit und der Goldenen Regel, und fasse das Maß so streng oder aber so großzügig, wie man es nach Ausweis des gelebten Lebens für sich selbst anerkennt. Was wir für lebenswert halten, zeigt sich nämlich nicht so sehr in schönen Absichtserklärungen als im Lebensstil, den wir tatsächlich pflegen. [...]

Der Gedanke der intergenerationellen Gerechtigkeit zwingt uns, die überlieferten Eigentumstheorien neu zu überdenken. Zu diesem größeren Thema kann hier nur ein Stichwort gegeben werden: Als eine prinzipielle Vorgabe ist die Erde samt ihren Früchten ein Gemeineigentum der Menschheit, ihre alle Generationen übergreifende Allmende. Weil die Erde allen gleichermaßen gehört, hat sie die Bedeutung eines Kapitals, von dessen Zinsen jede Generation neu lebt. Die technisch-ökonomische Zivilisation darf den Zinsertrag auf eine Höhe bringen, um die sie die früheren Generationen beneiden würden; das Kapital antasten darf sie aber nicht. Tut sie es trotzdem, so vergreift sie sich an fremdem Gut, an dem der nachfolgenden Generation nämlich; sie nimmt, was man meist nur metaphorisch versteht, jetzt in einem wörtlichen Sinn vor: einen Raubbau an der Natur. [...]

Anerkannt wird das Gerechtigkeitsprinzip nur von einer Zivilisation, die sich durch ökologische Gelassenheit und ökologische Besonnenheit auszeichnet. Diese Einstellungen haben deshalb einen doppelten Verpflichtungsgrund. Im Blick auf die eigene Zukunft entwickelt man sie aus Selbstinteresse, ihre Verbindlichkeit ist pragmatischer oder eudämonistischer Natur; gegen die jeweiligen Nachbarn und noch deutlicher gegen die künftigen Generationen liegt dagegen eine Gerechtigkeitspflicht vor, ein kategorischer Imperativ der stärksten Verbindlichkeit, ein kategorischer Rechtsimperativ.

aus: Otfried Höffe, Moral als Preis der Moderne, stw 1046. © Suhrkamp Verlag, Frankfurt am Main 1993, S. 179 ff. (gekürzt)

## M 1 I don't care

*Bob Geldof*

### The great of indifference

I don't mind if you go
I don't mind if you take it slow
I don't mind if you say yes or no
I don't mind at all

I don't care if you live or die
Couldn't care less if you laugh or cry
I don't mind if you crash or fly
I don't mind at all

I don't mind if you come or go
I don't mind if you say no
Couldn't care less baby let it flow
'Cause I don't care at all

I don't care if you sink or swim
Lock me out or let me in
Where I'm going or where I've been
I don't mind at all

I don't mind if governments falls
Implements more futile laws
I don't care if the nation stalls
And I don't care at all

I don't care if they tears down trees
I don't feel the hotter breeze
Sink in dust in dying sees
And I don't care at all

I don't mind if culture crumbles
I don't mind if religion stumbles
I can't hear the speakers mumble
And I don't mind at all

I don't care if the Third World fries
It's hotter there I'm not surprised
Baby I can watch whole nations die
And I don't care at all

I don't mind about people's fears
Authority no longer hears
Send a social engineer
And I don't mind at all

aus: Bob Geldof, The Vegetarians of Love. © Promostraat
B.V./Neue Welt Musikverlag GmbH, München

Zeichnung: Gerhard Mester. Cartoon-Caricature-Contor, München

## M 2

## Die Situation des Menschen

*Die gegenwärtige Krisensituation der Menschheit und
die Situation des Menschen überhaupt*

Meine Damen und Herren!
Der Titel meines Vortrags enthält bereits eine These:
Die Situation des Menschen ist ein ethisches Problem
für den Menschen. Was ist hier mit „Situation des
Menschen" gemeint? Man könnte an die gegenwärtige
Situation der Menschheit denken, etwa an die Her-
ausforderung der moralischen Vernunft, die in der
Gefahr eines nuklearen Vernichtungskrieges oder in
der vielleicht noch größeren Gefahr einer Zerstörung

der menschlichen Öko- und Biosphäre enthalten ist. Tatsächlich sind damit bereits Umstände genannt, welche die Rede von *der* Situation *des* Menschen durchaus rechtfertigen; denn sowohl die Gefahr des nuklearen Krieges als auch die ökologische Krise betreffen ja die *Menschheit als Ganzes:* Hier wird zum erstenmal in der bisherigen Weltgeschichte eine Situation sichtbar, in der die Menschen angesichts der gemeinsamen Gefahr dazu aufgefordert sind, gemeinsam die moralische Verantwortung zu übernehmen. So jedenfalls könnte man – noch vor aller philosophischen Analyse und Rechtfertigung von Begriffen wie Moral und Verantwortung – das Neue der gegenwärtigen Situation der Menschheit kennzeichnen: Das neue Problem läge also in der Notwendigkeit einer *Makroethik.* In ihr ginge es – jenseits der moralischen Verantwortung des einzelnen gegenüber seinem Nächsten, auch sogar noch jenseits der Verantwortung des Politikers im üblichen Sinne der „Staatsräson" – darum, die Verantwortung der Menschheit für die Folgen (und Nebenfolgen) ihrer kollektiven Handlungen im planetaren Maßstab zu organisieren.

Insoweit hätten wir eine vorläufige Begründung für die These gewonnen, daß die Situation des Menschen *heute* ein ethisches Problem für den Menschen ist. Aber war nicht die Situation des Menschen immer schon ein ethisches Problem für den Menschen?

Die Bibel deutet an, daß diese Situation in der Tat durch den Sündenfall der ersten Menschen konstituiert ist: Seitdem wissen die Menschen um den Unterschied von Gut und Böse. Kant hat dieses mythisch vorgestellte Ereignis in seinem Aufsatz über den „mutmaßlichen Anfang der Menschengeschichte" bereits evolutionstheoretisch gedeutet: als „Übergang aus der Rohigkeit eines bloß thierischen Geschöpfes in die Menschheit, aus dem Gängelwagen des Instinkts zur Leitung der Vernunft, mit einem Worte, aus der Vormundschaft der Natur in den Stand der Freiheit".

Im Lichte Jakob von Uexkülls und der modernen Ethologie könnte man diese evolutionstheoretische Deutung etwa folgendermaßen ergänzen und vertiefen: Durch die Erfindung von Werkzeugen und Waffen hat der Mensch die organisch bedingte Entsprechung zwischen der „Merkwelt" seiner Sinneserfahrung und der „Wirkwelt" seiner möglichen Handlungseffekte aufgehoben. Seitdem übertrifft die mögliche Wirkung seiner Handlungen grundsätzlich die mögliche Verhaltenskontrolle durch spezifische sinnlich-emotionale Verhaltensauslöser. Insbesondere gilt dies für die Auslösung von instinktresidualen Tötungshemmungen. Schon der Faustkeil mag in dieser Hinsicht eine technische und moralische Revolution bedeutet haben; denn er ermöglichte wohl überhaupt erst Kains Brudermord und damit zugleich jenes Erschrecken des Täters vor den Folgen seiner Tat, das so etwas wie ein religiös-ethisches Sündenbewußtsein motiviert hat. Ein ähnliches Sündenbewußtsein ist im Totemis-

mus auch für das Verhältnis des Jägers zum getöteten Jagdwild und später sogar für das Verhältnis des Ackerbauers zur ausgebeuteten Fruchtbarkeit der Erde nachweisbar. Denn auch die Erde mußte zwecks Erneuerung ihrer Fruchtbarkeit in entsprechenden Riten versöhnt werden.

Kurz: der *Übergriff* des „homo faber" über die vormaligen, organisch bedingten Instinktschranken, sein Eingriff in die natürliche Umwelt durch *Werkzeuge* und insbesondere sein *tödlicher Waffenzugriff* auf Tiere und Mitmenschen: dies alles scheint im mythischen Zeitalter bereits zu einer Geburt des moralischen Gewissens im Sinne der Notwendigkeit von Sühne, Vergeltung und Versöhnung geführt zu haben. Vor dem Hintergrund dieses mythischen Bewußtseins moralischer Normen erfolgte dann in der „Achsenzeit" (Karl Jaspers) der euroasiatischen Hochkulturen der Übergang zur „Ethik" im Sinne der Weltreligionen und der Philosophie.

Im darauffolgenden Zeitalter der Wissenschaft und Technik hat nun die Kluft zwischen der „Wirkwelt" des Menschen und seiner organisch bedingten, sinnlich-emotionalen „Merkwelt" nochmals eine neue Qualität erreicht. Angesichts der räumlichen und zeitlichen Reichweite insbesondere der kollektiven Handlungen der Menschen – der Kriegshandlungen sowohl wie der industriell-technischen Aktivitäten – ist es jetzt dem Menschen kaum noch möglich, unmittelbar von den Folgen seiner Handlungen sinnlich-emotional *betroffen* zu sein. An die Stelle eines gewissermaßen instinkt-residualen Sündenbewußtseins muß jetzt definitiv die *Verantwortung der Vernunft* treten. „Homo sapiens" muß nun erkennen, daß „homo faber" ihm weit voraus ist mit dem, was er schon angerichtet hat und noch anrichten kann, und daß ihm nun – vielleicht in letzter Stunde – die Aufgabe zufällt, die entstandene Kluft auszugleichen (zu kompensieren), und das heißt: mit Hilfe der „praktischen Vernunft" eine Antwort zu geben auf eine Lage, die er aufgrund der technischen Ratio im wesentlichen selbst geschaffen hat.

Mit dieser einseitig dramatisierenden Illustration läßt sich, wie mir scheint, eine erste Vorstellung davon gewinnen, daß die Titelthese meines Vortrags nicht nur die heutige Situation der Menschheit betrifft, sondern damit zugleich die stammesgeschichtlich bedingte Situation des Menschen überhaupt: die Situation des Freigelassenen der Natur, der äußerlich als „homo faber" und innerlich als potentieller „homo sapiens" aus dem Determinationsbereich der Naturgesetze herausgetreten und eben dadurch auf normative Prinzipien einer Ethik angewiesen ist – auf Prinzipien der Vernunft, die allenfalls durch ihn, d.h. durch seine habituelle Befolgung dieser normativen Prinzipien, ihre Analogie zu den unverbrüchlichen Naturgesetzen erweisen können.

aus: Karl-Otto Apel, Diskurs und Verantwortung, stw 893. © Suhrkamp Verlag, Frankfurt am Main 1988, S. 42 ff.

**M 1** Die B-Bombe

# In jeder Sekunde fünf Menschen mehr

## Das vernichtende Wachstum der Bevölkerung / Von Hans Joachim Schöps

Es werden Horden von Elenden sein, die in Booten über das Mittelmeer kommen, über die Straße von Gibraltar oder am Bosporus immer weiter nach Norden drängen. Haß und Angst lodern ihnen entgegen – von denen, die dort schon leben: Spanier oder Franzosen, Italiener und Deutsche.

Städtische Slumlandschaften, drangsaliert von tagtäglichem Verbrechen, werden weite Räume Südamerikas überwuchern. In Afrika, südlich der Sahara, toben mörderische Fehden um Wasser, das nur noch wenigen zur Verfügung steht, und um Feuerholz, das kaum noch aufzutreiben ist. In Asien sammeln sich Ströme von Analphabeten und Arbeitslosen, die in plündernden Banden übers Land ziehen.

So kann es zugehen auf der Erde, wenn sie ein Pferch geworden ist. Wenn nicht mehr gut 5 Milliarden Menschen diesen Planeten bevölkern, wie noch im Jahre 1993, sondern rund 12 Milliarden oder vielleicht 14, und wenn die Welt so viele nicht mehr aushalten kann.

Der Philosoph Hans Jonas, so ließe sich dann rückblickend anmerken, hatte das Drama vorausgesehen: „Welches Massensterben und Massenmorden eine solche Situation – rette sich, wer kann – begleiten werden, spottet der Vorstellung."

Nur eine böse Utopie, schon wieder ein Schreckensbild in einer von dunklen Visionen umstellten Zeitlandschaft? Sicher nicht.

So mörderisch, so fürchterlich, wie es hier und da von Bevölkerungsforschern und Sozialwissenschaftlern vorhergesagt wird, mag es nicht über die Menschheit kommen. Aber etwas von allem –

an nie gekannter Armut und allgegenwärtiger Gewalt, ökologischen Desastern und gesellschaftlichen Niedergang – steht ihr bevor, wenn sie so weiterwächst. […]

In den letzten 40 Jahren – seit den Jugendzeiten der deutschen Bundesrepublik also – hat sich die Weltbevölkerung mehr als verdoppelt, von 2,6 Milliarden auf 5,5 Milliarden Menschen. Und das Tempo nimmt immer noch zu.

In den neunziger Jahren wird sich die Menschheit schneller vermehren als je zuvor, ein Rekord, den wir erleben werden. In jeder Sekunde werden derzeit fünf Kinder geboren, und schon zur Jahrtausendwende wird es wiederum eine Milliarde Menschen mehr geben.

Nichts deutet darauf hin, daß diese Lawine an Fahrt verliert. Zwar hat sich die Rate der Geburten auf 1000 Erdbewohner seit den siebziger Jahren allmählich verringert, doch die absolute Geburtenzahl steigt weiterhin, und selbst bei einem drastischen Rückgang der Geburtenquote wird der demographische Druck unvermindert anhalten. Denn die Masse der Paare, mit deren Fortpflanzung zu rechnen ist, wächst und wächst. Erst im 21. Jahrhundert, so lauten die Prognosen, wird die Zahl der Geburten wieder auf den Stand unserer Tage zurückgehen. Aber der ist schon viel zu hoch, und daß die Erde bis dahin mitmacht, ist nicht anzunehmen. […]

„B-Bombe" hat der amerikanische Anthropologe Paul Ehrlich die Bedrohung genannt, und diese Bevölkerungsexplosion übertrifft in ihrer Sprengkraft die mannigfachen Bedrängnisse, mit denen die Erdenbürger in die näch-

sten Jahrzehnte gehen. Daß eine Art ihren Bestand angreife, weil sie sich unmäßig vermehre, sei in der Naturgeschichte nichts Neues, vermerkt dazu der Berner Philosophie-Professor Thomas Kesselring: „Einmalig ist dagegen die Situation, daß eine Spezies durch ihr starkes Wachstum nicht nur die eigene Existenz, sondern die Existenz der Biosphäre insgesamt gefährdet."

Denn die B-Bombe ist Treibsatz für viele jener Konflikte, die derzeit noch die Debatten beherrschen. Die wachsende Verarmung und die zunehmende Nahrungsnot, die Verseuchung des Wassers und die Belastung der Atmosphäre, die Zerstörung der Böden und der Raubbau an den Wäldern – nichts von dem ginge so rapide vonstatten, wäre da nicht diese explosive Vermehrung. Und weil der Zuwachs sich weiter beschleunigt, legen auch jene Prozesse noch an Geschwindigkeit zu. […]

Bündige Lösungen, die der Bevölkerungswoge die Wucht nehmen könnten, sind nirgends zu sehen. Selbst die zynische Hoffnung, speziell in Afrika könne sich das Problem durch die Immunschwächekrankheit Aids lösen, trägt nicht weit – auch viele Millionen Tote dort würden an der Fülle wenig ändern. Wie explosiv das ist, führte die britische Ärztezeitschrift *The Lancet* an einem makabren Beispiel vor: Der tägliche Abwurf einer Atombombe des Typs, der über Hiroschima barst, würde die Vermehrung kaum mindern; zwar wäre dann mit jeweils 90 000 Toten zu rechnen, aber am gleichen Tag gäbe es schon wieder 250 000 Neugeborene.

aus: Spiegel Spezial 4/1993, S. 138 f.

## M 2 Die Idee des Weltbürgertums

Alle Menschen sind ursprünglich (d. i. vor allem rechtlichen Act der Willkür) im rechtmäßigen Besitz des Bodens, d. i. sie haben ein Recht, da zu sein, wohin sie die Natur, oder der Zufall (ohne ihren Willen) gesetzt hat. Dieser Besitz (possessio), der vom Sitz (sedes) als einem willkürlichen, mithin erworbenen, dauernden Besitz unterschieden ist, ist ein gemeinsamer Besitz wegen der Einheit aller Plätze auf der Erdfläche als Kugelfläche: weil, wenn sie eine unendliche Ebene wäre, die Menschen sich darauf so zerstreuen könnten, daß sie in gar keine Gemeinschaft mit einander kämen, diese also nicht eine nothwendige Folge von ihrem Dasein auf Erden wäre. […]

Diese Vernunftidee einer friedlichen, wenn gleich noch nicht freundschaftlichen, durchgängigen Gemeinschaft aller Völker auf Erden, die untereinander in wirksame Verhältnisse kommen können, ist nicht etwa philanthropisch (ethisch), sondern ein rechtliches Princip. Die Natur hat sie alle zusammen (vermöge der Kugelgestalt ihres Aufenthalts, als globus terraqueus) in bestimmte Grenzen eingeschlossen;

und da der Besitz des Bodens, worauf der Erdbewohner leben kann, immer nur als Besitz von einem Theil eines bestimmten Ganzen, folglich als ein solcher, auf den jeder derselben ursprünglich ein Recht hat, gedacht werden kann: so stehen alle Völker ursprünglich in einer Gemeinschaft des Bodens, nicht aber der rechtlichen Gemeinschaft des Besitzes (communio) und hiermit des Gebrauchs, oder des Eigenthums an demselben, sondern der physischen möglichen Wechselwirkung (commercium), d. i. in einem durchgängigen Verhältnis eines zu allen Anderen, sich zum Verkehr untereinander anzubieten, und haben ein Recht, den Versuch mit demselben zu machen, ohne daß der Auswärtige ihm darum als einem Feind zu begegnen berechtigt wäre. – Dieses Recht, so fern es auf die mögliche Vereinigung aller Völker in Absicht auf gewisse allgemeine Gesetze ihres möglichen Verkehrs geht, kann das weltbürgerliche (ius cosmopoliticum) genannt werden.

aus: Kant. Metaphysik der Sitten, Bd. VI. Verlag de Gruyter, S. 262 u. 352

## M 3 Umweltbelastungen im Vergleich

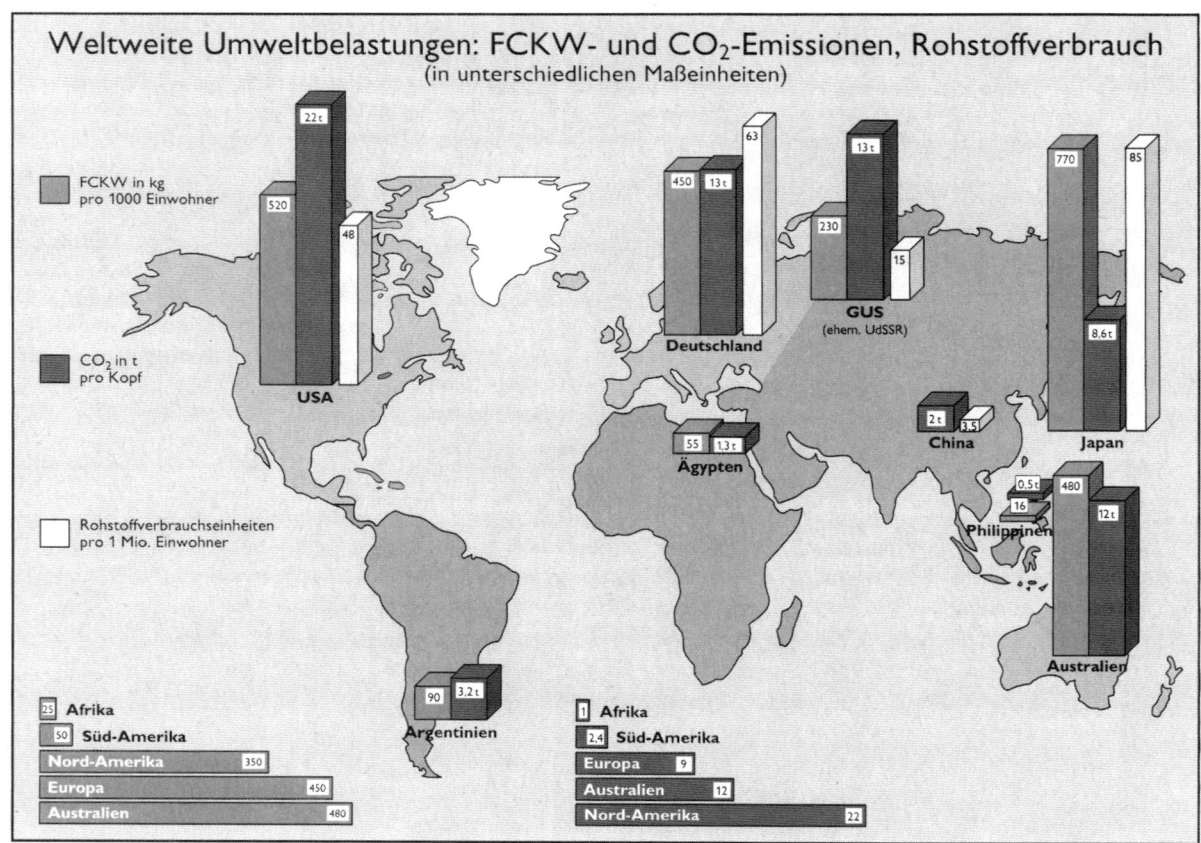

Quellen: OECD WRI eigene Berechnungen. Wuppertal, Institut für Klima, Umwelt und Energie 1992

## M 4 Explosion der Ansprüche

Das Bevölkerungswachstum ist derzeit noch nicht der Grund der weltweiten Umweltkrise. Der Nachholbedarf von Milliarden Menschen in der Dritten Welt (800 Millionen davon leben unter der Elendsgrenze) und der Wohlstandsnachzügler Osteuropas wird sie aber bedrohlich zuspitzen. Noch mitten in der Explosion der Bevölkerung steht die Welt vor einer neuen Explosion, der Explosion der Ansprüche.

Die Industrieländer – ein Viertel der Menschheit – verbrauchen rund drei Viertel der kommerziellen (gehandelten) Energie und sind für rund 80 Prozent der schädlichen Emissionen verantwortlich. Allein die rund 250 Millionen Nordamerikaner verbrauchten um 1990 mehr Ressourcen als die vier Milliarden Menschen aller Entwicklungsländer Asiens, Afrikas und Lateinamerikas. „So gesehen ist eigentlich der reiche Norden überbesiedelt." (Brodde 1992, S. 100). In Österreich und Holland laufen mehr Autos als auf dem gesamten afrikanischen Kontinent, in der ehemaligen Bundesrepublik sogar das Vierfache. Rund 92 Prozent aller Menschen besitzen kein Auto. Den meisten fehlt Wichtigeres.

Es liegt zuallererst an unserem hemmungslosen Lebensstil, der Verbrauchswachstum zum Wert und Unersättlichkeit zum Motor der Wirtschaft macht. Schon kleine Konjunktureinbrüche, „Null-Wachstum" genannt, werden von Regierungssprechern und den Medien als nationale Katastrophen diskutiert, erneute Wachstumsschübe im Verbrauch als rettende Belebung kommentiert – obwohl sie den Kollaps des globalen Systems mit Sicherheit beschleunigen.

Erstmals in der Geschichte sind es nicht sektiererische Weltuntergangsapostel, sondern NaturwissenschaftlerInnen, die zum Schluß kommen, daß nur noch ein Wunder das Überleben der Menschheit in Schönheit und Würde sichern könne. Weltuntergangsvisionen von heute sind keine Bilder von Dürer oder Leonardo, sondern Grafiken von IBM und M.I.T., keine apokalyptischen Reiter im Holzschnitt, sondern Kurven und Blockdiagramme aus dem Laserdrucker. Wohl gibt es Kurven, die uns eine Chance lassen – doch sind es die Szenarien, welche die fundamentalsten Haltungsänderungen von Mensch und Politik verlangen.

[...] Fehlentwicklungen eines außer Kontrolle geratenden Systems könnten bereits bis zur Jahrtausendwende zur globalen Krise führen. Nur eine Änderung unserer Konsumgewohnheiten kann die Erde für die nächsten Generationen noch bewohnbar halten. Die Verantwortung liegt eindeutig bei uns, der relativ reichen, gebildeten Minderheit der Weltbevölkerung in den Industriestaaten. Ohne neue Einstellung zu Naturgütern und Ressourcen, zu einem energiekargen, aber kultivierteren, sinnerfüllten Leben könnte es leicht dazu kommen, „daß wir mit all unserer Umwelttechnik (die ich gar nicht herabsetzen will, deren Primat im Umweltschutz ich nur bestreite), eines Tages, ohne es sogleich zu merken, nur noch den Leichnam der Natur schminken" (Stern 1974).

aus: Deutsches Institut für Fernstudien an der Universität Tübingen (Hrsg.), Funkkolleg „Der Mensch – Anthropologie heute". Studienbrief 10/Studieneinheit 28, Tübingen 1983, S. 21 ff.

„Wir brauchen diesen Baum, um uns vor dem Treibhauseffekt zu schützen." Umweltthemen werden von Menschen und Regierungen in reichen und armen Ländern, anders gesehen.

aus: Scientific American, September 1989, S. 120

## M 1

### Das Glück der Menschlichkeit

Nach dem Prinzip des größten Glücks ist [...], der letzte Zweck, bezüglich dessen und um dessentwillen alles andere wünschenswert ist (sei dies unser eigenes Wohl oder das Wohl anderer), ein Leben, das so weit wie möglich frei von Unlust und in quantitativer wie in qualitativer Hinsicht so reich wie möglich an Lust ist; wobei der Maßstab, an dem Qualität gemessen und mit der Quantität verglichen wird, die Bevorzugung derer ist, die ihrem Erfahrungshorizont nach – einschließlich Selbsterfahrung und Selbstbeobachtung – die besten Vergleichsmöglichkeiten besitzen. Indem dies nach utilitaristischer Auffassung der Endzweck des menschlichen Handelns ist, ist es notwendigerweise auch die Norm der Moral. Diese kann also definiert werden als die Gesamtheit der Handlungsregeln und Handlungsvorschriften, durch deren Befolgung ein Leben der angegebenen Art für die gesamte Menschheit im größtmöglichen Umfange erreichbar ist; und nicht nur für sie, sondern, soweit es die Umstände erlauben, für die gesamte fühlende Natur. [...] In einer Welt, in der es soviel gibt, das Interesse erregt, soviel, das Freude macht, soviel auch, das es richtigzustellen und zu verbessern gilt, ist jeder, der die bescheidenen charakterlichen und intellektuellen Anforderungen erfüllt, eines Daseins fähig, das beneidenswert genannt werden darf; und falls einem solchen Menschen nicht durch schlechte Gesetze oder durch Bevormundung die Freiheit vorenthalten wird, die Quellen des Glücks, die in seinem Umkreis liegen, zu erschließen, wird er dieses beneidenswerte Dasein sicher nicht verfehlen, vorausgesetzt, daß er von den größten Übeln des Lebens, den Hauptursachen körperlichen und seelischen Leids, von Krankheit und Herzlosigkeit, von Unwürdigkeit oder vom vorzeitigen Verlust derer, die wir lieben, verschont bleibt. Die schwierigste Seite des Problems ist deshalb der Kampf mit diesen unheilvollen Mächten, denen man nur mit großem Glück gänzlich entgeht und die unter den gegenwärtigen Umständen nicht beseitigt und oft sogar nicht wesentlich gemildert werden können. Doch niemand, dessen Meinung auch nur einen Moment lang Beachtung verdient, wird daran zweifeln können, daß die wirklich großen Übel in der Welt prinzipiell ausrottbar sind und daß sie bei einer weiteren Besserung der menschlichen Verhältnisse schließlich in engen Grenzen gehalten werden können. Armut, insoweit sie Leiden bedeutet, kann durch kluge Vorkehrungen seitens der Gesellschaft sowie durch Voraussicht und Vernunft seitens der Individuen gänzlich aus der Welt geschafft werden. Selbst jener hartnäckigste Widersacher, die Krankheit, läßt sich durch körperliche und geistige Erziehung und durch Maßnahmen zur Bekämpfung schädlicher Einwirkungen auf ein Minimum reduzieren; und das Fortschreiten der Wissenschaften verspricht für die Zukunft einen noch eindeutigeren Sieg über diesen schrecklichen Feind. Jeder Fortschritt in dieser Richtung befreit uns von Gefahren, die nicht nur unserem eigenen Leben ein jähes Ende bereiten können, sondern – woran uns noch mehr gelegen sein muß – uns auch diejenigen entreißen können, in denen unser ganzes Glück beschlossen liegt. Was schließlich die Wechselfälle des Schicksals und andere Enttäuschungen, die der Lauf der Welt mit sich bringt, betrifft, so beruhen sie großenteils auf grober Nachlässigkeit, ungezügelten Begierden und schlechten oder zumindest unvollkommenen gesellschaftlichen Verhältnissen. Kurz, alle wichtigen Ursachen menschlichen Leidens lassen sich in erheblichem Umfang – und viele fast gänzlich – durch menschliche Mühe und Anstrengung beseitigen. Und obgleich ihre Beseitigung bedrückend langsam vonstatten geht, obgleich eine lange Reihe von Generationen im Kampfe fallen muß, bevor die Schlacht gewonnen ist und diese Welt zu dem wird, wozu sie mit rechtem Wissen und Wollen gemacht werden kann, wird jeder, der einsichtig und großmütig genug ist, um einen wie immer geringen und unbedeutenden Teil der Aufgabe zu übernehmen, diesen Kampf als eine edle Befriedigung erleben, die er um keiner Lockung selbstsüchtigen Genusses willen aufzugeben bereit ist.

aus: John Stuart Mill, Der Utilitarismus. © Philipp Reclam jun., Stuttgart 1986, S. 21 f.

## M 2

### Die Verpflichtung zu helfen

Der vielleicht am schwersten wiegende Einwand gegen das Argument, daß wir eine Verpflichtung haben zu helfen, besagt: Weil die Hauptursache der absoluten Armut die Überbevölkerung ist, wird die Hilfe für diejenigen, die heute arm sind, nur dafür sorgen, daß in Zukunft noch mehr Menschen geboren werden, um in Armut zu leben. [...]

Zur Stützung dieses Standpunkts hat Garret Hardin eine Metapher angeboten: Wir in den reichen Nationen sind wie die Insassen eines überfüllten Rettungsbootes, das in einem Meer voll ertrinkender Menschen treibt. Wenn wir die Ertrinkenden zu retten versuchen, indem wir sie an Bord bringen, wird unser Boot überladen, und wir werden alle ertrinken. Weil es besser ist, daß einige überleben als keiner, sollten wir die anderen ertrinken lassen. In der heutigen Welt hat nach Hardin die „Rettungsboot-Ethik" ihre Berechtigung. Die Reichen sollten die Armen verhungern lassen; andernfalls werden die Armen die Reichen mit sich hinabziehen.

Gegen diese Absicht haben einige Autoren geltend gemacht, daß die Überbevölkerung ein Mythos sei. Die Welt bringe genügend Nahrung hervor, um ihre Bevölkerung zu ernähren, und sie könne, nach einigen Schätzungen, zehnmal so viel ernähren. Die Menschen litten nicht deshalb Hunger, weil es zu viele gäbe, sondern wegen der ungerechten Landverteilung, der wirtschaftlichen Ausbeutung der Dritten Welt durch die entwickelten Nationen, der Verschwendung von Nahrung im Westen usw.

Lassen wir die umstrittene Frage einmal beiseite, in welchem Ausmaß die Nahrungsproduktion eines Tages gesteigert werden könnte, so trifft zu, wie wir bereits gesehen haben, daß die Welt heute genügend hervorbringt, um ihre Bewohner zu ernähren – allein das, was an Tiere verfüttert wird, genügt, um den bestehenden Getreidemangel zu beheben. [...]

Eine Theorie, die mindestens ebenso plausibel ist wie jede andere, besagt, daß Länder, deren Lebensstandard steigt, einen „demographischen Übergang" durchmachen. Wenn die Menschen sehr arm sind und keinen Zugang zur modernen Medizin haben, ist ihre Fruchtbarkeit hoch, aber die Population wird durch die hohe Todesrate in Grenzen gehalten. Die Einführung von Gesundheitspflege, moderner medizinischer Technologie und anderer Verbesserungen reduziert die Sterberate, hat jedoch anfänglich wenig Wirkung auf die Geburtenrate. Also wächst die Bevölkerung schnell an. Die meisten armen Länder sind heute in dieser Phase. Wenn der Lebensstandard allerdings weiterhin ansteigt, merken die Ehepartner allmählich, daß sie, um dieselbe Zahl von Kindern, die bis zur Reifezeit überleben, zu erlangen wie früher, nicht so viele Kinder gebären müssen, wie es bei ihren Eltern der Fall war. Der Bedarf an Kindern, die für die wirtschaftliche Unterstützung im Alter sorgen, nimmt ab. Verbesserte Ausbildung sowie die Emanzipation und Berufsausübung der Frauen reduziert ebenfalls die Geburtenrate, und so beginnt das Bevölkerungswachstum zu schrumpfen. Die meisten reichen Nationen haben dieses Stadium erreicht, und ihre Bevölkerung nimmt jeweils nur sehr langsam zu.

Wenn diese Theorie richtig ist, dann gibt es eine Alternative zu den von den Vertretern der Dreiteilung als unausweichlich akzeptierten Katastrophen. Wir können den armen Ländern helfen, den Lebensstandard der ärmsten unter ihren Bewohnern anzuheben. Wir können die Regierungen dieser Länder ermutigen, Maßnahmen zu Landreformen zu treffen, die Ausbildung zu verbessern und die Frauen von der Rolle, lediglich Kinder zu gebären, zu befreien. Wir können auch anderen Ländern dabei helfen, Empfängnisverhütung und Sterilisation massenhaft zu ermöglichen. Die Chance, daß diese Maßnahmen das Einsetzen des demographischen Übergangs beschleunigen und das Bevölkerungswachstum auf eine kontrollierbare Stufe senken, ist durchaus gegeben. Der Erfolg läßt sich natürlich nicht garantieren; aber die Anhaltspunkte dafür, daß sich durch verbesserte ökonomische Sicherheit und verbesserte Ausbildung das Bevölkerungswachstum reduzieren läßt, sind stark genug, um die Dreiteilung vom ethischen Standpunkt aus abzulehnen. Wir können nicht Millionen an Hunger und Krankheit sterben lassen, wenn es eine vernünftige Wahrscheinlichkeit gibt, das Bevölkerungswachstum ohne solche Schrecken unter Kontrolle zu bringen.

Das Bevölkerungswachstum ist also kein Grund gegen die Entwicklungshilfe, obwohl es uns dazu veranlassen sollte, darüber nachzudenken, welche Hilfe am sinnvollsten ist. Statt Almosen in Form von Nahrungsmitteln zu geben, mag es besser sein, dazu beizutragen, den demographischen Übergang zu beschleunigen. Dies könnte in Form von landwirtschaftlicher Hilfe für die armen Bauern geschehen, oder durch Beihilfe zur Ausbildung, oder durch die Versorgung mit empfängnisverhütenden Mitteln. Welche Art von Hilfe auch immer sich unter den besonderen Gegebenheiten als die wirksamste erweist, die Verpflichtung zu helfen wird in keinem Falle gemindert.

Zeichnung: Gerhard Mester. Cartoon-Caricature-Contor, München

## M 3 Der neue Imperativ

1. Kants kategorischer Imperativ sagte: „Handle so, daß du auch wollen kannst, daß deine Maxime allgemeines Gesetz werde." Das hier angerufene „kann" ist das der Vernunft und ihrer Einstimmung mit sich selbst: Die Existenz einer Gesellschaft menschlicher Akteure (handelnder Vernunftwesen) *vorausgesetzt,* muß die Handlung so sein, daß sie sich ohne Selbstwiderspruch als allgemeine Übung dieser Gemeinschaft vorstellen läßt. Man beachte, daß hier die Grundüberlegung der Moral nicht selber moralisch, sondern logisch ist: das „wollen *können*" oder „nicht können" drückt logische Selbstverträglichkeit oder -unverträglichkeit, nicht sittliche Approbation oder Revulsion aus. Es liegt aber kein *Selbstwiderspruch* in der Vorstellung, daß die Menschheit einmal aufhöre zu existieren, und somit auch kein Selbstwiderspruch in der Vorstellung, daß das Glück gegenwärtiger und nächstfolgender Generationen mit dem Unglück oder gar der Nichtexistenz späterer Generationen erkauft wird – so wenig, wie schließlich im Umgekehrten, daß die Existenz und das Glück späterer Generationen mit dem Unglück und teilweise sogar der Vertilgung gegenwärtiger erkauft wird. Das Opfer der Zukunft für die Gegenwart ist *logisch* nicht angreifbarer als das Opfer der Gegenwart für die Zukunft. Der Unterschied ist nur, daß im einen Fall die Reihe weitergeht, im andern nicht. Aber daß sie *weitergehen soll,* ungeachtet der Verteilung von Glück und Unglück, ja selbst mit Übergewicht des Unglücks über das Glück, und sogar der Unmoral über die Moral, läßt sich nicht aus der Regel der Selbsteinstimmigkeit *innerhalb* der Reihe, so lange oder kurz sie eben dauert, ableiten: es ist ein außer ihr und ihr vorausliegendes Gebot ganz anderer Art und letztlich nur metaphysisch zu begründen.

2. Ein Imperativ, der auf den neuen Typ menschlichen Handelns paßt und an den neuen Typ von Handlungssubjekt gerichtet ist, würde etwa so lauten: „Handle so, daß die Wirkungen deiner Handlung verträglich sind mit der Permanenz echten menschlichen Lebens auf Erden"; oder negativ ausgedrückt: „Handle so, daß die Wirkungen deiner Handlung nicht zerstörerisch sind für die künftige Möglichkeit solchen Lebens"; oder einfach: „Gefährde nicht die Bedingungen für den indefiniten Fortbestand der Menschheit auf Erden"; oder, wieder positiv gewendet: „Schließe in deine gegenwärtige Wahl die zukünftige Integrität des Menschen als Mit-Gegenstand deines Wollens ein".

3. Es ist ohne weiteres ersichtlich, daß kein rationaler Widerspruch in der Verletzung dieser Art von Imperativ involviert ist. Ich *kann* das gegenwärtige Gut unter Aufopferung des zukünftigen Guts wollen. Ich kann, so wie mein eigenes Ende, auch das Ende der Menschheit wollen. Ich kann, ohne in Widerspruch mit mir selbst zu geraten, wie für mich so auch für die Menschheit ein kurzes Feuerwerk äußerster Selbsterfüllung der Langeweile endloser Fortsetzung im Mittelmaß vorziehen.

Aber der neue Imperativ sagt eben, daß wir zwar unser eigenes Leben, aber nicht das der Menschheit wagen *dürfen;* und daß Achill zwar das Recht hatte, für sich selbst ein kurzes Leben ruhmreicher Taten vor einem langen Leben ruhmloser Sicherheit zu wählen (unter der stillschweigenden Voraussetzung nämlich, daß eine Nachwelt da sein wird, die von seinen Taten zu erzählen weiß); daß wir aber nicht das Recht haben, das Nichtsein künftiger Generationen wegen des Seins der jetzigen zu wählen oder auch nur zu wagen. Warum wir dieses Recht nicht haben, warum wir im Gegenteil eine Verpflichtung gegenüber dem haben, was noch garnicht ist und „an sich" auch nicht zu sein braucht, jedenfalls als nicht existent keinen *Anspruch* auf Existenz hat, ist theoretisch garnicht leicht und vielleicht ohne Religion überhaupt nicht zu begründen. Unser Imperativ nimmt es zunächst ohne Begründung als Axiom.

aus: Hans Jonas, Das Prinzip Verantwortung. © Insel Verlag, Frankfurt am Main 1979, S. 35 f.

## M 4

## Das Modell der Mitverantwortung

Noch nie zuvor in der Geschichte hatte der Mensch so viel Verantwortung zu tragen wie heute; denn noch nie hatte er so viel Macht – technisch multiplizierte Macht über andere Menschen, aber auch über andere Naturwesen und -arten, über seine Umwelt, ja, über die Lebenswelt auf der Erde insgesamt. Der Mensch könnte heute regional oder sogar global seine eigene Art und alles höhere Leben vernichten oder wenigstens schwer schädigen.

Aber nicht nur mit Waffengewalt können Schädigungen erzeugt werden. Auch gutwillige Entwicklungen zugunsten oder im Interesse der Menschheit oder von Teilgruppen können Schädigungen erzeugen – z. T. erst im kumulativen und synergistischen Zusammenwirkung vieler Akteure und Agentien. Wer ist hier verantwortlich? Ein einzelner doch wohl nicht allein – etwa bei einem synergistischen, erst im Zusammenwirken vieler Faktoren die Schädlichkeitsschwelle überschreitenden Effekt. (Der saure Regen mag als Beispiel dienen, den übrigens David Smith schon 1872 in seinen Schädigungswirkungen beschrieb!) Sind also alle verantwortlich? Doch wohl auch nicht. Dies wäre eine ins Folgenlose führende Aufteilung der Verantwortlichkeit. [...]

Jonas spricht von einer Gattungsverantwortung der Menschheit für die Biosphäre, den Lebensbereich der Erde – also von einer kollektiven Verantwortlichkeit, einer Gemeinschaftsverantwortung. Wie aber läßt sich diese dingfest machen, wie auf Handelnde beziehen, wenn man dem obenerwähnten Widersinn, jeder sei für alles verantwortlich, entgehen will? Man denke an die genannten kumulativen und synergistischen Effekte. Ist der Mensch aufgrund seiner ins Ungeheuerliche gewachsenen aber nicht immer ganz im voraus abschätzbaren oder kontrollierbaren technischen Eingriffs- und Verfügungsmacht nicht sozusagen für mehr verantwortlich, als er eigentlich voraussehen und somit bewußt verantworten kann? Müßte er nicht auch für ungesehene Nebeneffekte seiner technischen und wissenschaftlichen Großunternehmungen Verantwortung übernehmen? Aber wie könnte er das? Was man nicht weiß, kann man moralisch kaum sinnvoll verantworten. Die Handlungsmacht scheint mehr gewachsen als die Voraussicht – ein Dilemma der Verantwortbarkeit im systemtechnologischen Zeitalter, das von weltweiten und bereichsübergreifenden Wirkungsvernetzungen und dynamischen Veränderungen geprägt ist, denen das wissenschaftliche Wissen nicht in allen Verästelungen so schnell folgen kann. Wir müssen Wagnisse eingehen, um Neues zu erkennen, auszutesten – aber wir müssen bei Großversuchen, möglichen Gefährdungen von Mensch und Natur sehr vorsichtig sein. Wie ein Halbblinder seinen Weg mit dem Stock vorantastet, so müssen auch wir im Verantwortungsdilemma handeln.

Daß wissenschaftlich-technische Projekte heute und zunehmend zumeist Großprojekte, Gemeinschaftsprojekte sind, macht dies nicht leichter. Es ist, wie wenn mehrere Halbblinde mit ihren Stöcken hierhin und dorthin tasten.

Wenn kollektive Verantwortung, Gemeinschaftsverantwortlichkeit gegeben oder aufgegeben ist, muß sie durch ein Zuordnungs- oder Zurechnungsverfahren zum Handeln des einzelnen in Beziehung gesetzt werden. Sie muß teilbar sein. Ein einzelner könnte nur so pro forma, der Form nach, öffentlich – gleichsam politisch – die Verantwortung für ein technologisches Großprojekt tragen. Was nützt es aber, wenn er nach einem GAU, nach einem größten anzunehmenden Unfall, – zurücktritt? Bloß formalistische Übernahme der Verantwortung scheint nicht mehr auszureichen. [...]

Natürlich können aber Wissenschaftler in der Grundlagenforschung nicht wesentlich direkt persönlich alleinverantwortlich für die ferneren und mittelbaren Anwendungen ihrer Forschungsergebnisse gemacht werden, insbesondere wenn diese Forschungsergebnisse ambivalent verwendet werden können, wie dies meistens der Fall ist. Der politische Entscheidungsträger hat entsprechend seiner Zentralität im Entscheidungsgefüge eben dann eine entsprechend größere Verantwortung zu übernehmen.

Natürlich müßten die Formen der Mitverantwortlichkeit den Wissenschaftlern noch deutlicher zu Bewußtsein gebracht werden. Erste Schritte in dieser Richtung sind besonders in der Humanforschung getan: Mit Ethikkommissionen hat man im Bereich der biopharmakologischen und medizinischen Forschung Erfahrungen gesammelt. Parlamentarische Hearings finden statt – kürzlich eines in der Bundesrepublik Deutschland über ethische Fragen der Genbiologie; solche Hearings machen die gegenüber der Öffentlichkeit bestehende Informationsverantwortung der Wissenschaftler konkret. Darüber hinaus ist die Idee eines Wissenschaftsgerichts („Science Court") in der aktuellen amerikanischen Diskussion; entsprechend dem Internationalen Gerichtshof könnte symbolisch auch ein internationaler Wissenschaftsgerichtshof eingerichtet werden – der in moralischem Sinne als Symbol wirken könnte. (Natürlich wäre die Einhaltung der ethischen Kodizes der entsprechenden Wissenschaftlergemeinschaften intern wie extern eine Frage der rechtlichen Erfassung durch diese Gerichte.) Alle Verbesserungsmöglichkeiten für verantwortbare Wissenschaftsentscheidungen können freilich nur sinnvoll sein, wenn die Wissenschaftler die ethischen Probleme ihrer Disziplinen und Forschungen besser kennenlernen. Die moralische Bewußtheit der Wissenschaftler muß gefördert werden – sowohl in konkreten anwendungsbezogenen Projekten und der technischen Entwicklung wie allgemeiner auch im Zusammenhang mit der Grundlagenforschung. [...]

Wenn Forschung als ein menschliches Handeln ethisch mitverantwortet werden muß, so kann dies über die unmittelbar rechtlichen Normierungen (etwa bei Humanexperimenten) hinaus nur Gegenstand einer idealen Leitorientierung sein. Moral ist nicht Sache einer Klein-Klein-Kasuistik aller Einzelfälle. Obwohl hinsichtlich der unterschiedlichen Probleme bei technologischer Entwicklung, anwendungsnaher Forschung und Grundlagenprojekten und auch hinsichtlich der standesinternen Verantwortung des Wissenschaftlers (Beachtung der Normen fairen Forschens) sowie der externen moralischen Rücksichten noch viel zu leisten sein wird, kann das obenerwähnte Modell der aufteilbaren Mitverantwortung doch ein erster idealtypischer Ansatz für einen vernünftigen Mittelweg zwischen Alleinverantwortung und Verantwortungslosigkeit der Wissenschaftler sein.

Hans Lenk, Mitverantwortung ist anteilig tragen.
aus: Baumgartner/Staudinger (Hrsg.): Ethik der Wissenschaften, Bd. 2. Verlag Ferdinand Schöningh, Paderborn 1985, S. 102 ff. (gekürzt)

## A 1

**M 1:** Der Lexikon-Artikel hebt schon die bedeutenden und zentralen Momente des Verantwortungsbegriffs hervor, die im folgenden entfaltet werden:
– Verantwortung ist ein Relationsbegriff mit einer mindestens dreistelligen Grundrelation (Subjekt-Objekt-Instanz).
– Verantwortung ist ein Begriff aus der Rechtssphäre; die Art der Verantwortung richtet sich zunächst nach der Instanz.
– Verantwortung setzt ein mündiges, freiheitsfähiges Individuum voraus.
– Verantwortung ist eine Auszeichnung des Menschen.

*Arbeitsanweisungen:*
1. Als soziale Beziehungsstruktur ist Verantwortung eine mindestens dreistellige Relation. Erläutern Sie die drei Bezugsgrößen anhand von Beispielen.
2. Verantwortung ist Übernahme einer Verpflichtung. Sind Ihrer Meinung nach die Voraussetzungen wie Mündigkeit, Freiheit usw. dafür in unserer Gesellschaft gegeben?

**M 2:** Verantwortung ist als rechtlicher Begriff traditionell im Bereich der Jurisprudenz angesiedelt und stellt in der bisherigen Geschichte der Ethik keinen moralphilosophischen Grundbegriff dar. Zwei heute noch maßgebende Grundbedeutungen sollten aus dem Text herausgearbeitet werden:
Verantwortung als Rechtfertigung, Verteidigung, dem das lateinische *respondere* entspricht, leitet seine Herkunft aus der römischen Rechtsprechung und der christlichen Morallehre ab; in der Folge dieser Begriffsentwicklung, bedingt durch die Säkularisation des christlichen Denkens, wird Verantwortung heute erweitert zur Zuständigkeit, Kompetenzzuschreibung, d. h. es wird eine immer stärker werdende sachliche Orientierung deutlich, die den Begriff zu einer reinen Verrechnungskategorie macht, dem keine ethische Bedeutung mehr zukommt.
Moralische Verantwortung als ursprünglich christlicher, eschatologischer Begriff, für den der lateinische Terminus *imputatio,* verstanden als Zurechnung, übernommen wurde. In die philosophische Ethik findet er erst Eingang, nachdem der religiöse Verweisungscharakter (für..., vor...) „umgebogen" wird in den Gedanken der Selbstverantwortung, an dem in der neuzeitlichen Ethik die moralische Relevanz des Begriffs dann festgemacht wird.

*Arbeitsanweisungen:*
1. Erörtern Sie die Behauptung Schwartländers, daß sich traditionelle Sitte und Moral mehr und mehr auflösen. Könnten Sie „Schlagworte" oder „Modeworte" finden, die diesen Prozeß deutlich machen?
2. Zeichnen Sie die beiden terminologischen Zusammenhänge in der Geschichte des Verantwortungsbegriffs nach. Welche Bestimmung des Begriffs kommt Ihrem Verständnis von Verantwortung am nächsten?

## A 2

Verantwortung, darüber besteht weitgehend Konsens, ist eine Auszeichnung, die nur dem Menschen zukommt, denn als Träger der Verantwortung muß ein Subjekt im Sinne einer identischen Person notwendig vorausgesetzt werden, dem Handlungs- bzw. Willensfreiheit notwendig zukommen. Autonomie und Selbstbestimmung sind unabdingbar, wenn der verantwortungsethisch Handelnde die Folgen persönlich und für sich verantworten soll. Hierzu bedarf es eines moralischen Bewußtseins (Lenk nennt es Gewissen), welches sich durch Selbstgesetzgebung und durch moralische Grundsätze auszeichnet. Die drei Texte beleuchten drei verschiedene Aspekte:

**M 1:** Jonas zeigt die Verantwortungsfähigkeit als notwendige Voraussetzung des Menschseins am Paradigma elterlicher Verantwortung auf; er spricht schon den Gedanken der intergenerationellen Verantwortung an, der besonders in A 20 thematisiert wird.

*Arbeitsanweisungen:*
1. Erläutern Sie das Grundparadigma der Verantwortung.
2. Verantwortungsfähigkeit ist ein rein menschliches Phänomen. Warum sagen wir nicht: Die Tiermutter ist für die Folgen ihrer Nachlässigkeit in der Erziehung zur „Verantwortung" zu ziehen?
3. Subjekt der Verantwortung ist der Mensch; Objekt kann im Prinzip alles Lebendige sein – erörtern Sie die Konsequenzen für die Verantwortungsübernahme im 20. Jh.

**M 2:** Lenk macht darauf aufmerksam, daß Verantwortung nicht nur Auszeichnung, sondern auch eine Bürde darstellt, die er als Selbstverpflichtung versteht. Begründet liegt sie in der Moralfähigkeit, der moralischen Vernunft des Menschen, die ihm eine Sonderstellung im Reich der Natur verschafft.

*Arbeitsanweisungen:*
1. Bestimmen Sie anhand der Rolle der moralischen Vernunft die Sonderstellung des Menschen.
2. Erläutern Sie an Beispielen die doppelte Bedeutung, die in der Verantwortung den Menschen auszeichnet.
3. Wie versteht Lenk die Beziehung zwischen Gewissen und Verantwortung?

**M 3:** Sartre zieht die radikale Konsequenz, die aus der existentiellen Situation des Menschen folgt. Der Mensch ist die Bedingung seiner Faktizität, daraus ergibt sich eine totale Verantwortlichkeit, denn einerseits ist der Mensch für sein Sein verantwortlich (nur nicht für sein Verantwortlichsein!), denn er wählt den Sinn seiner Situation, andererseits ist er für die Welt verantwortlich, weil er durch seine Handlungen Welt konstituiert. Nachdem der Mensch in das Dasein geworfen ist, kann und muß er wählen, was aus ihm werden soll – er ist zur Freiheit verurteilt. Sein Wesen ist das, wozu er sich macht und aus dieser praktisch unbegrenzten Verantwortlichkeit kann ihn keiner entlassen.

*Arbeitsanweisungen:*
1. Skizzieren Sie die existentielle Situation des Menschen. Welches Lebensgefühl spricht aus dieser Beschreibung menschlicher Existenz?
2. Ist in dem Bewußtsein, daß man ohne Entschuldigungsgrund für alles verantwortlich ist und „für sich ganz allein das Gewicht der Welt trägt", noch sinnvolles Handeln möglich?

**M 4:** Aus einer anderen Perspektive beleuchtet Spaemann noch einmal die Verantwortungsrelation, das Gewissen als Ausdruck von Selbstverantwortung und das Phänomen Freiheit als Voraussetzung von Verantwortung. Der Text eignet sich besonders für die Abgrenzung Mensch–Tier unter verantwortungsethischen Aspekten.

*Arbeitsanweisungen:*
1. Erarbeiten Sie die Bestimmung des Gewissens; ziehen Sie zum Vergleich M 3 heran.
2. Worin sieht Spaemann den wesentlichen Unterschied zwischen Mensch und Tier? Erläutern Sie den Menschen als Freiheitssubjekt und als Naturwesen.
3. Diskutieren Sie am Beispiel der „Zwangsernährung" die Grenzen der Verantwortungsübernahme.

## A 3

**M 1/M 2:** Kohlberg liefert ein Schema, das die Entwicklungslogik des moralischen Urteils in der Weiterführung Piagets durch Unterscheidung von drei Entwicklungsebenen und sechs Entwicklungsstufen zu erfassen sucht. Dabei vertritt er folgende Thesen:
– moralische Urteile sind nicht nur Ausdruck subjektiver Gefühle oder Willensentscheidungen, sondern Ausdruck einer erkenntnisanalogen Urteilskompetenz;
– die Entwicklung der moralischen Urteilskompetenz kann empirisch-psychologisch in natürlichen Entwicklungsstufen beschrieben werden; ihre Reihenfolge ist irreversibel.

Die höchste Stufe moralischer Urteilsbildung, die 6. Stufe, orientiert sich an der prinzipiengetragenen Gewissens- oder Gesinnungsethik Kants; ferner sieht

Kohlberg eine Konvergenz zwischen Rawls' Modell (Theorie der Gerechtigkeit) und der höchsten Stufe der eigenen Entwicklungstheorie. Seine neuesten Untersuchungen zeigen, daß auf der Stufe 6 die beiden von einander unabhängigen Moralprinzipien Gerechtigkeit und Wohlwollen integriert werden können, indem sie aus dem obersten für die Moral konstitutiven Grundsatz der Achtung vor anderen Personen abgeleitet werden.

*Arbeitsanweisungen:*
1. Informieren Sie sich über Kohlbergs Theorie der Entwicklung moralischer Urteilsfähigkeit.
2. Worin bestehen die Besonderheiten der 6. Stufe der Moralentwicklung?
3. An welchen Prinzipien orientiert sich beispielsweise Joan im Interview? Was versteht sie unter Verantwortung?

## A 4

**M 1/M 2:** Verbindliche Zuschreibung und Bewertung von Verantwortung ist nur möglich, wenn eine grundsätzliche Art von Freiheit vorausgesetzt wird, durch die praktisches Handeln sich als sinnvolles Tun ausweist. Der Text von Schlick ermöglicht eine Auseinandersetzung mit der traditionell schwierigen Freiheitsthematik, da er von einem sehr pragmatischen Begriff der Handlungsfreiheit ausgeht, die er als Abwesenheit von äußeren und psychischen Zwängen bestimmt. Eine Handlung oder eine Willensentscheidung ist dann frei, wenn sie nicht unter Zwang steht, und wenn im Täter der „Angriffspunkt der Motive", aus denen die Handlung resultiert, gefunden und manifest gemacht werden kann. Diese Tatsache deckt sich auch mit dem subjektiven Gefühl der Verantwortlichkeit, das letztlich aus dem Bewußtsein entsteht, der wahre Urheber der Handlung zu sein. Weil Schlick glaubt, daß die so definierte Freiheit ausreicht, um Verantwortlichkeit zu rechtfertigen, kommt er auch zu der These, daß das Problem der Willensfreiheit ein Scheinproblem sei, beziehungsweise auf der Verwechslung einer Freiheit von Zwang mit Fehlen von Ursachen beruhe.

*Arbeitsanweisungen:*
1. Inwiefern wird an der Bedeutung der Strafe das „Wesen der Verantwortlichkeit" deutlich?
2. Erläutern Sie die beiden Aspekte des Verantwortungsphänomens: das objektive Verantwortlichmachen und das subjektive Sich-verantwortlich-Fühlen.
3. Was folgt aus der Bestimmung des „Täters" als „Kreuzungspunkt der Motive" für die Zuschreibung der Verantwortung? (Bsp. Geisteskranker usw.)
4. Warum ist das bekannte Gefühl, „daß man auch anders hätte handeln können" ein Argument für den

Determinismus und nicht, wie man glauben könnte, für den Indeterminismus? Halten Sie den Beweisgang Schlicks für überzeugend?

Zusatz: Verantwortung setzt Freiheit voraus in dem Sinne, „daß mein eigener Wunsch die Triebfeder war". Argumentieren Sie mit der kantischen Ethik, daß es sich hierbei um eine Form der Heteronomie, also der Unfreiheit, handelt.

## A 5

**M 1:** Ansetzend am dialogischen Prinzip als dem Grundverhältnis jeder menschlichen Existenz und der sprachlichen Analyse des Verantwortungsphänomens entwickelt Weischedel drei Grundarten der Verantwortung: die soziale, religiöse und Selbst-Verantwortung. Der Mensch verhält sich so in allen Verantwortungsarten gegenüber einer Instanz: zu den Mitmenschen, zu Gott und zu sich selbst. Diese Beziehungsverhältnisse stehen aber nicht als gleichartige nebeneinander, sondern die soziale und die religiöse Verantwortungsart weisen zurück auf die Selbstverantwortung – wie das Beispiel deutlich macht; in ihr sieht Weischedel die tiefste Art der Verantwortung, da sie in den Grund der menschlichen Existenz hinabreicht.

*Arbeitsanweisungen:*
1. Rekonstruieren Sie die Analyse der Wortbedeutung und des sprachlichen Feldes.
2. Das Prinzip der Gliederung der Verantwortungsarten ist das dialogische Prinzip. Erläutern Sie, hiervon ausgehend, die drei Grundarten. Scheint Ihnen die Einteilung plausibel?
3. Inwiefern zeigt das Beispiel, daß auch die religiöse und die soziale Verantwortung im eigentlichen Sinne nur Selbstverantwortung sind? Kann es dann noch eine religiöse Verantwortung vor Gott geben?

Zusatz: Der Verantwortungsbereich wird stark auf den Menschen eingegrenzt. Tier und Stein tragen keine Verantwortung, weil sie nicht Antwort geben können, aber können sie nicht deswegen auch in die Dimension der Verantwortung mit einbezogen werden? Wie beurteilen Sie das rein anthropozentrische Verständnis Weischedels?

**M 2:** Hans Jonas hat durch sein programmatisches Buch „Das Prinzip Verantwortung" eine neue Betrachtungsweise in die Theorie der Verantwortung, besonders des Verantwortungsbereichs, gebracht. Er knüpft zunächst an das traditionelle Verständnis der Verantwortung als kausaler Zurechnung begangener Taten an. Die Bedingung dafür ist kausale Macht des Handelnden, der für die Handlungsfolgen verantwortlich gehalten und gegebenenfalls haftbar gemacht wird. Dagegen setzt Jonas eine spezifisch andere, neue Verantwortungsart, die „Verantwortung für Zu-Tuendes". Das Grundparadigma für diese „zweckverpflichtende" Verantwortungsart ist die Ur-Verantwortung der elterlichen Fürsorge, die, nach Jonas, jeder zuerst an sich selbst erfahren hat (A 2, M 1). An ihr wird die zukunftsbezogene Seinsverantwortung, die Sorge-für-Verantwortlichkeit besonders deutlich. Orientiert an diesen Paradigmen hält Jonas eine sittliche Ausweitung des Verantwortungskonzepts für nötig, da die durch den Menschen und seine technische Zivilisation zerstörte Natur einen Anspruch an den Menschen hat und einen Übergang von einer Konzeption der Verursacherverantwortung zu einer Treuhänder- oder Heger-Verantwortung fordert.

*Arbeitsanweisungen:*
1. Erläutern Sie den Satz: „Bedingung von Verantwortung ist kausale Macht" an einem Beispiel.
2. Unterscheiden Sie das doppelte Verständnis von Kausalhandlungsverantwortung, das auch die rechtliche und moralische Verantwortungsart unterscheidet.
3. In der neuen „Verantwortung für Zu-Tuendes" hat das Pronomen „für" einen anderen Sinn. Erläutern Sie.
4. Fassen Sie die zweite Verantwortungsart mit eigenen Worten zusammen und erläutern Sie sie am Beispiel der Verantwortung, die Eltern für ihre Kinder, Lehrer für ihre Schüler oder der Staatsmann für das Volk haben.

## A 6

**M 1/M 2:** Ropohl versteht Verantwortung in einem erweiterten Sinn als mehrstelligen Relationsbegriff; die wichtigsten Elemente, über die die Verantwortungsrelation zu definieren ist, faßt das Schema anschaulich zusammen. Die Grundrelation oder der „Kern der Verantwortungsrelation" besteht darin, „daß jemand etwas verantwortet". Der Objektbereich wird von Ropohl unter der Fragestellung, WAS das Subjekt zu verantworten habe und WOFÜR es verantwortlich sei, differenzierter betrachtet. In der inhaltlichen Bestimmung der Verantwortungsinstanz unterscheidet Ropohl, wie auch andere Autoren, die Instanzen formal genauer in interne und externe, formelle (Gericht, Staat, Arbeitgeber) und informelle, von denen besonders im traditionellen christlichen Verständnis das individuelle Gewissen stets als eine Art informeller letzter Verantwortungsinstanz angesehen wird. Aus der Erweiterung der Verantwortungsinstanz, besonders in der neuzeitlichen Verantwortungsethik, ergibt sich als ein weiteres wichtiges Element der Verantwortungsrelation die Wertgebundenheit verantwortlichen Handelns. Ropohl behauptet, daß Verantwortung letztlich nur im Rückgriff auf Werte, die er als normative Orientierungskonzepte für Handlungen und Handlungsfolgen versteht, begründet werden kann. Strittig bleibt hier sicher die Frage, was als letzte Wertmaxime der Verantwortung anzusehen ist. Ropohl schlägt als Maxime „das gute Leben aller" vor, das durch die Prinzipien der Nützlichkeit, des Wohlwollens und der Gerechtigkeit definiert wird.

*Arbeitsanweisungen:*

1. Zeigen Sie anhand des Schemas die Kern- bzw. Grundrelation auf. Wie lassen sich die Beziehungen zwischen den einzelnen Elementen (Bezugsgrößen) interpretieren?
2. Können die Elemente gleichwertig nebeneinander stehenbleiben oder sind hier nicht unterschiedliche Ebenen angesprochen? Ropohl spricht selbst von einer Meta-Verantwortung; wie läßt sich diese Ebene begreifen und eventuell darstellen? Entwerfen Sie ein neues Schema!
3. Die Grundelemente der Verantwortung sind heute inhaltlich nicht mehr so einfach festzulegen, besonders aber haben sich Instanz, Bereich und Subjekt in der Geschichte der Neuzeit entscheidend verändert. Erläutern Sie die Probleme, die sich für eine Ethik der Zukunftsverantwortung daraus ergeben.
4. Nehmen Sie Stellung zu der von Ropohl vorgeschlagenen letzten Maxime. Inwieweit könnten ihre Grundprinzipien in unserer Gesellschaft Beachtung finden?

**M 3:** Ausgehend von einer mehrstelligen Relation, die den Verantwortungsbegriff konstituiert, beschreibt und diskutiert Lenk vier Verantwortungsarten und zeigt an ihnen die komplexen Ebenen der Verantwortung heute auf. Er unterscheidet im Verantwortungsbereich die Handlungsverantwortung für die Folgen und das Ergebnis des eigenen Handelns von einem anderen Verantwortungstyp, der Aufgaben- oder Rollenverantwortung, die mit einer spezifizierten Rolle, etwa der einer beruflichen Beschäftigung, unlöslich verbunden ist. Von dieser muß die moralische Verantwortung unterschieden werden, die individuell und zudem von unbegrenzter und unbeschränkter Geltung ist. Als „übergeordnete, bedeutungslogisch höherstufige moralische Verantwortung" fordert sie, generell die beruflichen oder vertraglich übernommenen Aufgaben und Pflichten zu erfüllen und überlagert solche Aufgabenverantwortlichkeit. Sie richtet sich aus an allgemeinen Werten wie Humanität, Menschenwürde, Fortbestand und Qualität des Lebens und kann sowohl rein individuelle Verantwortung als auch gemeinschaftlich, distributiv zu tragende Mitverantwortung sein (vgl. A 23).

*Arbeitsanweisungen:*

1. Lenk unterscheidet vier Grundarten der Verantwortung mit jeweiligen Unterarten. Nach welchen Kriterien werden die einzelnen Arten voneinander abgegrenzt?
2. Wodurch weist sich die moralische Verantwortung als „höherstufige" Verantwortungsart aus? Be-

schreiben Sie die verschiedenen Ebenen der universalmoralischen Verantwortung mit Hilfe des Diagramms.
3. Diskutieren Sie unter verantwortungsethischen Gesichtspunkten die Rollenkonflikte, in die ein Familienvater, ein Kapitän usw. geraten kann.

Zusatz: Konstruieren Sie einen Rollen- bzw. Loyalitätskonflikt, in den ein junger Forscher kommen muß, der an einem ethisch verwerflichen Projekt mitwirkt, das er moralisch nicht verantworten kann.

## A 7

**M 1:** Seit der moderne Homo sapiens auf diesem Planeten existiert, greift er in Naturzusammenhänge ein, dezimiert und vernichtet andere Arten, zerstört die Vielfalt und Schönheit der Schöpfung, um Platz für sich zu schaffen – er verhält sich unter dem Aspekt der biologischen Evolution nicht anders als jede erfolgreiche Spezies. Die Zivilisierung des Menschen ging stets mit der Vergewaltigung der Natur Hand in Hand, dennoch war in der Vergangenheit die Unverletzlichkeit des Ganzen der Natur garantiert. Die Natur war das Bleibende, sie sorgte für sich selbst und war daher kein Gegenstand menschlicher Verantwortung. Die neue technische Entwicklung macht heute dagegen die kritische Verletzlichkeit der Natur durch die technische Intervention des Menschen sichtbar. Sie bedingt Handlungen von so neuer Größenordnung und mit so neuartigen Folgen, daß der gesamte Lebensbereich der Erde, die Biosphäre in ihrem Gleichgewicht empfindlich gestört wird.

*Arbeitsanweisungen:*

1. Erläutern Sie an Beispielen des Chorliedes, inwiefern die Vergewaltigung der Natur und die Zivilisierung des Menschen Hand in Hand gehen.
2. Worin besteht der quantitative und auch der qualitative Unterschied menschlichen Handelns im Zeitalter moderner Technik im Unterschied zur Antike?
3. Welche Veränderungen, verursacht durch moderne wissenschaftliche Technik, werden heute nicht nur als Segen, sondern zugleich als Fluch empfunden und kritisiert?

**M 2/M 3:** Im Anschluß an den Text von Hans Jonas kann an den beiden Bildern der Übergang von antiker zu neuzeitlicher Technik nachvollzogen und damit die Selbstüberschätzung des Menschen thematisiert werden. Babel ist die erste in der Bibel erwähnte Stadt; an vielen Stellen wird ihre überragende politische und kulturelle Bedeutung deutlich. Die Turmbauerzählung zeigt sie als Ort der bewunderten Zivilisation, aber auch des gesteigerten Selbstbewußtseins und eines gegen Gott gerichteten Hochmuts.

*Arbeitsanweisungen:*

1. Welche Ziele verfolgen die Menschen mit dem Turmbau zu Babel? Was bedeutet die Aussage des Schreibers, daß ihnen „jetzt nichts mehr unerreichbar ist"?

2. Vergleichen Sie den Turmbau zu Babel als Symbol für menschliche Macht durch technische Zivilisation mit dem Chorlied der Antigone: welche Bedeutung haben Sprache, Recht und Gesetz, der Glauben an die Götter?

3. Füllen Sie die Stockwerke mit den wichtigsten technischen Errungenschaften, aus denen der neuzeitliche Turm zu Babel besteht. Inwiefern wird er zum Symbol für den gegenwärtigen technischen Fortschritt?

**M 4:** Schon 1970 macht Sachsse in diesem Aufsatz auf die Ambivalenz des technischen Fortschritts und die damit verbundenen ethischen Probleme aufmerksam. Seine radikale Rückführung der Technik auf Menschenwerk macht jede Entlastungs- und Abschiebestrategie obsolet. Die derzeitige Krise besteht vor allem darin, daß der Mensch global mit seiner ungeheuren Zahl und mit seinem Anspruch an Ressourcen und Abfalldeponien weit über die Tragekapazität der Umwelt hinausgeschossen ist und damit seinen Untergang provoziert. Andererseits hat wissenschaftliches Forschen nicht nur unsere Lebenserwartung und unsere Lebensqualität, sondern auch unsere Chancen für eine Überlebensstrategie gewaltig erhöht. Die Frage ist, wie wir unser Wissen nutzen und ob es uns gelingt, durch eine wertorientierte kultivierte Selbstbeherrschung den Fortschrittsprozeß unter Kontrolle zu bekommen.

*Arbeitsanweisungen:*

1. Entspricht der erste Satz Ihrer Lebenserfahrung?

2. In welchem der genannten Bereiche scheinen Ihnen die ethischen Probleme besonders brennend zu sein?

3. Trifft Ihrer Meinung nach die Charakteristik der jungen Generation zu? Nennen Sie Beispiele.

4. Technik ist Menschenwerk. Was folgt aus dieser These für den Umgang mit ihren Errungenschaften?

5. Erörtern Sie den letzten Satz.

## A 8

Das Arbeitsblatt zeigt einen Aspekt der Zerstörung der natürlichen Umwelt auf. Der didaktische Schwerpunkt liegt nicht auf globalen Faktoren (Ozonloch, Waldsterben) sondern auf einem nachvollziehbaren Beispiel: Der Baum stirbt.

**M 1:** Ende eines Sommers
Das von Eich entworfene Herbstbild zeigt an sehr konkreten Beispielen die Zeitlichkeit, die Vergänglichkeit der Natur und des Menschen. Der einleitende Imperativ ist eine Emphase, ein bekenntnishafter Ausruf, der die Trostbedürftigkeit des Lebens und die Einsicht zum Ausdruck bringt, daß Bäume Trost spenden können. Das Gedicht verknüpft die Vergänglichkeit des menschlichen Lebens und die lange Lebensdauer der Bäume; es betont die Gemeinsamkeit, da auch sie am Prozeß des Sterbens teilhaben. Die Erfahrung des endenden Sommers wird vom lyrischen Ich auf das eigene Leben übertragen – es heißt Geduld haben, wie die Bäume lehren.

*Arbeitsanweisungen:*

1. Versuchen Sie durch eine Interpretation der beiden emphatischen Ausrufe am Anfang die Gefühle und Stimmungen des lyrischen Ich zu erfassen.

2. Vergleichen Sie das Herbstbild der Natur mit dem Herbst des Lebens – warum können gerade Bäume Trost spenden?

**M 2:** „Daß der deutsche Wald stirbt, ist keine Naturkatastrophe, sondern die logische Folge aus einer langen Reihe von Umweltverbrechen." (H. M. Enzensberger) Die Situation ist bekannt: Luftverschmutzung und rücksichtsloser Kahlschlag haben dazu geführt, daß der Wald weltweit bedroht ist. Die Waldschadensinventur 1984 ergab, daß 50 % der Waldfläche im Bundesgebiet sichtbar erkrankt sind. Danach geriet das Waldsterben zunehmend in Vergessenheit, und rückte erst durch den neuen Waldschadensbericht von 1994, nach dem vor allem Ammoniak aus der Landwirtschaft ein sogenanntes „zweites" Waldsterben auslöst, wieder in das Bewußtsein einer breiten Öffentlichkeit. Das Brecht-Gedicht gibt das Motto vor: ein Gespräch über Bäume kann angesichts der Greuel, die in der Welt unter Menschen passieren, nicht mehr harmlos geführt werden. Die Antwort Buchs zeigt die Verlagerung der Problematik, die sich unmittelbar auf die Karikatur bezieht. Beide Gedichte sprechen für sich und sind für Schüler leicht zu erschließen. Den Abschluß bildet Fritz, der sehr klar an einem Beispiel zeigt, wo die Ursachen liegen; hier sollte vor allem die emotionale Verbundenheit und Betroffenheit, die in dem Eich-Gedicht schon anklang, wieder aufgenommen werden. Die Karikatur weitet das Thema bezogen auf das Waldsterben insgesamt aus, sie markiert das Ende/den Ausgang des Gesprächs über Bäume.

*Arbeitsanweisungen:*

1. Zeichnen Sie das Gespräch über Bäume, das die drei Gedichte von Brecht, Buch und Fritz führen, inhaltlich nach.

2. Markieren Sie mit der Karikatur das Ende dieses Gesprächs.

Zur Diskussion: „Wenn der Baum stirbt, stirbt auch der Mensch." (Alte mythische Prophezeiung). „Vor dem Menschen stirbt der Baum" (ökologische Prophezeiung heute). „Wenn ich wüßte, daß morgen die Welt untergeht, so würde ich heute noch ein Apfelbäumchen pflanzen." (Stellungnahme Martin Luthers) .

**M 3:** Der Text enthält verschiedene Arten von ökologischen Argumenten: 1. Die Umweltverschmutzung, Zerstörung der unberührten Natur, Ausrottung irgendwelcher Tierarten usw. gereicht zukünftigen Generationen zum Schaden. Private Vorteile rechtfertigen nicht die Schädigung anderer Menschen, gleichgültig, ob diese heute schon unter uns leben oder aber noch nicht geboren sind. Die Pflicht, man dürfe anderen, auch den noch Ungeborenen, nicht dadurch Schaden zufügen, daß man ihre Umwelt zerstört, ist wenig umstritten. Sie stellt nur den Sonderfall der Regel dar, daß man niemandem schaden darf. 2. Umstritten dagegen ist der Selbstzweckcharakter der Natur. Angenommen, die Umweltzerstörung würde weder der heutigen noch zukünftigen Generation schaden, gibt es dann noch eine unmittelbare Pflicht gegenüber Tieren, Pflanzen und Umwelt?

*Arbeitsanweisungen:*
1. Erarbeiten Sie die verschiedenen Positionen, die im Text vertreten werden. Welche ethischen oder religiösen Voraussetzungen werden gemacht?
2. Spielen Sie das Tribunal nach. Wie könnte McWhortle auf Jean Kanes Einwurf antworten? Welche menschlichen Bedürfnisse oder Interessen verdienen den Vorzug vor Maßnahmen zum Schutz der Umwelt, welche sollten Erwägungen zum Schutz der Umwelt nachgesetzt werden?
3. Erstellen Sie anhand der folgenden, von Purtill formulierten, ethisch-ökologischen Regeln einen Katalog zum Schutz der Umwelt.
   a) Niemand darf seine Umwelt in einer solchen Weise verändern, daß er dadurch anderen heute oder erst in der Zukunft lebenden Menschen schadet, es sei denn, dies sei das einzige Mittel, um größeren Schaden von heute oder in der Zukunft lebenden Menschen abzuwenden.
   b) Die Umwelt darf zur Befriedigung menschlicher Bedürfnisse herangezogen werden, solange dies nicht gegen Regel 1 verstößt.
   c) Die Umwelt ist zu erhalten und zu schützen, solange dies nicht gegen die Regeln 1 und 2 verstößt.
4. Diskutieren Sie das folgende Fallbeispiel:
   Angenommen, ich wäre Besitzer eines kleinen abgelegenen und unzugänglichen Tales in den Bergen mit einem Bestand alter mächtiger Mammutbäume. Auch wäre es äußerst unwahrscheinlich, daß jemals ein anderer das Tal besuchen und sich an dem Anblick der Bäume erfreuen wird.
   – Wäre es unter den genannten Umständen sittlich gerechtfertigt, wenn ich den Wald anzündete und verwüstete, nur um mich einmal an dem Anblick eines riesigen Waldbrandes ergötzen zu können?
   – Wäre es unter den genannten Umständen sittlich gerechtfertigt, solche Bäume dann zu schlagen,

wenn sie das einzig verfügbare Material zum Bau von Häusern für Obdachlose wären? (Purtill)

**M 4:** Je mehr der Baum in der Natur stirbt, desto mehr produziert die Industrie Plastikbäume. Tribe legt die Wurzeln der bedürfnisorientierten Perspektive bloß, die den Grundannahmen der gegenwärtigen Umweltpolitik zugrundeliegen und will ihre Unzulänglichkeit aufdecken. Planungstheoretiker, und das zeigt das Beispiel des Textes, operieren in der Regel innerhalb einer gesellschaftlichen, politischen und intellektuellen Tradition, die in der Befriedigung individueller menschlicher Bedürfnisse das einzig vertretbare Maß des Guten sieht – sie findet ihren Niederschlag auch in der Umweltgesetzgebung, die die Natur nicht um ihrer selbst willen schützt, sondern um ihren potentiellen Wert für die Menschheit zu erhalten. Die Plastikbäume sind greifbare Symbole einer Naturauffassung, die sich mit den derzeitigen kurzsichtigen Prämissen von Umweltgesetzgebung und Umweltpolitik deckt. Die neue Fundierung der Umweltpolitik, die am Ende des Textes gefordert wird, muß über menschliche Bedürfnisse hinausgehen.

*Arbeitsanweisungen:*
1. Woher kommt die Faszination, die Bäume bzw. die Natur auf uns ausstrahlt? Was macht sie so anziehend für uns?
2. Was spricht gegen Plastikbäume, wenn die Leute im Grunde genau das wollen?
3. Wie gravierend ist die Verzerrung, die aus der ausschließlich bedürfnisorientierten Sichtweise hervorgeht?
4. Diskutieren Sie die Folgen, die sich ergeben, wenn man in der Natur ausschließlich ein Potential individueller menschlicher Befriedigung sieht?

Diskussionsvorschlag: „Wüßten wir mit Gewißheit, daß der Planet Erde vom Jahr 2000 bis in alle Ewigkeit für Menschen unbewohnbar wäre, gäbe es keinerlei ethischen oder ästhetischen Grund, warum wir die Welt nicht als Müllhalde hinterlassen sollten." (Birnbacher)

## A 9

**M 1:** Im Vergleich der Parteiprogramme ergeben sich folgende Grundpositionen für die umweltpolitische Zielsetzung: CDU und CSU sehen den technischen Fortschritt als Stütze der Umweltpolitik. Die soziale Marktwirtschaft soll die Voraussetzungen schaffen und die staatliche Ausgabenpolitik soll sich vorrangig auf die Technologieförderung konzentrieren, deren Ergebnisse vom Markt verwertet werden. Soziale Marktwirtschaft bildet auch für die FDP die Grundlage aller umweltpolitischen Überlegungen. Allerdings müssen im Konfliktfall die Bedürfnisse der Wirtschaft hinter die Belange des Umweltschutzes zurücktreten; sie setzt, wie die SPD, auf staatliche Maßnahmen, fordert allerdings eine spürbare Stärkung der Rechte der Bürger. Die SPD will zur Vermeidung von Umweltschäden die Wirtschaft strukturell verändern; die staatlichen Organe – und nicht der freie Markt – sollen die tragende Rolle aller umweltpolitischen Aktivitäten übernehmen. Die Grünen erwarten eine Verbesserung der Umweltbedingungen vor allem durch eine Veränderung der gegenwärtigen Industriegesellschaft. Durch Entflechtung, Dezentralisierung und Stärkung der Selbstverantwortlichkeit soll sich eine ökologisch und sozial verantwortbare Kreislaufwirtschaft entwickeln.

*Arbeitsanweisungen:*
1. Vergleichen Sie die umweltpolitischen Zielsetzungen der Parteien.
2. Welche Rolle kommt den staatlichen Institutionen, welche dem Markt und welche dem Bürger in einer zukünftigen Umweltpolitik zu?

**M 2/M 3:** Zum Verständnis der Karikatur und des Spiegel-Berichts sind Kurzinformationen zum UN-Umweltgipfel (Konferenz für Umwelt und Entwicklung, 178 Staaten) in Rio 1992 angebracht; die Ergebnisse sind umstritten, wie der Spiegel-Artikel zeigt. Miteinbezogen werden könnte auch der Klima-Gipfel in Berlin 1995 oder die globalen Prognosen von „Global 2000".

Die Materialien stehen in einem unmittelbaren Bezug zueinander und sollten auch gemeinsam verwendet werden. Ausgang ist die Karikatur, die durch die Leerstelle zum Nachdenken über die Effektivität einer Gipfelkonferenz auffordert; dieses Nachdenken wird durch den Spiegel-Text noch verstärkt. Er macht deutlich, warum der Umweltgipfel in Rio „scheitern" mußte.

*Arbeitsanweisungen:*
1. Informieren Sie sich über die globale Klimaschutzkonferenz in Rio de Janeiro 1992 und ihre Ergebnisse. Entwerfen Sie einen Text für die Sprechblase.
2. Analysieren Sie den Bericht des Spiegels und erfinden Sie Sprechblasen für die einzelnen Konferenzteilnehmer.
3. Auf welche Motive lassen sich die Argumentationsstrategien zurückführen?
   Gruppenarbeit: Sie können auch den „runden Tisch" nachspielen. Lassen Sie je einen Vertreter der Länder die „Visionen von Wagemut" vortragen und entwerfen Sie eine Rechtfertigungsstrategie, warum man genau das im eigenen Land nicht durchführen kann.

**M 4:** Der Zeitungstext setzt sich mit der Zukunft vor allem westlicher Regierungssysteme auseinander unter dem Aspekt, inwieweit sie in der Lage sind, die sich gegenwärtig abzeichnende Katastrophe durch

eine politische Lösung abzuwenden. Von den beiden diskutierten Varianten (Demokratie oder Diktatur) setzt Meyer-Abich auf eine demokratische ökologische Umgestaltung der Gesellschaft, während sich andere Philosophen und Politiker (z. B. Hans Jonas in einem Spiegel-Interview, Nr. 20, 1992) eine von Staats wegen verordnete individuelle Freiheitsbeschränkung zugunsten der Erhaltung der natürlichen Umwelt durchaus denken können.

*Arbeitsanweisungen:*
1. Erläutern Sie die beiden politischen Handlungsoptionen, was spricht für, was gegen sie?
2. Beurteilen und diskutieren Sie die vorgeschlagenen Schritte zu einer globalen Umweltpolitik anhand von Beispielen.
3. Wie ließe sich das „aktive Mittun der Bürger" bewerkstelligen? Spricht die Erfahrung nicht dagegen? (Tempo-Limit!)

## A 10

Das Arbeitsblatt führt die Problematik wieder zurück in den Handlungsspielraum des verantwortlichen einzelnen Bürgers. Im folgenden werden verschiedene „umweltbewußte" Haltungen vorgestellt; die Materialien geben positive und negative Beispiele. Es ist sinnvoll, die Schüler in Gruppen arbeitsteilig die verschiedenen Lebensstile analysieren und erarbeiten zu lassen – die Ergebnisse können dann in einer Podiumsdiskussion oder einem Hearing vorgestellt und diskutiert werden.

**M 1:** Die Grundfrage der Karikatur: Wie verhalten wir uns umweltbewußt richtig? ist nicht mehr eindeutig zu beantworten. In der Lebenswelt der Schüler sind die oft großartig gepriesenen „umweltverträglichen" Produkte und Handlungsweisen durch die Medien ins Zwielicht geraten; hier sollten auch die Bedenken der Schüler ernst genommen werden. Um die zur Diskussion nötigen Kenntnisse zu erwerben, sollte geklärt werden, was unter Nahrung, Lebensmittel und deren Qualität sowie unter der sogenannten Umweltverträglichkeit der Produkte eigentlich zu verstehen ist.

*Arbeitsanweisungen:*
1. Was heißt „biologisch abbaubar"? Informieren Sie sich über „Umweltverträglichkeit" der Konsumartikel.
2. Steckt hinter dem Öko-Bewußtsein mehr als ein modischer Trend?

**M 2:** Diskutiert dann auf anschauliche Weise die „Free-rider"-Position. Diese Grundhaltung des rationalen Egoisten in unserer Gesellschaft sollte unter verantwortungsethischen Gesichtspunkten beurteilt werden. Das Verbot des Trittbrettfahrens läßt sich sowohl aus dem Gebot der Unparteilichkeit wie aus der Goldenen Regel ableiten. Der Trittbrettfahrer nimmt sich nämlich ein Privileg heraus; zahlen läßt er für gemeinsame Vorteile den anderen.

*Arbeitsanweisungen:*
1. Erläutern Sie unter moraltheoretischen Gesichtspunkten die „Trittbrettfahrer-Haltung". Inwiefern widerspricht sie sowohl der Goldenen Regel als auch dem Prinzip der Unparteilichkeit?
2. Diskutieren Sie die These an Beispielen: „Was für den einzelnen rational ist, kann für die Gemeinschaft irrational sein".
3. Wie läßt sich die „Free-rider"-Position abbauen? Entwickeln Sie Modelle, die eine Chance auf Durchsetzung haben.

**M 3:** Die Erklärung der EKD macht deutlich, daß in der Gestaltungsphase einer neuen Umweltpolitik auch der Bürger selbst stärker für den Umweltschutz in die Pflicht zu nehmen ist. Dabei werden allerdings auch Kurskorrekturen des bisherigen Weges angemahnt: wer nicht vor seiner eigenen Haustür kehrt, ist auch nicht berechtigt, den Schmutz in Nachbars Garten zu beklagen. Außerdem ist es für den einzelnen Bürger immer noch leichter, Umweltprobleme „im eigenen Haus" zu erkennen, zu verstehen, über Lösungsmöglichkeiten nachzudenken und sein Verhalten zu verändern als abstrakt über Umweltprobleme in fernen Ländern informiert zu sein (Bsp. Tropischer Regenwald). Umweltbewußtes Verhalten des Verbrauchers, des einzelnen Bürgers, muß aber mehr sein, als nur Vorsicht beim Einkauf walten zu lassen – letztlich ist ein neuer Lebensstil gefragt.

*Arbeitsanweisungen:*
1. Erläutern Sie die Forderung: „Umweltverantwortung ist auch Sache des einzelnen" anhand des Textes.
2. Wie ist der neue Lebensstil zu verstehen? Inwiefern müssen wir „anspruchsvoller" leben?
3. Wie beurteilen Sie die Vorschläge für den Umdenkungsprozeß? Diskutieren Sie anhand von Beispielen ihre Anwendbarkeit.

**M 4:**
*Arbeitsanweisungen:*
1. Der Zeitungsartikel nimmt Bezug auf ein paradigmatisches Verhalten in einem Grimmschen Märchen. Entwickeln Sie ausgehend von dem Paradigma „Goldmarie" die grundlegenden Kategorien dieser Verhaltensweise:
   – Beispiel Antike: Solon
   – Beispiel Neuzeit: Jonas, Spaemann
2. Vergleichen Sie diesen neuen Verantwortungstyp mit den Grundarten der Verantwortung, wie sie Jonas entwickelt (A 5, M 2).

## A 11

**M 1:** Angesichts einer immer stärkeren Gefährdung insbesondere der natürlichen Umwelt wird eine zunehmende Auseinandersetzung mit dem Begriff „Umweltbewußtsein" aktuell. Er ist im Zuge politischer Diskussionen entstanden und umfaßt eine unbestimmte Art und Anzahl von Verhaltens-, Erlebnis- und Denkweisen, die Voraussetzung oder Ergebnis der Wechselwirkung von einzelnen oder Gruppen mit der physischen Umwelt sind. Wesentliche inhaltliche Gesichtspunkte dieses Umweltbewußtseins sind das Wissen und die Ansprechbarkeit hinsichtlich der Gefährdung der Umwelt durch den Menschen und ihres Nutzens für den Menschen.

*Arbeitsanweisung:*
1. Führen Sie eine Fragebogenaktion in der Schule, der Nachbarschaft usw. durch.

**M 2/M 3:** Martin Rock versucht zunächst, den Begriff „Umweltbewußtsein" definitorisch zu umgrenzen, er umreißt Denkinhalte und Emotionen, die sich mit dem Gewahrwerden der natürlichen und gebauten Umwelt verbinden und verdeutlicht an der Grundbedeutung von Öko-Logie anschaulich die enge Verzahnung von Mensch und Umwelt. Der Text sieht die Notwendigkeit einer verantwortungsvollen Haltung gegenüber der Natur zunächst in der Erkenntnis, daß diese Verantwortung auf der Sonderstellung des Menschen gründet. Sein Kern liegt im Aufdecken „banaler" anthropologischer und existentieller Voraussetzungen im Verhältnis des Menschen zur Umwelt. Zum anderen bringt er ein ästhetisches Argument ins Spiel: Das Leben der Natur, das sich dem Menschen in der ästhetischen Relation in ihren sinnlich-ästhetischen Qualitäten erschließt, muß dem Menschen wieder zugänglich gemacht werden unter Voraussetzung einer neuen Sinnlichkeit.

*Arbeitsanweisungen:*

**M 2:**
1. Informieren Sie sich über die Grundbedeutung von Ökologie (griech. oikos = Haus).
2. Was ist Umweltbewußtsein – ist es mehr als die Freude an einem klaren Bergsee und einem noch nicht zersiedelten Wald?
3. Wo liegen die Grenzen, deren sich der Mensch in seinem Umgang mit der Natur wieder bewußt werden sollte?

**M 3:**
1. Umweltkrise und Umweltverantwortung sind die Folge der Sonderstellung des Menschen in der Welt. Erläutern Sie diesen Gedanken.
2. Können Sie ein Beispiel für „Natur-Instinkt" finden, der dem Menschen zunehmend verlorengegangen ist?
3. Wie könnte eine neue „Natursinnlichkeit" aussehen und mit welchen Mitteln könnte sie erreicht werden?

**M 4:** Die konsequenteste Ausprägung der bisher vorgelegten Gedanken und damit auch einen gewissen Abschluß bietet Klaus M. Meyer-Abich. Bedingt durch den verhängnisvollen Primat der Wirtschaft vor der Politik und Kultur sehen wir die Natur nur unter der verengten ökonomischen Perspektive als Umwelt. Sie hat aber als natürliche, leidende Mitwelt einen moralischen Anspruch an uns. Dieser neue Begriff der Mitwelt zeigt gleichzeitig ein neues Naturverständnis und -verhältnis des Menschen auf, durch das eine gewaltfreie Beziehung zwischen Mensch und Mitwelt/Natur, eine Rechtsgemeinschaft mit der Natur, erreicht werden kann. Analog zur menschlichen Rechtsordnung beruht sie auf dem Gleichheitsprinzip und ermöglicht eine friedliche Austragung von Konflikten. Das neue Verhalten, das hier vom Menschen gefordert wird, ist weder ein ästhetisches, noch ein wissenschaftliches, noch ein wirtschaftliches, sondern im weitesten Sinne religiöses Interesse.

*Arbeitsanweisungen:*

1. Frieden mit der Natur hat zur Voraussetzung, daß wir die Natur nicht mehr als Umwelt, sondern als natürliche Mitwelt sehen. Was versteht Meyer-Abich unter diesem Begriff?
2. Worauf gründete sich in der Tradition die Sonderstellung des Menschen? Inwiefern läßt sich der anthropozentrische Standpunkt von keiner Seite her mehr rechtfertigen?
3. Erläutern Sie den Naturbegriff Meyer-Abichs. In welcher Tradition ist dieses Denken zu sehen und warum steht es dem heutigen Alltagsverständnis entgegen?
4. Prüfen Sie die Vorschläge, die zu einer Rechtsgemeinschaft mit der Natur führen sollen. Sind sie realistisch? Läßt sich zum Beispiel das Gleichheitsprinzip in der Praxis durchhalten?
5. Welchen Beitrag kann die Erziehung leisten? Wird unser heutiges Schulsystem den Forderungen nach einer ästhetischen Erziehung gerecht, die – verstanden als Bildung der Wahrnehmungs- und Erlebnisfähigkeit – eine entscheidende Voraussetzung einer „wahrnehmenden Verantwortung und verantwortlichen Wahrnehmung der natürlichen Mitwelt in unserer Umwelt" ist? Welche Möglichkeiten praktischer Umwelterziehung wären denkbar?

**M 5:** Entgegen der Wiedergewinnung eines quasi religiösen Naturverständnisses, das einen Zug der zeitgenössischen Umweltethik darstellt und nicht zuletzt auch die Wiedergewinnung religiöser Haltungen und Verhaltensweisen gegenüber dem Naturgeschehen fordert, setzt Passmore eine anthropozentrische Sichtweise, die keine Abkehr von Wissenschaft und technischer Naturbeherrschung zugunsten einer neuen Naturmystik und Naturgläubigkeit bedeutet, sondern eher eine verantwortungsvolle, weitsichtige und humanere Anwendung, die vor allem auch den immateriellen, z. B. ästhetisch-sinnlichen, Bedürfnissen des Menschen die ihnen gebührende Beachtung schenkt.

*Arbeitsanweisungen:*

1. Der Text vertritt – entgegen M 4 – einen eindeutig anthropozentrischen Standpunkt. Scheint Ihnen die Argumentation plausibel? Bringen Sie Meyer-Abich und Passmore ins Gespräch.
2. Wir brauchen keine neue Ethik – welche traditionellen grundlegenden Werte und Normen könnten als Leitfaden im Umgang mit der Natur dienen?
3. Diskutieren Sie – in bezug auf die Karikatur – die Hauptquellen der ökologischen Katastrophe an Beispielen.

## A 12

**M 1/M 2:** Anhand der Präambel des Tierschutzgesetzes sollte die Einbettung des Tierschutzgedankens in die geistes- und kulturgeschichtliche Entwicklung aufgezeigt werden. Die Schüler sollten die Geisteshaltungen und Wertströmungen, die einen wesentlichen Einfluß auf das Tierschutzgesetz von 1986 gehabt haben, erkennen, den impliziten ethischen Gedanken dieses Gesetzes herausarbeiten und sich konkrete Folgen für die Alltagspraxis überlegen. Ein historischer Exkurs kann das zunehmende Gewicht des Tierschutzgedankens in den letzten zwei Jahrhunderten verdeutlichen und zeigen, wie die jeweilige Beziehung des Menschen zu den Tieren eine Folge des Selbstverständnisses des Menschen darstellt.

Der neuzeitliche Tierschutz entstand in Großbritannien 1821 (Utilitarismus!) mit dem Gesetz zur Verhütung von Grausamkeiten an Tieren (Tierschutzverein). In Deutschland gilt der Pfarrer A. Knapp als Vater der Tierschutzbewegung. Seit 1839 wurden in Deutschland Tierschutzvereine gegründet; 1945 bestanden etwa 400. Gesetzliche Bestimmungen zum Tierschutz finden sich erstmals 1838 in Sachsen, dann 1851 in Preußen; die Regelung wurde maßgebend für die spätere deutsche Tierschutz-Gesetzgebung vom 24. 11. 1933, in der zum ersten Mal Tiere um ihrer selbst willen geschützt wurden.

Das hier vorliegende Tierschutzgesetz wurde am 24. 7. 1972 im Deutschen Bundestag beschlossen und entscheidend erweitert durch den Aspekt der Leidens- und Schmerzfähigkeit der Tiere sowie 1986 mit einer Gesetzesnovelle in wesentlichen Punkten verbessert. Die Präambel und der § 1 zeigen die neuen Begründungen in der Mitgeschöpflichkeit und der Leidensfähigkeit der Tiere, die dem ganzen Tierschutzgesetz zugrundeliegen. Besonders der Begriff „Mitgeschöpf" bedürfte der Diskussion. In § 7 und dem dazugehörenden Kommentar wird am Beispiel der Tierversuche gefragt, welche Einstellung wir zu den anderen Lebewesen und damit auch zur Natur im ganzen haben.

*Arbeitsanweisungen:*

1. Informieren Sie sich über den Tierschutz in vergangenen Jahrhunderten. Wie können Sie sich erklären, daß ausgerechnet in England (Jeremy Bentham) der Tierschutzgedanke geboren wurde?
2. Das Tierschutzgesetz geht davon aus, daß der Mensch für die seiner Obhut anheimgegebenen Tiere verantwortlich ist. Wie wird dieser Anspruch begründet?
3. Stellen Sie aus Ihrem Erfahrungsbereich eine Tierhaltung dar, die dem Tierschutzgesetz entspricht. Wie äußert sich falsche, wie richtige Tierliebe?
4. Sammeln Sie Beispiele aus den Medien, in denen Fälle von unverantwortlicher Massentierhaltung und Tiertransporten angeprangert werden. Versuchen Sie die Gründe aufzudecken: Profitgier? Billiger Fleischkonsum? Wie ließe sich dieser Praxis Einhalt gebieten?
5. Überprüfen Sie die Vorschriften in § 7 des Tierschutzgesetzes – erscheinen sie Ihnen ausreichend zum Schutz der Tiere? Diskutieren Sie an einem Beispiel genehmigungspflichtige und anzeigepflichtige Tierversuche – wo liegt der Unterschied? Wo die Gefahr?

## A 13

**M 1:** Der mit einem überzogenen Beispiel beginnende Zeitungsartikel zeigt sehr deutlich die Probleme und Grenzen des Tierschutzes. Günstig wäre ein Überblick über die verschiedenen Tierschutzorganisationen; anhand der Broschüren sollten sich die Schüler zunächst ein eigenes Urteil bilden.

*Arbeitsanweisungen:*

1. Informieren Sie sich über einzelne Tierschutzorganisationen, z. B. WWF. Analysieren Sie Ziele und Mittel der Durchsetzung.
2. Radikale Tierschützer greifen zur Gewalt – zeigen Sie anhand des Zeitungsartikels die Gründe und Rechtfertigungen auf.

**M 2:** Es kann im weiteren nicht darum gehen, den Schüler im einzelnen zur Beurteilung der ethischen Vertretbarkeit von Tierversuchen aufzufordern; hier würde eine Überforderung liegen, wie der Text am Anfang deutlich macht. Lernziel ist die Bewußtmachung der Sonderstellung des Menschen und ihre Kritik, die besonders in den Tierversuchen zu medizinischen Zwecken sichtbar wird. Des weiteren kann nach dem ethischen Konsens gefragt werden, der von Palm angemahnt wird. Der „codex experiendi", der ethische Grundsätze und Richtlinien für wissenschaftliche Tierversuche festlegt, wurde von berufsständischen Vertretern der biomedizinischen Wissenschaften 1983 erstellt. Er sichert die Vorrangstellung des Menschen unter der Maxime der Mitgeschöpflichkeit, erlaubt einen Einbezug der Tiere als Objekte, die aber auf-

grund eines ethischen Standpunktes zu achten und zu respektieren sind.

*Arbeitsanweisungen:*

1. Wie begründen die Ärzte den „Sachzwang" zu Tierversuchen? Können Sie auch hier ein Beispiel finden?
2. Vorsicht vor Moralisieren! „Auch diejenigen, die Versuche aus moralischen und ethischen Gründen ohne Ausnahme ablehnen, werden dennoch auch Stoffe und Methoden in Anspruch nehmen, die in Tierversuchen getestet und entwickelt worden sind."

**M 3:** Der letzte Text von Höffe ist besonders zur Überprüfung der Prämissen geeignet, die der Bewertung von Tierversuchen zu Grunde liegen. Gesundheit und Leben des Menschen werden abgewogen gegen die Leidensfähigkeit der Tiere, die einen Großteil der Experimente als sittlich verwerflich disqualifiziert.

*Arbeitsanweisungen:*

1. Erarbeiten Sie das Argumentationsmuster, das Höffes kritischer Analyse zugrundeliegt.
2. Diskussionsrunde/Hearing am runden Tisch über Tierversuche mit folgenden Teilnehmern: ein radikaler Tierschützer – ein Vertreter des Tierschutzgesetzes – der Chef einer Kosmetikfirma – ein Manager der Arzneimittelindustrie – ein Arzt in der Krebsforschung.

## A 14

**M 1:** Einer Ethik der Ehrfurcht vor dem Leben ist die neue christliche Perspektive verpflichtet, sie interpretiert den Herrschaftsauftrag Gottes an den Menschen als „königliche Fürsorglichkeit" und des Menschen Stellung als „Mandatar Gottes innerhalb der Schöpfung". Sie entdeckt die Gemeinsamkeit alles Lebendigen wieder; die Verantwortlichkeit des Menschen seinen Mitgeschöpfen gegenüber gründet in der Ehrfurcht vor ihnen und soll als Fürsorge entfaltet und praktiziert werden. Besonders der Gedanke der Mitgeschöpflichkeit hat im neuen Tierschutzgesetz Fuß gefaßt und zeigt so seine christliche Grundperspektive.
In der Tradition des heiligen Franz von Assisi steht die Ethik der Brüderlichkeit, der der leidensfähigen Kreatur seine besondere Fürsorge zugewandt hat. Dieser Perspektive schließen sich die offiziellen Kirchenleitungen nur bedingt an. Mit Schülern sollte aber die besondere Faszination, die die Legende des heiligen Franz auch auf nichtchristliche Tierethik ausstrahlt, diskutiert werden.

*Arbeitsanweisungen:*

1. Vergegenwärtigen Sie sich die Aussagen der Bibel, Genesis 2, 4 b–25. Nehmen Sie Stellung zu der

neuen Interpretation von Krapp. – Wo liegen die Gemeinsamkeiten, wo aber auch die prinzipielle Trennung zwischen Mensch und Tier (vgl. Franz von Assisi)?
2. Diskutieren Sie die Folgerungen für die Tierhaltung und die Tierversuche.
3. Rufen Sie sich noch einmal den § 1 des Tierschutzgesetzes ins Gedächtnis: welche geistigen Grundlagen werden hier sichtbar?

**M 2/M 3** thematisieren eine unreflektierte Haltung gegenüber Tieren, die nicht nur Kinder einnehmen. Das Gedicht von Erich Fried vermag Betroffenheit auszulösen, die auch in den Kindheitserlebnissen Schweitzers zum Ausdruck kommt. Der schlichte Bericht läßt die Persönlichkeit Schweitzers besonders gut hervortreten; er kann in die Grundzüge seines Werkes einführen und die Grundlage seiner Weltanschauung offenbaren. Der religiös-mystische Begründungsrahmen ist hier, wie auch in der ganzen Konzeption von Schweitzers Ethik unverkennbar. Den Schülern sollten vor allem die in dem Bericht zutage tretenden Begründungsmöglichkeiten für Schweitzers späteres Axiom „Ehrfurcht vor dem Leben" deutlich werden:
– *emotional:* durch unmittelbares Erleben fremden, auch tierischen Leids folgt die Einsicht in ein Mitbetroffensein;
– *empathetisch:* durch Hineinversetzen und Mitleiden folgt die Notwendigkeit zum Handeln;
– *religiös:* aus der christlich verstandenen Mitgeschöpflichkeit der Tiere folgen die Begründung und die Bedingungen von Verantwortung (vgl. hierzu M 1).

*Arbeitsanweisungen:*
1. Wie verstehen Sie die Überschrift des Gedichts? Wer ist hier „humorlos"? Inwiefern drückt das Gedicht eine grundsätzliche Haltung zu Tieren aus?
2. Was erfahren Sie durch den Text über die Person Schweitzers?
3. Untersuchen Sie die Gründe, die Schweitzer zu der Einsicht führen, „daß wir nicht töten und quälen sollen".
4. Müßte sich Schweitzer heute nicht den Vorwurf der Sentimentalität gefallen lassen?

**M 4:** Für die Verantwortungsethik des 20. Jh. besonders einflußreich und bedeutsam ist Schweitzers Forderung der „Ehrfurcht vor dem Leben", das er als neues Grundprinzip des Sittlichen in der Welt- und Lebensbejahung, die im Willen zum Leben gegeben ist, zu finden glaubt. Die Beispiele im Text zeigen, wie der Mensch durch die „Ehrfurcht vor dem Leben", in eine unaufhörliche, lebendige und sachliche Auseinandersetzung mit der Wirklichkeit gebracht wird. Sie verdeutlichen aber auch die Radikalität und Kompromißlosigkeit dieser ethischen Position, sowohl bezüglich der Haltung, die der Handelnde einzunehmen hat, als auch der radikalen Forderung nach der Heiligkeit jeglicher Kreatur. Den Kern dieser Verantwortungs-ethik formuliert Schweitzer in seinem ethischen Grundsatz: „Die subjektive, extensiv und intensiv ins Grenzenlose gehende Verantwortlichkeit für alles in seinen Bereich tretende Leben, wie sie der innerlich von der Welt freigewordene Mensch erlebt und zu verwirklichen sucht: dies ist Ethik."

*Arbeitsanweisungen:*
1. Schweitzer hat seine Kindheitserlebnisse in seiner späteren Philosophie wieder aufgenommen. Vergleichen Sie die persönlichen Erfahrungen mit seiner Philosophie der „Ehrfurcht vor dem Leben".
2. Inwiefern ist der Grundsatz: „Ich bin Leben, das leben will, inmitten von Leben, das leben will," sowohl erlebte als auch notwendig zu denkende Tatsache?
3. Nehmen Sie Stellung zu der Folgerung: „Das Leben als solches ist ihm heilig". Diskutieren Sie die Umsetzung im Alltag an konkreten Beispielen.
4. Der sittlich Handelnde kommt stets in den Konflikt, daß es unvermeidlich ist, Leben zu schädigen. Gibt es nach Schweitzer eine Lösungsmöglichkeit?
5. Schweitzer hat seine Philosophie in Afrika in die Tat umgesetzt. Informieren Sie sich über seine Schöpfung, das Urwald-Spital Lambarene.

## A 15

**M 1:** Der vorangestellte grundsätzliche Artikel geht über definitorische Unterscheidungen der verschiedenen Positionen, die im Rahmen der anthropozentrischen Umweltethik eingenommen werden können, weit hinaus. Trotz seiner ablehnenden Haltung der Anthropozentrik gegenüber bemüht sich Teutsch, das Problem differenzierter darzustellen. Mit Schülern sollte besonders der zweite Teil diskutiert werden, in dem deutlich wird, daß die anthropozentrischen Umweltethiker um der zukünftigen Generationen willen in der Mehrzahl die Normen des Umwelt- und Tierschutzes bejahen, denn zu den von ihnen anerkannten Werten zählen vor allem Leben und Lebensqualität der gegenwärtigen und zukünftigen Menschheit. Die anthropozentrische Begründung des Tierschutzes ist allerdings nicht nur „extrem künstlich, sie ist auch moralisch inadäquat" (Birnbacher), wie vor allem der Kant-Text deutlich macht.

*Arbeitsanweisungen:*
1. Wie begründet die anthropozentrische Umweltethik die Sonderstellung des Menschen?
2. Entwickeln Sie aus dieser Position heraus Normen für den Natur- und Tierschutz.

**M 2:** Christliche Tierschutzethik ist ihrer Genese nach anthropozentrisch. Nach jüdisch-christlicher Überlieferung ist die Gottebenbildlichkeit des Menschen eng verbunden mit dem Herrschaftsauftrag des Menschen innerhalb der Schöpfung, der allerdings im Sinne einer

Verpflichtung der Fürsorge und Bewahrung gedeutet wird. Der Herrschaftsauftrag, aus dem sich die Anthropozentrik herleitet, wird im Alten Testament zweimal ausgesprochen, einmal sich die Erde untertan zu machen (Gen. 1,28) und zum anderen sie zu bebauen und zu bewahren (Gen. 2,15). Besonders der zweite Auftrag stellt eine Korrektur des Anthropozentrismus, nicht dessen Aufhebung dar, der sich auch die neue christliche Ethik verpflichtet weiß.

*Arbeitsanweisungen:*
1. Analysieren Sie die Bedeutung, die dem Menschen nach christlichem Verständnis gegenüber dem Tier in der Schöpfung zukommt.
2. Der Mensch nimmt kraft seiner Natur und seines Geistes teil am Schöpfungshandeln Gottes. Wie läßt sich dieser Herrschaftsauftrag in der Genesis (1,28 und 2,15) verstehen? Zeigen Sie vor allem die Mißverständnisse der Neuzeit auf.
3. Nehmen Sie Stellung zu der Befürchtung Borns am Ende des Textes.

**M 3:** Es ist auch heute noch gut, den Tieren „cartesisch" jede Vernunft und auch jede Empfindung abzusprechen. Inwieweit die Gedanken Descartes' damit erfaßt sind, kann hier nicht diskutiert werden. Aus philosophischen Überlegungen teilt Descartes die Welt in Sachen (res extensae) und denkende Wesen (res cogitantes); diese Einteilung liegt auch dem Textausschnitt zugrunde. Er wird in voller Länge abgedruckt und eignet sich besonders gut zur Erarbeitung der Argumentationsschritte. Herausgearbeitet werden müßte der Unterschied der menschlichen Seele von der tierischen, so wie die Bedeutung von Sprache und Vernunft, worauf das Privileg des Menschen beruht; nur er besitzt eine unsterbliche Seele und daraus folgend Moral- und Verantwortungsfähigkeit. Obgleich Descartes die Tiere in die Nähe der Maschinen rückt, betont er doch die Ähnlichkeit mit den Menschen, so in der Empfindungsfähigkeit; er stellt aber gerade in diesem Bereich die vollständige Determination seitens der Natur heraus: Mensch und Tier sind im nichtvernünftigen Bereich konzipiert „wie offensichtlich eine Uhr".

*Arbeitsanweisungen:*
1. Erarbeiten Sie den Descartes-Text:
   – teilen Sie den Text in Abschnitte und versehen Sie diese mit Überschriften;
   – zeichnen Sie die Argumentationsschritte nach;
   – formulieren Sie die Hauptthese.
2. Worin besteht die prinzipielle unaufhebbare Differenz zwischen Mensch und Tier?
3. Welche Auffassung von der Natur wird im letzten Satz deutlich?

**M 4:** Der klassisch anthropozentrische Gedanke, daß wir Tieren gegenüber nicht grausam sein dürfen, weil sonst unser moralisches Gefühl abstumpfe, und wir

uns dann den anderen Menschen gegenüber ebenso grausam verhalten würden, findet sich grundlegend bei Kant. An die Stelle der unsterblichen Seele tritt bei Kant begründungsmäßig der Besitz der Vernunft; durch sie zeichnet sich der Mensch in seinem Selbstwertcharakter aus. Tiere haben keine Vorstellungen von rechtlichen und moralischen Pflichten; sie entwickeln keine Rechts- und Moralgrundsätze, sie können auch nicht gegen sie verstoßen. Hier liegt der Grund, weshalb Tiere rechtlich den menschlichen Personen nicht gleichgestellt werden. Kant leitet daraus ab: Da ein Vernunftwesen nur gegen seinesgleichen Pflichten haben kann, Tiere aber als nichtvernünftige Wesen eingestuft werden, sind die vermeintlichen Pflichten gegenüber den Tieren in Wirklichkeit nur Pflichten des Menschen gegen sich selbst. Das kantische Argument ist moralisch völlig inadäquat, denn die Tiere haben auch dann einen Anspruch darauf, von der Zufügung von Schmerzen, Leiden, Angst verschont zu werden, wenn verrohende und andere negative Auswirkungen auf den Menschen nicht zu befürchten sind. (vgl. Birnbacher)

*Arbeitsanweisungen:*
1. Informieren Sie sich über die Grundzüge der Pflichtethik, z. B. Kants Menschenbild, die Grundlagen von Moral und Recht.
2. Inwiefern folgt aus seinem Ansatz, daß nur Menschen Zwecke an sich selbst sein können, Tiere dagegen als Mittel, als Sachen zu betrachten sind?
3. Überprüfen Sie die Argumentation des vorliegenden Textes: Warum hat der Mensch nur Pflichten gegen sich selbst?
4. Wie wird das Verbot der Tierquälerei begründet? Diskutieren Sie diesen Ansatz.
5. Welche Einstellung haben wir heute zu den Tieren? Sind sie Sachen zum beliebten Gebrauche oder Leben, das uns Ehrfurcht abnötigt? Bringen Sie Kant und Schweitzer (A 15) in ein Gespräch.

Den Abschluß bildet eine grundsätzliche und deshalb nicht leicht zugängliche Reflexion O. Höffes. Er entlarvt sowohl eine undifferenzierte Ablehnung anthropozentrischen Denkens als auch einen rein theoretischen, oft nur rhetorisch vertretenen Anthropo-/ Biozentrismus, der die Folgen für die Praxis nicht bedenkt. Im Gegenzug fordert er dazu auf, die Sinnhaftigkeit einer anthropozentrischen Position, fernab jeder Polemik, neu zu überdenken.

*Arbeitsanweisungen:*
1. Erarbeiten Sie noch einmal zusammenfassend den anthropozentrischen Standpunkt.
2. Welche ökologischen Kardinaltugenden spricht Höffe an?
3. Überprüfen Sie Höffes Behauptung, daß es im ökologischen Grundlagenstreit nicht um privates Gut gehe, sondern um öffentlich verbindliches Recht am Beispiel des Vegetarismus.

## A 16

**M 1:** Das letzte Arbeitsblatt stellt patho- bzw. biozentrische Positionen vor, die heute im wesentlichen im Tierschutz vertreten werden. Hier sollte das Tierschutzgesetz noch einmal mit einbezogen werden. Der pathozentrischen Position kommt es weder auf die Gleichheit, noch die Mitgeschöpflichkeit an, sondern auf die Schmerz- und Angstfähigkeit der Tiere. Darum sollten am Anfang biologische Überlegungen und anatomische Vergleiche stehen, die zeigen, daß aufgrund der Haut- und Gehirnstruktur ein qualitativ unterschiedlicher Grad an Schmerzfähigkeit bei den Tieren anzunehmen ist.

*Arbeitsanweisungen:*

1. Erarbeiten Sie anhand des Lexikon-Artikels die pathozentrische Position.
2. Diskutieren Sie den „Gleichheitsgrundsatz" in bezug auf die Schmerzempfindung der Tiere untereinander (Erkenntnisse der Biologie miteinbeziehen!) und im Vergleich Mensch–Tier.

**M 2:** Moralisch handeln heißt für Schopenhauer altruistisch, nicht-egoistisch handeln. Sein Motiv ist nicht das eigene Wohl, sondern das Wohl und Wehe anderer Wesen; er ist ein prominenter Vertreter einer Mitleidsmoral bezogen auf alle lebenden Wesen. Diese Position kommt in dem Textauszug besonders gut – auch durch die Beispiele – zum Ausdruck. Sichtbar werden sollte aber auch die Schwäche der Schopenhauerschen Argumentation, gleiches gilt für die Thesen Schweitzers: beide gehen von einer alle Erfahrung übersteigenden metaphysischen Hypothese aus; Schopenhauer postuliert eine metaphysische Identität aller Lebewesen als Ausprägung des Weltwillens. Für einen Rationalisten gibt das keine tragfähige Basis für eine moralische Normierung unseres Umgangs mit Tieren.

*Arbeitsanweisungen:*

1. Informieren Sie sich über die Grundlagen der Mitleidsmoral, wie sie Schopenhauer entwirft.
2. Schopenhauer rechnet mit der ethischen Tradition ab – worin bestehen seine Hauptvorwürfe?
3. Diskutieren Sie die Beispiele für Mitleid mit den Tieren. Was sollen Sie verdeutlichen?

**M 3:** Diesen Schwierigkeiten versucht der Utilitarismus zu entgehen, der an die Stelle eines abstrakten Vernunftprinzips die empirisch feststellbare Leistungsfähigkeit der Lebewesen setzt. Das berühmte Diktum Benthams formuliert eine pathozentrische Position, die auch heute noch vertreten wird. Diese Forderung findet sich auch in der allgemeinen Klausel des Tierschutzgesetzes, daß niemand ohne vernünftigen Grund einem Tier Schmerzen, Leiden oder Schäden zufügen darf. Positiv zu werten ist vor allem die Einsicht, daß Tiere wie Menschen leiden und sich

freuen können, daß sie Bedürfnisse und Interessen haben. Ferner werden, im Unterschied zur deontologischen Position, die Folgen für die von der Handlung Betroffenen bedacht.

Die Probleme, die sich aus dieser Position ergeben, liegen in der Güterabwägung: letztlich hängt es von der Gewichtung ab, d. h. wessen Leid höher eingeschätzt wird, hängt von dem Wert ab, den man den Individuen (Menschen wie Tieren) bei der Bilanzierung beimißt. Die oft nicht akzeptablen Konsequenzen zeigt eindringlich Peter Singers Buch, aus dem der Textausschnitt entnommen wurde. Auch Benthams hedonistischer Kalkül stellt sicher keine befriedigende Lösung dar; ihm fehlen klare Maßstäbe zur gegenseitigen Verrechnung der Leiden.

*Arbeitsanweisungen:*

1. Erläutern Sie Benthams Diktum auf dem Hintergrund der utilitaristischen Ethik.
2. Erörtern Sie die Schwierigkeiten, die sich bei einer Güterabwägung leidensfähiger Wesen ergeben.

**M 4:** Höffe faßt noch einmal die behandelten Positionen zusammen, diskutiert sie im Vergleich und hebt die Sonderstellung des Menschen als verantwortungsfähiges Wesen hervor, die ihn allerdings dazu verpflichtet, auch seine Verantwortung gegenüber der Natur und besonders den Tieren ernst zu nehmen. Höffe vertritt eine gemäßigte pathozentrische Position, die sich besonders gut zur Diskussion von Tierversuchen eignet.

*Arbeitsanweisungen:*

1. Erläutern Sie die Idee einer „Gemeinschaft der fühlenden Wesen" in bezug auf ihre Grundannahmen.
2. Wie sichert Höffe dennoch eine Sonderstellung des Menschen?
3. Inwiefern kann auch die außermenschliche Natur einen moralischen Anspruch an uns haben? Gibt es Zwecke an sich, über den Menschen hinaus?

## A 17

**M 1:** Kant formuliert in seiner Ethik den Grundsatz der Menschenwürde in einer heute noch gültigen Weise. Der Text kann eine Grundlage darstellen, die ethischen Probleme im Bereich der Humanwissenschaften kritisch zu durchdenken. Vorausgesetzt werden hier Grundkenntnisse der kantischen Ethik, besonders die Funktion von hypothetischen und kategorischen Imperativen. Die „Mensch-Zweck-Formel" im vorliegenden Text macht die Achtung vor der Persönlichkeit in der Weise zur Pflicht, daß die vernünftige Natur stets als Zweck an sich selbst behandelt werden muß und nicht „bloß als Mittel" zur Befriedigung von Bedürfnissen oder zur Realisation von Zwecken gebraucht werden darf. Die Idee der moralischen Persönlichkeit faßt Kant in dem Begriff Menschheit, der den Besitz der Vernunft, der Freiheit und die Befähigung zur Selbstgesetzgebung umfaßt; als Leitidee menschlichen Selbstentwurfs, als Maßstab unseres Verhaltens für die Fremd- und Selbstprüfung scheint sie unerläßlich, da sie inneren Wert und Würde verleiht.

Bei der Textanalyse sollte beachtet werden:
- die normative Setzung Kants: gesetzt aber, nun sage ich …,
- der Grund eines möglichen kategorischen Imperativs,
- der Unterschied zwischen Zweck und Mittel,
- die Verankerung der Menschenwürde im Selbstverständnis,
- die Verallgemeinerung auf menschliche Handlungen überhaupt,
- die Einschränkung auf den Menschen als vernünftiges Geschöpf, als Subjekt des moralischen Gesetzes, d. h. zur Verantwortung fähiges Wesen.

*Arbeitsanweisungen:*
1. Kant unterscheidet Zweck und Mittel. Erläutern Sie an Beispielen, inwiefern subjektive Zwecke relativ sind, und worin sie sich von objektiven Zwecken unterscheiden.
2. Überprüfen Sie die Behauptung Kants, daß sich jeder Mensch sein eigenes Dasein als „Zweck an sich selbst" vorstellt, und „nicht bloß als Mittel zu beliebigem Gebrauche für diesen oder jenen Willen" existieren will. Kann er sich hier auf eine Erfahrungstatsache berufen?
3. Gibt es ihrer Ansicht nach Fälle, in denen Menschen in berechtigter Weise als Mittel benutzt werden? Wo liegen die Grenzen?
4. Kant begründet die Moralfähigkeit (Selbstgesetzgebung) des menschlichen Willens in Analogie zum göttlichen Willen (Heiligkeit). Wie läßt sich die „Achtung erweckende Idee der Persönlichkeit", die „Menschheit in der Person" auch unabhängig von diesen Voraussetzungen plausibel machen?
5. Entwickeln Sie aus den kantischen Gedanken verantwortungsethische Grundsätze im Bereich der Humanwissenschaften – z. B. Reproduktionsmedizin, Gentechnologie u. a.

**M 2:** Den verfassungsrechtlichen Schutz des menschlichen Lebens formuliert Art. I,1 Grundgesetz; durch das Grundrecht auf Leben, und durch das Rechtsprinzip der Menschenwürde erhält jedermann einen gegen den Staat und gegen jeden Dritten gerichteten Unterlassungs- und Abwehranspruch. Der Text zeigt, daß der aus der Tradition des Christentums und der europäischen Aufklärung entstandene „Schlüsselbegriff" in der verantwortungsethischen Diskussion in Wissenschaft und Forschung zugleich ein inflationärer Begriff geworden ist. Erarbeitet werden sollte die Argumentationsstruktur bezogen auf die Funktion des Prinzips Menschenwürde:

- das anthropologische/ontologische Argument: die Stellung des Menschen in der Natur, in der Welt;
- das psychologische Argument: die Bedeutung für das menschliche Selbstverständnis, Stabilisierung nach innen;
- das soziologische/politische Argument: Basiskonsens der Menschheit, „Klammer", Chiffre, die den Konsens umschreibt;
- das moralische Argument: Grundwert und höchster Wert (im Sinne kantischer Ethik).

Da das Prinzip keine unmittelbare Handlungsweise abgibt und aus ihm keine konkrete Regel direkt ableitbar ist, kann kritisch nach seiner Anwendbarkeit gefragt werden.

*Arbeitsanweisungen:*
1. Wie schützt die Verfassung (GG Art. 1, Abs. 1) das Recht auf Leben und Menschenwürde?
2. Informieren Sie sich über die beiden Wurzeln der Menschenwürde.
3. Legen Sie dar, inwiefern Kants Gedanken in M 1 die Grundlage darstellen.
4. Erörtern Sie an Beispielen, inwiefern es sich bei der Menschenwürde um einen „offenen Begriff" handelt?
5. Erarbeiten Sie aus dem Text die Funktionen des Menschenwürdeprinzips.
6. Was gibt das Prinzip für die verantwortungsethische Diskussion letztlich her?

**M 3:** Mit den auftretenden Problemen der neuen Techniken der Fortpflanzungsmedizin setzt sich der Artikel von Birnbacher auseinander. Er vermittelt zudem einen Einblick in die deutsche Diskussion, die stets auf das GG, Art. 1 und die darauffolgenden Gesetzesentwürfe Bezug nimmt (vgl. Benda-Kommission), deren Ausgang der Anspruch ist, das „objektive Prinzip der Menschenwürde" als moralisches Prinzip sei rational erkennbar oder begründbar. Da der Begriff Menschenwürde wertgebunden ist und mangels rationaler Kontrolle über die vorausgesetzten Werte „Leerformelcharakter" trägt, schlägt Birnbacher vor, Menschenwürde nur im Gattungssinn zu verstehen, d. h. als kollektive Selbstachtung der Angehörigen der Gattung Mensch insgesamt. Dabei entwickelt er zwei Blickrichtungen: einmal auf das einzelne Individuum, zum anderen auf die Idee des Menschen. Der Textausschnitt gibt die Argumentation bezogen auf die individuelle Würde des konkreten Menschen wieder, die das gattungsspezifische (nach Peter Singer „spezifistische") Argument für das Wesen des Menschen zugrundelegt: von Menschen gezeugt, empfangen, geboren werden. Dieses verhältnismäßig schwache Argument knüpft die Würde nicht, wie Kant, an Vernunft, Autonomie oder Selbstachtung. Als Problem bleibt, wie weit diese Minimaldefinition trägt.

*Arbeitsanweisungen:*

1. Welche Bereiche humanwissenschaftlicher Forschung gefährden besonders die menschliche Würde? Informieren Sie sich über die Probleme der Reproduktionsmedizin.
2. Worauf bezieht sich Birnbacher letztlich in seinem Versuch, die Menschenwürde zu bestimmen?
3. Erarbeiten Sie die beiden unterschiedlichen Konzeptionen der Menschenwürde.
4. Erörtern Sie das Problem im Bereich der Embryoforschung – sie verletzt nicht die individuelle, wohl aber die gattungsbezogene Menschenwürde. Was folgt daraus?

## A 18

**M 1/M 2:** Die Reproduktionsmedizin demonstriert anschaulich die sich ständig vergrößernde Diskrepanz zwischen Technik und Ethik; es gibt kaum einen Schritt bei der Entstehung des Lebens, der heute nicht manipulierbar wäre. In der Diskussion sind vor allem: Gentests zur Feststellung einer erblichen Krankheit, die Patentierung menschlicher Gene als Erfindungen, die Verbesserung des Erbguts. Der Artikel soll die Schüler zum kritischen Umgang mit einem Problem der Gentechnologie anregen; sie sollen die Gefahren, die sich mit der Gentechnik ergeben, reflektieren und auch die Konsequenzen erkennen, die sich aus der Vorstellung der vollständigen Determination des Menschen ergeben: der Mensch ist ein Produkt seiner Gene. (Hier Ergänzung durch Ergebnisse der Soziobiologie!)

*Arbeitsanweisungen:*

1. Der Artikel spricht die Gefahren der Gentechnik an. Welche scheinen Ihnen realistisch, welche einer überzogenen Phantasie entsprungen?
2. Setzen Sie sich mit dem Grundgedanken, daß der Mensch „ein Produkt seiner Gene" ist, auseinander. Welche Konsequenzen ergeben sich für das Selbstverständnis des Menschen und die Möglichkeit des verantwortlichen Handelns?
3. Welche Maßnahmen verantwortlicher Familienplanung halten Sie für vertretbar?
4. Zukunftsmusik ist im Augenblick noch die „Optimierung von gesundem Erbgut" – wie sähe dann das perfekte Kind der Zukunft aus? Gibt es Eigenschaften, die immer und unter allen Umständen zu wünschen wären?
5. Familienplanung 2000 im Optimierungsspiel: Planen Sie Ihren Nachwuchs, indem Sie wünschenswerte Eigenschaften auf Kärtchen schreiben und hierarchisieren.
6. Diskutieren Sie das Slippery-slope-argument: „Den Mittelpunkt der gesellschaftspolitischen Argumentation bildet die Warnung vor einem möglichen Mißbrauch der Gentechnologie zum Zweck der Menschenzüchtung. Neben dem politischen Mißbrauch durch staatliche Institutionen nach dem Muster der Brave New World wird auch auf die Möglichkeiten des Mißbrauchs zu ‚privaten' Zwecken verwiesen: so könnten ehrgeizige Eltern im Verein mit ebenso ehrgeizigen Ärzten versucht sein, eine Generation maßgeschneiderter ‚Wunschkinder' zu produzieren. Eine solche Entwicklung muß nicht notwendig das Ergebnis bösen Willens sein. Mit der Anwendung gentechnischer Methoden auf den Menschen geraten wir auf eine abschüssige Bahn und enden vielleicht ungewollt und unbemerkt in einer Praxis unverantwortlichen genetischen Herumbastelns an unseren Nachkommen." (Bayertz)

**M 3:** Bayertz geht in seinen moralphilosophischen Überlegungen von einer Doppelthese aus: von der Unheiligkeit des Menschen und der Heiligkeit seiner Natur, die als komplementäre Motive die ethische Argumentation strukturieren. Den Argumenten für und gegen die Gentechnik liegt die philosophische Vorentscheidung zugrunde, daß die Menschen Subjekte ihres Schicksals sind und sein sollen und daß sie daher ein Recht haben, sich die Natur, auch ihre eigene, im Dienste ihrer Selbstverwirklichung anzueignen und sich zur Durchsetzung ihrer Interessen über widrige Naturgegebenheiten mit Hilfe der Technik hinwegzusetzen. Daraus ergibt sich zunächst ein positives Urteil über die Gentechnik: die mit genetischen Erkrankungen verbundenen Leiden stellen ein Übel dar, dessen Beseitigung oder Linderung wünschenswert und moralisch legitim ist. Dabei werden allerdings andere sittliche, metaphysische oder existentielle Fragen, etwa die nach dem Sinn von Krankheit und Leiden oder nach der Bestimmung des Menschen in dieser Welt von vornherein ausgeklammert. Eine notwendige Klärung bezieht sich daher auf die grundlegende Fehlorientierung der medizinischen Wissenschaft und des Gesundheitssystems insgesamt.

*Arbeitsanweisungen:*

1. Erläutern Sie die Anmaßung des Menschen, Schöpfer der Natur – auch seiner eigenen – spielen zu wollen. Halten Sie die Kritik für berechtigt?
2. Gesundheit ist gentechnisch machbar und als Ware zu verkaufen – sehen Sie hierin einen Fortschritt an Humanität?
3. Erläutern Sie die Kategorie des Heiligen in einem nichtreligiösen Sinn.
4. Gibt es gewisse allgemeinverbindliche Kriterien, die für die physische, psychische und seelische Existenz des Menschen als wesentlich anzusehen sind?

**M 4:** Die Entschlüsselung des menschlichen Erbgutes geht schneller voran als erwartet, der Mensch wird „durchsichtig". Das Interview faßt die Problematik noch einmal zusammen und gibt einen konkreten Lösungsvorschlag, eine Realutopie. Aufgenommen wird noch einmal die Notwendigkeit, Krankheit und Gesundheit in unserer Gesellschaft neu definieren zu müssen, aber auch die Notwendigkeit einer gesamtgesellschaftlichen Diskussion bezüglich neuer human-wissenschaftlicher Forschung. Hier fordert Hunold eine neue Informationspolitik der Wissenschaften, um Ängste abzubauen, die vor allem in M 1 sichtbar wurden. Interessant ist auch die Überlegung, ob wir eine neue Ethik brauchen, weil unsere Normen und Werte der Vergangenheit nicht mehr ausreichen. Es bleibt die Frage, welche Werte in einem „Weltethos" in Fragen Gentechnologie aufgenommen werden bzw. ihm zugrundeliegen.

*Arbeitsanweisungen:*

1. Wie sehen Sie den Wert von Leiden und Krankheit in unserer Gesellschaft? Haben Sie aus Ihrer Sicht einen spezifischen Sinn?
2. Freiheit der Forschung – wie weit darf sie im Bereich der Gentechnik gehen? Erörtern Sie die Beispiele des Interviews.
3. Warum lassen sich die angesprochenen Probleme nicht mit Mitteln des Rechts lösen? Beachten Sie besonders den weltweiten Vergleich.
4. Bedarf es Ihrer Meinung nach einer neuen Ethik oder reichen unsere traditionellen Normen und Werte aus?
5. Was halten Sie von einer Charta der Genetik – einem Weltethos in Fragen Gentechnologie? Machen Sie inhaltliche Vorschläge.

## A 19

**M 1/M 2:** Die Parabel enthält im Kern den Gedanken des Generationenvertrags: die Art und Weise, wie man die natürliche Umwelt hinterläßt, entscheidet über die Lebenschancen der nächsten Generation. Birnbacher zeigt deutlich die grundlegende Veränderung, die sich in dem intergenerationellen Verhältnis in der Gegenwart ergeben hat – der Raubbau an der Natur, die Ausbeutung der Ressourcen, der übersteigerte Wohlstand auf Kosten der Nachkommen. Die Probleme, die sich aus dem veränderten Verhalten des Menschen seiner natürlichen Umwelt gegenüber ergeben, sind für Birnbacher dann Anlaß, eine neue Verantwortungsethik, die sich mit den Fragen der Zukunftsverantwortung auseinandersetzen soll, zu fordern.

*Arbeitsanweisungen:*

1. Was bestimmte traditionell das generative Verhalten? Analysieren Sie unter diesem Aspekt die Jüdische Parabel und die Beispiele in Birnbachers Text.
2. Erläutern Sie den Gedanken, daß die fortschreitende Normenreflexion die impliziten Regeln langfristiger Daseinssicherung zu einem Gegenstand der reflektierenden Vernunft hat werden lassen.
3. Gibt es heute noch Bereiche, in denen implizite Normen der Zukunftsverantwortung wirken (Heiligkeit der Natur)?
4. Wissen und Verantwortung sind aneinander gekoppelt – erörtern Sie diesen Gedanken an einem Beispiel aus Wissenschaft und Technik.

**M 3:** Grundsätze der ökologischen Gerechtigkeit, die auch die der intergenerationellen Gerechtigkeit sind, entfaltet Höffe. Das Grundmuster ökologischer Ungerechtigkeit ist einfach; wer zur Umweltzerstörung beiträgt, greift in die Rechte anderer ein, er vergreift sich an fremdem Eigentum und fremder Gesundheit. Höffe stellt die elementare kategorische Verpflichtung gegenüber künftigen Generationen heraus, die keiner neuen Ethik bedarf, sondern bloß der ernsthaften Anerkennung einer lange bekannten Moral – der Goldenen Regel und der Unparteilichkeit. Er geht von dem einfachen Sachverhalt aus, daß künftige Generationen nur dadurch existieren, daß sie von der vorangehenden Generation gezeugt und geboren werden, weiterhin von der Tatsache, daß die Wesen, die man ohne deren Zustimmung in die Welt setzt, auf Hilfe angewiesen sind. Hier liegt die Verpflichtung im Sinne intergenerationeller Gerechtigkeit begründet.

Unabhängig davon findet sich in dem Text ein zweiter Gedanke: Weil der Mensch die Natur nicht geschaffen hat, kann er nicht im emphatischen Sinn ihr Eigentümer, er kann nur ihr Nutznießer sein. Eine Zivilisation aber, die die Naturkräfte so weit beherrscht wie die wissenschaftlich-technische Zivilisation, müßte ihren Stolz darein setzen, ökologisch gelassen und besonnen zu agieren.

*Arbeitsanweisungen:*

1. Formulieren Sie die Grundsätze der traditionellen Ethik: die Goldene Regel und die Idee der Unparteilichkeit.
2. Inwiefern können Sie die Grundlage zu einer ökologischen Ethik, wie sie der Text fordert, abgeben?
3. Zeigen Sie an Beispielen auf, inwiefern die prinzipielle Vorgabe, daß die Erde Gemeineigentum der Menschheit ist, bekannte Eigentumstheorien in Frage stellt.
4. Für die Bewertung der Technik gelten verschiedene Maßstäbe: der innertechnische, das eudämonistische und das Gerechtigkeitsmaß. In welchem Verhältnis stehen sie zueinander?
5. Entwickeln Sie Verhaltensmuster ökologischer Gelassenheit und Besonnenheit.

## A 20

**M 1/M2:** Der Song des irischen Popsängers Bob Geldof, der unbedingt musikalisch eingespielt werden sollte, da die Musik eine wesentliche Interpretation des Texts darstellt, verdeutlicht die Situation des 20. Jahrhunderts, die der Apel-Text ausspricht. Er zeigt die radikale Verfremdung der Situation des menschlichen Daseins vor dem Hintergrund der Evolution: am Leitfaden des biblischen Sündenfalls verdeutlicht Apel die Vorstellung von den ethischen Konsequenzen der Menschwerdung. Weil der technische Fortschritt (vom Faustkeil zur Nukleartechnik) das Leben gefährdet, benötigen wir eine reflektierende universale Ethik der Verantwortung, der es im Zeitalter der wissenschaftlichen Technologie vor allem um eine Sicherstellung der Gattungsexistenz der Menschheit geht. Mit der philosophischen Begründung einer solchen Makroethik, die insbesondere Verbindlichkeiten festlegt, die für kollektive Handlungen und die Menschheit als ganze gelten sollen, setzt sich Apel auseinander (vgl. hierzu auch A 3).

*Arbeitsanweisungen:*
1. Wie begründet Apel seine Eingangsthese? Suchen Sie Beispiele für seine Argumente.
2. Inwiefern ist der biblische Sündenfall paradigmatisch für die Situation des Menschen überhaupt? Wie deutet Apel ihn um?
3. Informieren Sie sich über die Ergebnisse der Evolutionstheorie bzw. Ethologie.
4. Wie entwickelten sich Moral und Gewissen in der Evolution bisher und warum reicht die traditionelle Ethik nicht mehr aus?
5. Beschreiben Sie die neue Rolle des Homo faber und des Homo sapiens. Beziehen Sie auch den Song mit ein.

## A 21

**M 1:** Ein ungebremstes Bevölkerungswachstum, bekannt als B-Bombe, würde eine Verunmenschlichung der Lebensbedingungen durch Dichtestreß und Aggression auf dem Mutterplaneten zur Folge haben; in welchem Ausmaß ist noch nicht abzuschätzen. Der Text führt die Gefahren vor Augen, die durch globale Völkerwanderungen und wachsende Klüfte zwischen Arm und Reich, durch zunehmende Umweltzerstörung und den Endkampf um schwindende Wasser-, Energie-, Boden- und Naturreserven entstehen.

*Arbeitsanweisungen:*
1. Nehmen Sie Stellung zu der „bösen Utopie", die Schöpf entwirft, ziehen Sie zum Vergleich den Kant-Text heran.
2. Wie könnte die B-Bombe „entschärft" werden?

**M 2:** Wichtig für die Entwicklung der Zukunftsperspektiven ist die Frage nach der Tragfähigkeit der Erde – sie ist begrenzt, wie Kant schon sieht, durch ihre Kugelgestalt. Ausweichen ist nur in science fiction erlaubt; einen „Notausgang" gibt es auch heute noch nicht. Ein sehr enges Zusammenleben der Menschen stellt aber große Anforderungen an die Fähigkeit einer Gesellschaft, die soziale Ordnung aufrechtzuerhalten. Der Gedanke, daß die Kugelgestalt der Erde mangels Ausweichmöglichkeit die Menschen zu einem friedlichen Zusammenleben letztlich zwingt, hat nichts von seiner Faszination verloren. Ebenso immer noch zeitgemäß ist Kants Idee, daß es Fortschritte des Menschengeschlechts ohne weltweiten Frieden durch internationale Zusammenarbeit der Nationen nicht

geben könne. Bedingung des politischen Fortschritts ist die Schaffung institutioneller Voraussetzungen zur Kontrolle des wissenschaftlichen, technischen und wirtschaftlichen Fortschritts. Fern aller philanthropischen Ideen entwickelt Kant eine strenge Rechtsidee, die gleichwohl a priori existiert, also nicht empirisch hergeleitet werden kann. Kant gibt sich in dem Text optimistisch, da er die Grundinteressen der Menschen an der Einrichtung vernünftiger Rechtsverhältnisse, die er unterstellt, an dem zeitgenössischen Beispiel der Französischen Revolution belegt sieht.

*Arbeitsanweisungen:*
1. Kant leitet den ursprünglichen Gesamtbesitz aus der Kugelgestalt der Erde ab; zeichnen Sie den Argumentationsgang nach.
2. Inwiefern ist die Vernunftidee einer friedlichen Völkergemeinschaft ein rechtliches Prinzip?
3. Wie utopisch erscheint Ihnen der kantische Gedanke eines Weltbürgerrechts?

**M 3/M 4:** Daß rund 800 Millionen Menschen hungern, wäre trotz der B-Bombe nicht nötig. Die Agrarwirtschaft der Welt könnte noch einige Milliarden Menschen zusätzlich ernähren: aber ausreichende Nahrung ist ein Verteilungsproblem und sie fehlt gerade dort, wo sich die Völker verdoppeln und verdreifachen. Der Text und die Statistik machen deutlich: eine Entwicklung der Dritten Welt nach dem überkommenen Muster der Industrienationen dürfte keinesfalls stattfinden. Sie hätte fatale Folgen für die globale Umwelt und würde den ökologischen Kollaps bedeuten. Dagegen müßten aber die Industrienationen ihre Ansprüche und Konsumgewohnheiten drastisch zurückschrauben. Unsere Wohlstandsgesellschaft steht vor einer Prüfung, auf die sie weder institutionell noch moralisch vorbereitet ist: Die Aufgabe partikularer Interessen wäre angesagt, eine halbwegs solidarische Welt, deren wohlhabende Bewohner Verzicht üben müßten; Forderungen, die ernsthaft kein westlicher Politiker erheben würde.

*Arbeitsanweisungen:*
1. Unsere Ansprüche und Konsumgewohnheiten steigen in einem nicht mehr vertretbaren Maße. Überlegen Sie: Wie stark sind unsere Lebensgewohnheiten durch Technik und Wissenschaft bestimmt? Wie abhängig sind wir von ihrem Funktionieren?
2. Rund 92 % der Menschen besitzen kein Auto. Wie würde sich der „Nachholbedarf" der Dritten Welt global auswirken?
3. Entwickeln Sie Modelle zur Einschränkung unseres „hemmungslosen" Lebensstils.

## A 22

**M 1:** In dem Text formuliert Mill die Position des klassischen Utilitarismus: Grundprinzip der Moral und Quelle aller sittlichen Verpflichtungen ist für ihn das Prinzip der Nützlichkeit, das er gleichsetzt mit dem Prinzip des größten Glücks. Dieses empirisch auszumachende größte Glück aller Betroffenen ist der letzte Zweck, um dessentwillen alles andere wünschenswert ist. Den qualitativen Bewertungsmaßstab für zukünftige Lebensqualität, der keine quantitative Hochrechnung von Glückswerten darstellt, findet Mill im abwägenden Beurteilen eines moralisch kompetenten Beobachters. Wenn auch der Inhalt des gesuchten Glücks nicht näher bezeichnet werden kann, sind doch die negative Bestimmung der Leidensfreiheit und die positive als ein Optimum an Wohlergehen allgemein konsensfähig. Aus dieser Grundhaltung, daß das Glück in diesem Leben machbar ist und das Leiden vermieden werden kann, formulierte schon Mill wichtige Grundsätze einer Sozialethik.

*Arbeitsanweisungen:*
1. Erläutern Sie die Grundnorm der utilitaristischen Ethik – beachten Sie dabei den Unterschied zwischen quantitativem und qualitativem Hedonismus.
2. Erstellen Sie eine Hierarchie von Lusterfahrungen, der ein kompetenter Beurteiler, wie ihn der Text fordert, zustimmen könnte.
3. Worin liegt für Mill ein „beneidenswertes Dasein"?
4. Erörtern Sie die Aussage Mills: „die wirklich großen Übel in der Welt sind prinzipiell ausrottbar". Welche Forderungen an uns würden sich daraus ergeben?
5. Diskutieren Sie den Einwand, daß es sich hier um eine „Ethik der Illusionen" handelt:
   „Man kann noch nicht einmal fordern, die Handlungen aller Menschen sollten ganz allgemein so beschaffen sein, daß sie das Glück aller mehren, gleichgültig, ob dies auch das Motiv des Handelnden sein soll oder nicht. Selbst in einem kleinen Dorf oder in einer Kleinstadt wäre es noch zu viel verlangt, wollte man erwarten, daß das Bemühen aller Bewohner einzig und allein auf das Wohlergehen aller ausgerichtet sein sollte. Eine solche umfassende Zusammenarbeit ist erst recht auf der Ebene der Nationalstaaten unmöglich, ganz zu schweigen von der Ebene der gesamten Menschheit, einschließlich ihrer zukünftigen oder möglichen Glieder, und vielleicht sogar aller fühlenden Wesen." (Mackie. S. 164)

**M 2:** Der Text knüpft an die sogenannte Lifebootethics an, die der amerikanische Biologe Garrett Hardin in die Diskussion gebracht hat. Sie besagt, daß die Menschheit nur dann überleben wird, wenn die in den sicheren Rettungsbooten sitzenden Völker diejenigen, die im Wasser treiben, ertrinken lassen. So ergibt sich eine Ethik der Dreiteilung, die von vielen als realistische Zukunftsperspektive favorisiert wird.
Singers Alternative des demographischen Übergangs gibt etwas Hoffnung, setzt aber voraus, daß einige Grundbedürfnisse befriedigt werden, so ausreichende Nahrung, erträgliche Behausung, Arbeit, Alphabetisierung und soziale Mindestsicherung bei Krankheit und Alter. Singer hat sicher Recht in der Annahme, daß sich vor allem die Rolle der Frau in der Dritten Welt ändern muß, wenn Familienplanung greifen soll. Bildung und Autonomie wären vonnöten, doch wie dieses gegen die festgefügten gesellschaftlichen und vor allem religiösen Regeln in Afrika, Asien und Südamerika durchgesetzt werden soll, ist nicht auszumachen.

*Arbeitsanweisungen:*
1. Überlegen Sie die Motive, besonders der westlichen Welt, die der Popularität der Rettungsboot-Ethik zugrunde liegen.
2. Singer entwickelt die Alternative des „demographischen Übergangs". Welche Voraussetzungen müssen vorhanden sein, damit dieses Modell Zukunft hat?

**M 3:** Jonas will zeigen, daß die traditionelle Ethik der geänderten Situation menschlichen Handelns nicht mehr gerecht wird. Kants kategorischer Imperativ ist für ihn ein Beispiel für die Unzulänglichkeit ethischer Handlungsnormen, da er sich zunächst nur auf individuelles, personales Handeln richtet. Deshalb weitet er ihn aus zu einem Imperativ gesamtmenschheitlicher Verantwortung, für den er verschiedene positive und negative Formulierungen entwirft. Grundlage der neuen Verantwortungsethik ist die Forderung, daß es eine Welt auch für die kommenden Geschlechter der Menschen geben soll, die den Status eines allgemeinen Axioms hat und für Jonas so überzeugend und so unbeweisbar ist wie der Satz, daß die Existenz einer Welt überhaupt besser sei, als die Existenz keiner. Daher ist der erste, allen hier formulierten Imperativen zugrundeliegende, ein ontologischer Imperativ aus der Idee des Menschen, der besagt, „daß eine Menschheit sei", denn das menschliche Sein ist, bei aller physischen Herkunft, für Jonas ein metaphysischer Tatbestand.

*Arbeitsanweisungen:*
1. Die überlieferte Ethik ist nicht mehr geeignet, die Probleme der modernen Welt zu bewältigen. Wie begründet Jonas die Untauglichkeit ihrer Gebote und Maximen?
2. Welche Vorzüge führt Jonas für seinen neuen Imperativ an? Wie begründet er seine Geltung? Lassen sich durch seine Befolgung die ökologischen Probleme unserer Zeit besser lösen?
3. Eine der Forderungen von Jonas heißt, daß die Ethik nicht nur das physische Überleben, sondern auch die „Unversehrtheit des Wesens" zu hüten habe. Stellen Sie an Beispielen aus der Medizin und Genetik (Genomanalyse, Manipulation an der DNS, Intensivmedizin, Sterbehilfe, Embryoforschung usw.) dar, inwiefern das Menschenbild

und die darin enthaltene Menschenwürde durch den wissenschaftlichen Fortschritt zunehmend in Gefahr gerät.

**M 4:** Die Konzeption der Mitverantwortung als persönliche moralische Verantwortung, die nicht aufgeteilt werden kann, sondern von jedem einzelnen distributiv mitgetragen werden muß, erweitert die gängigen Verantwortungsmodelle entscheidend. In diesem Modell soll die Gesamtverantwortung zwar aufgeteilt werden, darf sich aber weder verringern noch auflösen. Lenk sieht eine zur Handlungsbeteiligung proportionale Mitverantwortung vor, die als jeweilige individuelle Mitverantwortlichkeit nach der Intensität der Handlungsbeteiligung, der Eingriffs- und Kontrollmöglichkeiten gestaffelt ist. Im Ergebnis wäre jeder „im System im ganzen mitverantwortlich, soweit dieses von seinen Handlungs- und Eingriffsmöglichkeiten abhängt." Damit ist das Handlungssubjekt in gewisser Hinsicht entlastet, denn niemand ist nach Lenk allein für alles verantwortlich. Gesamtverantwortung ist in diesem Sinne distributiv mitzutragen, ohne mit steigender Trägerzahl zu (ver)schwinden. Sie kann als jeweilige Mitverantwortung, z. B. bei Großprojekten oder Teamarbeit, praktikabel feststellbar und persönlich zurechenbar sein, ein Verfahren, das aber in anderen Bereichen kollektiven Handelns – Bsp. Waldsterben – deutlich Grenzen zeigt.

*Arbeitsanweisungen:*
1. Geben Sie den Gedanken der „gemeinschaftlich zu tragenden Mitverantwortung" mit eigenen Worten wieder. Wäre dies eine im Schulalltag wünschenswerte und sinnvoll zu realisierende Verantwortungsart?
2. Umweltprobleme sind auch Verteilungsprobleme der Verantwortlichkeit. Kann man Verantwortung am Beispiel „Waldsterben" oder „Ozonloch" noch empirisch manifest machen und sinnvoll zuschreiben?
3. Was müßte getan werden, um die Bereitschaft zur Mitverantwortung jedes einzelnen in den verschiedenen Bereichen des öffentlichen Lebens zu fördern?
4. Belegen Sie an Beispielen aus verschiedenen Bereichen unserer Gesellschaft Lenks These, daß die Verantwortung nach „oben", je nach Macht, Wissen und Eingriffsmöglichkeiten zunimmt. Inwiefern hat ein Firmenleiter oder Schulleiter mehr Verantwortung zu tragen als ein Angestellter bzw. Lehrer oder Schüler?

**Altner, Günter**
(*1936) Theologe und Naturwissenschaftler. Professor für evangelische Theologie an der PH Koblenz. 1982 Günter-Altner-Stiftung: Förderung ökologisch und friedenspolitisch relevanter Forschungsvorhaben.

**Apel, Karl Otto**
(*1922) Em. Professor für Philosophie an der Universität Frankfurt/M. Grundlegung der Transzendentalpragmatik, einer Konsensustheorie der Wahrheit und einer kommunikativen Ethik.

**Bayertz, Kurt**
(*1948) Mitglied des Schwerpunkts Wissenschaftsforschung der Universität Bielefeld. Wissenschaftlicher Leiter der Abteilung Technikfolgenabschätzung am Zentrum Technologietransfer Biomedizin, Bad Oeynhausen.

**Birnbacher, Dieter**
(*1946) Professor für Philosophie an der Universität Dortmund. Veröffentlichungen zur Ethik, Sozialphilosophie und philosophischen Psychologie.

**Descartes, René**
(1596–1650) Franz. Mathematiker und Philosoph. Schuf in der Übertragung der Geometrie und Mathematik auf die Philosophie den Denkansatz der modernen Wissenschaften.

**Höffe, Otfried**
(*1943) Professor für Philosophie an der Universität Tübingen. Veröffentlichungen vor allem im Bereich der Ethik und Sozialphilosophie.

**Jonas, Hans**
(1903–1993) Jüdischer Religionsphilosoph und Ethiker. Em. Professor der New School for Social Research, New York. Studien zur philosophischen Anthropologie, Ontologie und zum Wesen und zur Geschichte der Gnosis.

**Kant, Immanuel**
(1724–1804) Bedeutendster Philosoph der deutschen Aufklärung. 1770–1796 Professor für Logik und Metaphysik in Königsberg. Seine kritische Transzendentalphilosophie lieferte eine Neubegründung der theoretischen und der praktischen Philosophie sowie der Ästhetik.

**Kohlberg, Lawrence**
Professor für Pädagogik und Psychologie am Center for Moral Development and Education an der Harvard Universität (USA). Forschungen im Bereich der Moralpsychologie und Moralpädagogik.

**Lenk, Hans**
(*1935) Professor für Philosophie an der Universität Karlsruhe (TH), zahlreiche Gast- und Honorarprofessuren. Präsident und Mitglied in zahlreichen weltweiten philosophischen Gesellschaften. Veröffentlichungen vor allem im Bereich der Wissenschaftstheorie, Erkenntnistheorie, Sozialphilosophie und Ethik.

**Meyer-Abich, Klaus Michael**
(*1936) Diplomphysiker. Seit 1972 Professor für Naturphilosophie an der Universität Essen. Senator für Wissenschaft und Forschung in Hamburg. Leiter verschiedener Forschungsprojekte zu den Themen Umwelt, Gesellschaft, Energie.

**Mill, John Stuart**
(1806–1873) Englischer Philosoph, empiristischer Erkenntnistheoretiker; nach Bentham Begründer und bedeutendster Vertreter des Utilitarismus.

**Passmore, John, A.**
(*1914) Seit 1958 Professor für Philosophie am Institute of Advanced Studies der Australian National University, Canberra. Veröffentlichungen zur Philosophie- und Geistesgeschichte.

**Purtill, Richard L.**
(*1931) Professor für Philosophie am College Bellingham, Washington.

**Rock, Martin**
(*1932) Dr. theol., seit 1974 Professor für Sozialethik am Institut für Katholische Theologie der Universität Mainz.

**Ropohl, Günter**
(*1939) Professor für Allgemeine Technologie am Institut für Polytechnik/Arbeitslehre der Universität Frankfurt/M.

**Sachsse, Hans**
(*1906) Em. Professor für Physikalische Chemie, Philosophie der Naturwissenschaften und der Technik an der Universität Mainz.

**Sartre, Jean-Paul**
(1905–1980) Professor für Philosophie am Lycée Condorcet in Paris. Einflußreichster Vertreter des französischen Existentialismus.

**Schlick, Moritz**
(1882–1936) Professor in Rostock, Kiel, Wien, Berkeley. Begründer des „Wiener Kreises" – Neupositivismus. Vertreter eines empirischen Realismus.

**Schopenhauer, Arthur**
(1788–1860) Philosoph. Bedeutende Werke zur Metaphysik und Ethik. Begründer einer Mitleidsmoral.

**Schreiber, Hans-Ludwig**
(*1933) Professor für Strafrecht und Allgemeine Rechtstheorie an der Universität Göttingen, Vizepräsident.

*Schwartländer, Johannes*
(\*1922) Em. Professor für Philosophie.

*Schweitzer, Albert*
(1875–1966) Protestantischer Theologe, Arzt und Kulturphilosoph. Wirkte jahrzehntelang als Urwaldarzt in Lambarene, veröffentlichte bedeutende theologische, religionsphilosophische, ethische und musikwissenschaftliche Werke.

*Spaemann, Robert*
(\*1927) Professor für Philosophie an der Universität München. Veröffentlichungen zur praktischen und politischen Philosophie, Metaphysik und Naturphilosophie.

*Tribe, Laurence H.*
(\*1941) Professor für Rechtswissenschaften an der Harvard Universität (USA). Veröffentlichungen zu ethischen und juristischen Aspekten der Planungstheorie.

*Weischedel, Wilhelm*
(1905–1975) Professor für Philosophie an der freien Universität Berlin. Befaßte sich mit Fragen der Metaphysik, Ethik, Ästhetik und der Geschichte der Philosophie.

*Apel/Böhler/Berlich/Plumpe (Hrsg.):* Praktische Philosophie/Ethik. Frankfurt/M. 1980

*Apel, Karl Otto:* Diskurs und Verantwortung. Das Problem des Übergangs zur postkonventionellen Moral. Frankfurt/M. 1988

*Apel, Karl Otto:* Transformationen der Philosophie. Bd. 2: Das Apriori der Kommunikationsgemeinschaft und die Grundlagen der Ethik. Stuttgart 1976

*Birnbacher, Dieter (Hrsg.):* Ökologie und Ethik. Stuttgart 1986

*Birnbacher, Dieter:* Verantwortung für zukünftige Generationen. Stuttgart 1988

*Birnbacher, Dieter/Hoerster, Norbert (Hrsg.):* Texte zur Ethik. München 1987

*Descartes, René:* Discours de la méthode. Hamburg 1960

*Edelstein/Nunner-Winkler (Hrsg.):* Zur Bestimmung der Moral. Frankfurt/M. 1986

*Höffe, Otfried:* Moral als Preis der Moderne. Frankfurt/M. 1994

*Jonas, Hans:* Das Prinzip Verantwortung. Versuch einer Ethik für die technologische Zivilisation. Frankfurt/M. 1982[3]

*Jonas, Hans:* Technik, Medizin und Ethik. Zur Praxis des Prinzips Verantwortung. Frankfurt/M. 1985

*Kant, Immanuel:* Die Grundlegung zur Metaphysik der Sitten. Bd. IV und Die Metaphysik der Sitten. Akademie-Textausgabe. Bd. VI, Berlin 1968

*Kohlberg/Laurence:* Zur kognitiven Entwicklung des Kindes. Frankfurt/M. 1974

*Lenk/Staudinger/Ströcker (Hrsg.):* Ethik der Wissenschaften. München/Paderborn 1984
Bd. 1: Ethik der Wissenschaften? Philosophische Fragen. Hrsg. v. E. Ströcker
Bd. 2: Entmoralisierung der Wissenschaften? Physik und Chemie. Hrsg. v. Baumgartner/Staudinger
Bd. 3: Humane Experimente? Genbiologie und Psychologie. Hrsg. v. H. Lenk
Bd. 4: Anfang und Ende des menschlichen Lebens. Medizinethische Probleme. Hrsg. v. Marquard/Staudinger
Bd. 5: Ökologische Probleme im kulturellen Wandel. Hrsg. v. Lübbe/Ströcker
Bd. 6: Politik und Moral. Entmoralisierung des Politischen? Hrsg. v. Becker/Oelmüller

*Lenk/Ropohl (Hrsg.):* Technik und Ethik. Stuttgart 1987

*Lenk, Hans (Hrsg.):* Wissenschaft und Ethik. Stuttgart 1991

*Leist, Anton (Hrsg.):* Um Leben und Tod. Frankfurt/M. 1990

*Meyer-Abich, Klaus Michael:* Frieden mit der Natur. Freiburg 1979

*Meyer-Abich, Klaus Michael:* Wege zum Frieden mit der Natur. Praktische Naturphilosophie für die Umweltpolitik. München 1984

*Mill, John Stuart:* Der Utilitarismus. Stuttgart 1976

*Patzig, Günter:* Ökologische Ethik – innerhalb der Grenzen der bloßen Vernunft. Göttingen 1983

*Purtill, Richard:* Grundfragen der Ethik. Düsseldorf 1977

*Sachsse, Hans:* Technik und Verantwortung. Freiburg 1972

*Sänger, Monika:* Verantwortung. Arbeitstexte für den Unterricht. (Sek. II) Stuttgart 1991

*Sänger, Monika:* Kurswissen. Praktische Philosophie/Ethik. Stuttgart 1994[2]

*Schlick, Moritz:* Fragen der Ethik. Hrsg. v. R. Hegselmann. Frankfurt/M. 1984

*Schwartländer, Joachim:* Verantwortung. In: Handbuch philosophischer Grundbegriffe. Hrsg. v. Krings/Baumgarten/Wild. München 1974. Bd. 3, S. 1577–1588

*Schweitzer, Albert:* Die Ehrfurcht vor dem Leben. Grundtexte aus fünf Jahrzehnten. München 1985

*Schweitzer, Albert:* Kultur und Ethik. (1913) München 1960

*Singer, Peter:* Praktische Ethik. Stuttgart 1984

*Spaemann, Robert:* Glück und Wohlwollen. Ein Versuch über Ethik. Stuttgart 1989

*Teutsch, Gotthard M.:* Lexikon der Umweltethik. Göttingen/Düsseldorf 1985

*Hoffmeister (Hrsg.):* Wörterbuch der philosophischen Begriffe. Hamburg 1955

*Weber, Max:* Politik als Beruf. (1919) Berlin 1982[7]

*Weischedel, Wilhelm:* Das Wesen der Verantwortung. (1933) Frankfurt/M. 1958[2]